铁路货运专线
供需配置分析及方法

寇玮华　宋蔚峰
　　　　　　　　编著
赵广富　刘　俊

西南交通大学出版社
·成　都·

图书在版编目（CIP）数据

铁路货运专线供需配置分析及方法：寇玮华等编著. -- 成都：西南交通大学出版社，2024.5
ISBN 978-7-5643-9846-0

Ⅰ.①铁… Ⅱ.①寇… Ⅲ.①货物运输－铁路运输管理 Ⅳ.①U294.1

中国国家版本馆 CIP 数据核字（2024）第 108817 号

Tielu Huoyun Zhuanxian Gongxu Peizhi Fenxi ji Fangfa
铁路货运专线供需配置分析及方法

寇玮华　宋蔚峰　赵广富　刘　俊　编著

责 任 编 辑	王　旻
封 面 设 计	墨创文化
出 版 发 行	西南交通大学出版社
	（四川省成都市金牛区二环路北一段 111 号
	西南交通大学创新大厦 21 楼）
营销部电话	028-87600564　028-87600533
邮 政 编 码	610031
网　　　址	http://www.xnjdcbs.com
印　　　刷	成都市新都华兴印务有限公司
成 品 尺 寸	170 mm × 230 mm
印　　　张	12.75
字　　　数	215 千
版　　　次	2024 年 5 月第 1 版
印　　　次	2024 年 5 月第 1 次
书　　　号	ISBN 978-7-5643-9846-0
定　　　价	68.00 元

图书如有印装质量问题　本社负责退换
版权所有　盗版必究　举报电话：028-87600562

前　言

本书对铁路货物运输问题进行了综述，并对铁路货运专线问题进行了重点论述。在此基础上，从铁路货运需求量分析及预测方法、铁路货运专线运输组织优化、基于多品种网络流理论的铁路货运专线运量配置分析及方法3个方面进行了研究，并分别以唐包线为具体案例，对铁路货运专线供需配置分析及方法进行了运用研究。

在铁路货运需求量分析及预测方法中，通过对铁路货运需求影响因素以及货运需求特征进行分析，获得了铁路货运需求量分析及预测方法研究成果。

在铁路货运专线运输组织优化中，通过对铁路货运专线运输组织优化必要性以及铁路货运专线运输组织优化途径的分析，获得了基于路网协调性的铁路货运专线运输组织优化研究成果。

在基于多品种网络流理论的铁路货运专线运量配置分析及方法中，首先阐述了作者研究提出的多品种网络流理论以及在高速铁路车站通过能力推算及编组站领域的具体运用成果。在此首创性研究基础上，获得了基于多品种流网络的唐包线装车量分配研究成果以及基于多品种网络流理论的不同情景下铁路货运专线路网车流分配研究成果。

本书得到中国国家铁路集团有限公司2022年科技研究开发计划重点课题（Q113623S04005）支持和资助，在此深表谢意！

本书作者：寇玮华（西南交通大学），宋蔚峰（中国铁路呼和浩特局集团有限公司），赵广富（中国铁路呼和浩特局集团有限公司），刘俊（中国铁路呼和浩特局集团有限公司）。

以下人员为本书的编写提供了业务资料，并对本书中涉及唐包线等业务内容进行了核对、审核及编写等工作：中国铁路呼和浩特局集团有限公司卢奇文、陈立强、杨军、陈旭，中国国家铁路集团有限公司何兆流、程大龙、岳超，中铁快运股份有限公司刘贺。

西南交通大学项目组以下研究生针对项目进行了资料整理，并提供了编写、撰写的研究成果：张忠鹏（第3章3.3节），罗迪月（第4章4.3节），田雨晴（第5章5.4节），张琪（第5章5.5节）。

西南交通大学项目组研究生赵虎威以及本科生唐俊焱，针对本书做了资料整理、内容校对、全书集成及编辑排版等工作，并参编了绪论，第1章，第2章，第3章3.1、3.2节，第4章4.1、4.2节。

感谢以上人员的辛苦付出！

本书编写过程中，参阅、借鉴、引入了其他相关文献，在此向相关作者表示感谢！

由于作者水平所限，书中定会存在不妥之处，敬请有关专家、同行和读者批评指正，以便能够将铁路货运专线运量配置的理论、方法以及运用等问题进一步深入化、系统化，从而为解决铁路货运专线运量问题提供更加科学的理论基础和解决方法。

作 者

2024年3月

目　录

绪　论 ·· 001

第 1 章　铁路货物运输概述 ··· 010
　　1.1　铁路货物运输简介 ··· 010
　　1.2　铁路货物运输发展现状 ·· 016
　　1.3　铁路货物运输存在问题 ·· 023
　　1.4　铁路货物运输优化复杂性分析 ································ 026

第 2 章　铁路货运专线现状及问题分析 ······························· 029
　　2.1　铁路货运专线概述 ··· 029
　　2.2　铁路货运专线存在问题 ·· 038
　　2.3　铁路货运专线制约货运能力因素 ····························· 041
　　2.4　铁路货运专线理论问题分析 ···································· 043
　　2.5　铁路货运专线问题的解决思路 ································ 045
　　2.6　唐包线货运专线 ·· 047

第 3 章　铁路货运需求量分析及预测方法 ···························· 065
　　3.1　铁路货运需求影响因素 ·· 065
　　3.2　货运需求特征分析 ··· 069
　　3.3　唐包线货运需求量分析及预测方法 ·························· 073

第 4 章　铁路货运专线运输组织优化 ·································· 085
　　4.1　铁路货运专线运输组织优化必要性分析 ··················· 085
　　4.2　铁路货运专线运输组织优化途径 ····························· 087
　　4.3　基于路网协调性的铁路货运专线运输组织优化 ·········· 088

第 5 章　基于多品种网络流理论的铁路 货运专线运量配置分析及方法 ·· 102
　　5.1　多品种网络流理论 ··· 102
　　5.2　多品种网络流理论在高速铁路车站通过能力推算应用 ············ 117
　　5.3　多品种网络流理论在编组站的应用 ····································· 137
　　5.4　基于多品种流网络的唐包线装车量分配 ······························ 165
　　5.5　基于多品种网络流理论的不同情景下铁路货运专线路网车流分配
　　　　 ·· 178

参考文献 ·· 193

绪　论

铁路是国家战略性、先导性、关键性的重大基础设施，是国民经济的大动脉，是重大的民生工程和综合交通运输体系骨干，在经济社会发展中的地位和作用至关重要。铁路系统认真贯彻落实以习近平同志为核心的党中央关于铁路运输工作的重要指示精神，坚持以市场需求为导向，以铁路运输供给侧结构性改革为主线，强化铁路在综合交通运输体系中的骨干作用，努力当好服务和支撑中国式现代化建设的"火车头"，运输供给能力持续提升，铁路客运周转量、货运发送量、货运周转量、运输密度等运输指标均居世界第一。

在《加快建设交通强国五年行动计划（2023—2027年）》中，明确了未来五年加快建设交通强国的思路目标和行动任务。未来五年，交通运输将进入加快建设交通强国的新阶段，行动计划中提出要开展运输结构调整专项行动，促进重点区域运输结构调整，持续推动大宗物资"公转铁、公转水"，加快发展铁水联运、江海直达运输，提升城市绿色货运配送能力。此外，在《推进多式联运发展优化调整运输结构工作方案（2021—2025年）》中也强调了大宗物资"公转铁、公转水"在新时代交通运输发展中的重要性，不仅如此，针对货物运输方面还提出了加快货运枢纽布局建设、推进京津冀及周边地区、晋陕蒙煤炭主产区运输绿色低碳转型等重大、明确发展目标和方案。"交通强国，铁路先行"，在建设交通强国的新时代征程中，铁路货物运输占据着不可忽视的重要地位，在推广多式联运发展的过程中，铁路货运应当带动其他多种交通运输方式，积极落实各项政策和发展规划，促进不同运输方式的发展与合作。

我国煤炭资源分布呈现"西多东少、北多南少"形态，这促使我国形成了"北煤南运，西煤东运"的煤炭物流格局，也使得我国重载铁路运输主要以煤炭为主。铁路运输在我国大宗货物运输中扮演着至关重要的角色，它是连接各地区的关键纽带，能够促进经济发展和资源流动，尤其对于煤炭等关键资源的运输，保障其快速、安全运输具有重要意义。针对运煤重载货运专线，其需求远大于供给，供不应求的局面亟须改变，因此，我国需要加大对铁路货运专线的建设和优化力度，以实现供需平衡，保障能源供应，促进经济发展，以满足日益增长的货物需求。

实现重载铁路货运专线增量并达到供需平衡，有如下保障措施：

1. 加大合同签订力度，锁定运量基本盘

（1）提升中长期合同量。

对于到港煤炭中长期合同，鼓励往年兑现率较高的企业，尤其是大型国企央企和新增煤矿产能的企业增加中长期合同签订数量，到港煤炭中长期合同量力争持续增长；对于出区煤炭小列，综合考虑合同兑现率和通道能力，以电煤运输为重点，主要签订国企央企的中长期合同；对于管内煤炭小列，对有条件的管内钢电厂，引导客户扩大中长期合同运量，在装卸车能力条件允许的情况下，做到应签尽签。

（2）提升运量互保协议签订质量。

对于签订了中长期合同以外的其他运输需求，要根据客户的铁路运输比例、运量和发运稳定性综合确定签订数量，要提升运量互保协议的签订质量，确保协议运量均衡、稳定、可兑现。努力通过加大中长期和运量互保协议的签订，做好稳定淡旺季核心货源的压舱石。

2. 用好价格政策，提升经营质量

（1）稳定核心货源的价格政策。

梳理往年价格政策执行情况，争取国铁集团明年延续，对于运量大、运输稳定的主要品类货物的价格政策，保障核心货源的价格政策稳定，巩固基础运量。

（2）适当压缩能力紧张点线的价差系数。

梳理往年客户需求、紧张接卸、客户黏性和价格政策情况，对需求旺盛、装卸车能力紧张、通道限制、客户黏性度低等涉及的点线价格政策进行仔细梳理，适当提高紧张点线和客户不稳定的价差系数，提高货运收入质量。

（3）加强市场信息监测分析。

积极与煤炭、钢铁、焦炭、金矿、化肥、化工等货物的上、下游市场权威信息进行平台资源共享，准确掌握企业生产、销售、运输和运费变化等情况，根据运力和货物发送情况，对"一口价"项目进行精准施策。

3. 创新营销手段，提升管理水平

（1）深化项目制管理。

以 95306 系统升级和货运集中受理为依托，加大项目制管理力度，进一步指导货运站段做好集装箱、非集装箱白货、C80 到港煤炭、管内与出局煤炭小列等项目开发，精细化编制货运营销方案，扩大旬方案编制品类范围，进一步将营销服务方案渗透到日常调度生产中，确保重点营销项目落实落地。

（2）鼓励企业发展自备箱。

目前箱源、车源不足已经成为制约集装箱需求兑现的主要原因，要鼓励货源均衡、去向稳定的企业购置自备箱，缓解箱源不足问题。

（3）大力组织列车重去重回。

加大列车重循环组织力度，扩大列车管内到站范围，依托重箱源积极组织各地区的需求兑现，提升铁路货运专线的运力和效率，从而为各地区提供更可靠、便捷的货物运输服务。

4．优化运输组织，提升保障能力

（1）加强煤炭运输组织，提高 C80 车体周转效率，压缩车辆检修时间，强化机列衔接，精细编制旬方案。

（2）加大点对点循环运输。围绕中长期煤炭、焦炭、铁矿石、集装箱等年运量较大的货物流向，开发点到点循环班列，构建完善、稳定的运输链条。

（3）优化施工组织。联合调度运输部门，根据往年历史规律和市场形势，统筹做好各条干线集中修施工和重点施工，尽量避开旺季大规模施工，减小对运输的影响。

（4）加强装卸车组织。盯好主要装卸作业点的装卸车作业，总结电煤保供集团公司成立保供办公室和调度分所的经验，在旺季的重点装卸点及时派出工作组，保障装卸车作业顺畅，加强能力紧张分界口的车流调整和机列衔接，提高运输效率，用足用满点线能力。

5．加强路地合作，形成增量合力

（1）充分发挥能源保障工作领导小组成员单位作用，指派专人与发改委、工信厅、能源局对接，建立能源保障信息传导机制，准确掌握能源供应形势和需求情况，针对性开展市场营销，提供运输保障。

（2）充分发挥运输结构调整工作组作用，每月同工信厅、能源局等部门一起组织召开煤炭中长期合同兑现分析会、区内煤炭运输协调会，路地携手为发运客户解决制约铁路运输的问题。

6. 管控防练多措并举，筑牢调度安全屏障

（1）强化双重预防机制建设。

① 将调度安全检查监督管理办法与"一书三表"管理制度有机结合，做到表扬与奖惩同步，切实发挥风险排查与隐患治理作用。

② 强化"变化就是风险点"意识，针对新设备使用、作业方式发生变化等情况，开展专题风险研判，制订风险管控措施，确保风险始终处于受控状态。

③ 持续做好月度安全预警工作。根据国铁集团安监局每月安全提示和集团公司、调度中心相关要求，结合调度历年事故案例和月度调度安全风险排查项点，编制调度所月度安全预警及防控措施，对安全防控部门与岗位进行安全重点提示，预防调度作业安全问题的发生。

④ 做好日常检查与专项安全活动，定期开展安全风险研判和隐患排查及专项整治活动，对问题建档追踪进行销号整治，对存在的安全倾向性、反复性和关键性问题以及重点隐患问题进行分析，深入查找原因，有针对性地加强调度安全管理。

（2）不断完善安全管理体系。

① 按照调度所安全生产专项整治相关规定，建立调度问题隐患和制度措施"两个清单"，对照清单做好隐患治理与措施完善。

② 以"敬畏规章、执行标准、夯实基础"专项教育活动为基础，结合定期开展高铁客车安全专项检查，调度命令专项整治，调度安全生产标准化等活动开展对标检查，建档整治。

③ 做好安全管理办法的修订，完成了《调度所安全管理实施细则》修订工作，同时根据工作要求及时修订《调度员岗位作业手册》等安全作业办法，保证各项规章制度、标准规范具备时效性。

（3）压紧压实安全管理责任。

① 健全完善调度安全责任追溯机制，建立覆盖全面、责任清晰、考核有力的安全生产责任奖惩体系，强化调度安全质量达标考核，分管理岗位、作业岗位，健全完善考核条款，对问题责任人严肃追责定责通报，确保安全管控责任落实到位。

② 充分发挥专业管理作用，将涉及客车动车、施工后列车放行、非正常情况下行车的行车调度命令作为日常监控和检查的重点，确保调度命令安全。

③ 压实班组管理责任，保持高压态势，让班组管理人员对班中作业节点主动采取措施，调动班组管理人员抓现场安全管理的积极性。

（4）持续提升应急处置水平。

① 根据应急救援相关文件规定，进一步规范集团公司-站段两级应急救援指挥中心建设，逐步提升应急处置水平。

② 常态化开展应急演练，每月开展一次高铁（动车）综合应急演练，每季度开展一次普速铁路综合应急演练，检验调度与运输站段应急处置能力，积累应急处置经验。

③ 丰富高铁、普速演练场景，拓展安全分析广度，深层分析应急处置中各系统部门存在的问题，敦促逐步改善应急处置环境。

④ 结合集团公司应急预案修订、应急作业要求以及日常应急处置存在的问题，不断完善《调度所应急处置办法》《调度员岗位作业手册》，稳步提升调度员应急处置能力水平。

⑤ 把握好应急安全关键，专业科室及时上台进行指导应急处置工作，分析应急处置过程中存在的问题，归类整理不同事件安全关键点，确保应急处置安全高效。

7. 客货运输齐头并进，提升运输组织品质

（1）强化高铁、客车正点组织。

① 强化高铁、客车正点组织意识，面对国内各大赛事举办，做好客专高铁列车运行保障，发挥调度服务作用。

② 持续优化高铁、客车"一日一图"，积极摸索客车组织规律，紧盯客运站业务办理，确保客车底、机车按计划接续，充分提升客车灵活开行模式下的运行组织能力，维护运行秩序。

③ 提高高铁、客车正点率，将晚点分析追责作为促进列调规范高铁、客车指挥的有力抓手，盯好惯性晚点列车运行组织，对高铁、旅客列车从始发、接入到终到、交口进行全过程管控。

（2）优化货物运输组织方式。

① 充分挖掘C80到港煤炭运量，优化节点车站作业组织，调节好多个方向车流输送任务。

② 拓展出区小列运量，调优运输结构，利用分界口能力扩大市场份额，弥补货运专线运量。

③ 稳住管内运量，利用好管重货源与运输需求稳定、运力供应可控以及运输协调障碍小等优势，组织管重有序、均衡运输。

④ 围绕"公转铁"等项目，充分发挥集装箱运输环保属性，推动集装箱运量。

⑤ 高度认识中欧、中亚班列在国家战略中的作用，优先保障口岸运输，增加口岸运量。

（3）突出日班计划统领功能。

① 提高日班计划编制质量，统筹"四工"计划编制，以日班计划统领运输组织工作，使各系统工作计划性更强、衔接更紧密、配合更密切。

② 强化货运日计划源头调控作用，充分发挥货运日计划审批作用，在出现阶段性卸车积压以及通道能力不足时，根据卸车积压及车流输送情况，调整装车方案，调控运输平衡，为车流密度与运输能力相匹配做好铺垫。

③ 狠抓计划兑现率，提升调度人员业务素质，练就调度人员计划编制基本功。对计划编制不全、计划编制不周的情况进行深入分析、严肃落责，不断提升调度指挥精度。

④ 维护计划严肃性，紧盯技术作业时间标准、列车运行标尺以及车站作业进度，严格追究计划兑现影响原因，提高计划执行力。

（4）挖掘路网整体效能。

① 利用好新开通线路能力，优化车流径路，发挥替代线路第二通道优势，缓解主轴通道能力限制。

② 按照"灵活定位、合理分工"原则，加强枢纽站作业组织，提升作业效率，压缩列车待解、待编、待开时间，实现编区站"解堵"向"保畅"转变。

③ 立足于既有设施设备改造，超前谋划路网能力挖潜，通过调整移动设备布局，优化劳动组织等方式，推动技检、换乘、列尾作业同步实施。

④ 优化运力配置，加强能力富余区段装车保障，引导客户多点装车、均衡发运。

（5）提高机车机班运用水平。

① 科学合理供应机车机班，根据车流变化动态调整机车机班，加强机车库内整备时间盯控，灵活组织机车站折，支撑运输任务完成。

② 建立机车外局折返管理机制，加强与邻局的沟通联系，减少本局机车在外局的停留时间，加速机车周转。

③ 加大机车超劳分析力度，研究机车乘务员超劳规律，找出共性问题及

症结，及时制订措施进行整改。

（6）提高车辆使用效率效益。

① 合理铺排检修车辆送修计划，针对大批量段修到期的货车，协同车辆部门合理制订计划，最大限度减小集中扣修对运输组织造成的影响。

② 加大段修扣车的指导力度，每月预测检修车到期情况，及时纳入调度日班计划，探索调度主导安排扣修检修车模式。

② 做好过期车辆清查工作，要求各车辆段抓实、抓细过期车清查，积极组织回送、修竣长期停留在施工线内的过期车，为运输组织提供更多良好车辆。

④ 拓展部分车辆使用范围，协调增加有使用限制条件车辆的卸车站，提高车辆的使用效率。

⑤ 研究优化企业自购车使用方案，解决运输淡季自购车大量闲置问题。

（7）加强军事重点运输。

① 适应军事运输形势要求，持续加强与军方沟通，保证军用列车旅速达标。

② 突出计划源头安全风险卡控，优化单线区段军列开行计划，释放部分线路超限列车通过能力。

③ 强化重点货物、重点车辆跟踪汇报制度的落实，杜绝重点列车掌握不清、不细等问题的发生。

④ 加强对军运重点列车的全程盯控，确保绝对安全。

（8）补强运输统计分析短板。

① 规范日常统计工作，强化与车务站段的沟通、核对制度，详细记录并随时纠正上报的源点差错，严肃运输十八点统计纪律。

② 抓好统计报表质量，全面、及时、准确反映运输生产信息，为合理指挥运输生产提供翔实依据。

③ 努力提高调度分析质量，紧跟运输形势，提高运输组织过程预警能力，赶早超前，主动上手、及时反馈存在的问题，提出改进工作的意见和建议。

④ 不断推进业财融合，以增加清算收入和节约成本为目标，强化预算对调度指挥的约束与指导。

8. 计划现场同步卡控，统筹抓好施工组织

（1）严格施工计划编制管理。

① 巩固施工与运输一体化优化统筹，依据维修天窗安排要求，按照列车

运行图预留条件安排天窗，坚持运输施工统筹兼顾，将"运输为施工创造条件、施工为运输保证安全"的管理理念贯穿到实际工作当中。

② 强化顶层设计，统筹建设任务、大修任务、运输任务需求，针对重点施工项目，发挥施工办提前介入作用，合理分解年度施工进度计划，防止下半年施工任务过度集中，影响运输任务的完成。

③ 加强施工月、日计划编制，提高施工计划编制质量，严格执行计划审批制度，将施工月计划与日计划的误差率控制在最低。

④ 优化天窗安排，在没有旅客列车运行区段尽量安排垂直天窗，为满足设备管理单位施工作业对于气温的需要，应尽量安排白天天窗。

⑤ 提高天窗综合利用率。坚持"少给点，给大点"原则，实施维修天窗等长套用施工天窗，建设项目与集中修施工天窗同步套用，提高天窗利用效率。

（2）加大施工现场管控力度。

① 强化现场施工安全管控，严把施工配合人员准入资质，固定施工单位计划管理人员，严格运行揭示、施工命令发布管理，确保准确无误，加强自轮运转设备管理。

② 优化集中修施工方案及运输组织方案，集中大型机械，提前路料组织，加强机车配合，完善站区协作，充分挖掘兵团化、机械化、集约化、一体化施工潜力。

③ 加大天窗考核力度，对擅自取消天窗，不及时登销记、不按规定配合施工造成天窗取消、延时等情况的责任单位，进行安全与运输效率双重考核，确保运输安全及运输秩序畅通。

（3）提升施工专业管理水平。

① 加强《营业线施工管理实施细则》的宣贯与学习，掌握规章制度的变化点，贯彻到实际施工过程中。

② 加强施工人员管理培训，针对各单位施工计划管理人员不固定，且人员业务素质不达标的情况，组织各单位人员进行集中培训与学习。

③ 加强施工专业日常指导工作，严格施工管理制度落实，严肃施工组织纪律。

9. 固强补弱综合施策，持续夯实调度基础

（1）强化调度规章制度管理。

① 持续推进调度标准化建设，围绕落实国铁集团调度中心"1+3+N"规

章制度体系，发挥好调度所在三级调度工作中的承上启下作用。

② 从高速和普速两条主线展开，分类修订、整合调度所作业办法与标准，及时纳入调度员岗位指导书，不断完善调度所技术规章"立、改、废"工作制度，形成条理清晰、简明实用的规章管理体系。

③ 以《所细》修订为契机，对照《所细》编制规范进行逐项梳理，对未能纳入《所细》的基础性管理制度重新修订、签发执行。

（2）做好调度人员培训工作。

① 结合调度工作实际，制订并完善实用、管用的培训制度，提高调度队伍整体素质。

② 以新职转岗调度人员为重点，举办调度职业技能竞赛，培养学技比武氛围。

③ 创新培训形式，发掘部分业务与表达能力突出的调度人员讲授调度指挥经验做法，逐步形成"亦师亦徒、亦教亦学"的培训学习模式。

（3）发挥好CTC仿真实训平台作用。

① 搭建覆盖集团公司所有CTC调度台的仿真实训平台，还原每个CTC调度台的实际工作场景，实现仿真实训与实际指挥完全一致。

② 拟开发制作多个应急处置场景，基本上涵盖CTC区段列车调度员常见的非正常处置场景，提高CTC区段列车调度员非正常处置能力。

③ 增加CTC区段主调、助调联控用语采集功能，实现与标准联控用语的比对，促进主调、助调联控用语的规范化、标准化。

④ 开发CTC区段实作练功比武功能，改变以往以理论代替实作的传统练功比武模式，填补实作练功比武的空白。

⑤ 完善培训计划管理，自动生成CTC区段列车调度员实作水平考核评价档案，实现CTC区段列车调度员跟踪培养。

（4）推动调度信息化发展。

① 推进使用高速铁路运输综合计划编制系统，实现高铁计划闭环管理，提升高铁调度指挥现代化水平。

② 推进全路车流信息管理系统运用工作，逐步提升计划编制智能化水平。

③ 探索将"机务运用安全管理系统"与TDMS5.0系统相联通，实现乘务员超劳信息在运行线上体现，实现系统提醒提示超劳。

④ 强化网络安全管理，提升网络安全防护技能，不定期开展网络安全整治和攻防演练，做好网络安全保障。

第 1 章　铁路货物运输概述

本章首先介绍了我国铁路货物运输的发展以及现阶段铁路货运在我国整体货物运输中扮演的重要地位，其次为更好地优化和完善我国铁路货物运输，分析了铁路货物运输在国内外的发展现状以及国内铁路货物运输现存的问题，最后对铁路货物运输优化的复杂性进行了分析说明。

1.1　铁路货物运输简介

铁路货物运输是指货物经由铁路实现有目的的变更，使其在一定的时空范围内发生位移的一种运输方式。在整个运输过程中，铁路作为承运人接受托运人委托，将货物从始发地经由铁路运至目的地交付给收货人。

1.1.1　铁路货物运输发展历程

中国铁路运输发展一百余年来，经历了数不清的磨难，一代又一代"铁路人"为我国的铁路事业贡献了自己的力量。铁路货物运输发展可以分为 5 个阶段：

1. 初期发展（20 世纪初至 1949 年）

中国最早的铁路建设始于 19 世纪末和 20 世纪初，但在此阶段建设的铁路主要是集中在沿海地区和一些重要城市之间的短程线路。铁路货物运输主要用于国内贸易和资源运输，如煤炭、粮食等。

2. 新中国成立后近 30 年（1949 年—1978 年）

新中国成立后，我国政府高度重视铁路发展。在这一时期，中国铁路网络得到了扩展和完善，铁路货物运输持续增长。重点建设了几条重要的铁路干线，如京广、长株潭、沈阳铁路等。

3. 改革开放后近 30 年（1978 年—2000 年）

改革开放政策的实施促进了我国经济快速增长，也给铁路货物运输带来了新的机遇和挑战。这一时期，中国铁路进行了技术改造和设备更新，提高了货运能力和运输效率。同时，铁路货物运输与国际贸易联系不断加强，跨国货物运输逐渐增加。

4. 现代化建设时期（2000年开始）

21世纪初，我国政府提出了"西部大开发"战略和"一带一路"倡议，为中国铁路货物运输带来了新的发展机遇。中国铁路网络进一步扩大和完善，高速铁路建设迅速发展，提高了运输速度和效率。同时，铁路货物运输与物流业的整合推动了运输业务的优化和升级。

5. 技术创新与数字化转型时期

近年来，中国铁路货物运输在技术创新和数字化转型方面取得了重大进展。智能化装备和自动化技术的应用提高了运输效率和安全性。同时，大数据、物联网和人工智能等技术的引入，为铁路货物运输提供了更精细化的管理和服务。

中国铁路货物运输经历了从起步阶段到快速发展阶段的过程。近年来，随着"一带一路"倡议的推进和技术创新的不断推动，中国铁路货物运输取得了长足的进步。未来随着我国经济发展和物流体系升级，中国铁路货物运输必将向着更高效、智能化、绿色可持续方向发展，实现更加便捷、安全、环保的货物运输服务。

1.1.2 铁路货物运输地位

铁路货物运输在我国货物运输中扮演着重要角色，凭借其运能大、成本低、受自然条件影响小、可长距离运输等优势，一直以来承担着我国大量货物运输任务，铁路货物运输在整个交通运输事业中占据非常大的比重，尤其是在矿产能源类的运输方面，铁路运输更是占据主导地位。目前铁路承运的货物中，能源、冶炼、建材等大宗物资占有相当大的比重，仅钢煤木油四大类能源、原材料物资就占铁路货运总量的3/4，其中煤炭运输一直占铁路货运量4成以上，全国煤炭产量6成以上由铁路调运，如图1-1所示。

铁路货物运输在货物多式联运中也起着十分重要的作用，它为整体物流运输提供了优势与支持，大大提升了长距离运输、大宗货物运输、跨境贸易的运输效率。在联合运输中，铁路联通了公路与水路，打通了不同运输方式之间的高效率转换，实现了货物运输的便捷性与高效性。其中铁路是港口集疏运系统的骨干，港口不仅是我国对外开放的主要窗口，外贸进出口90%以

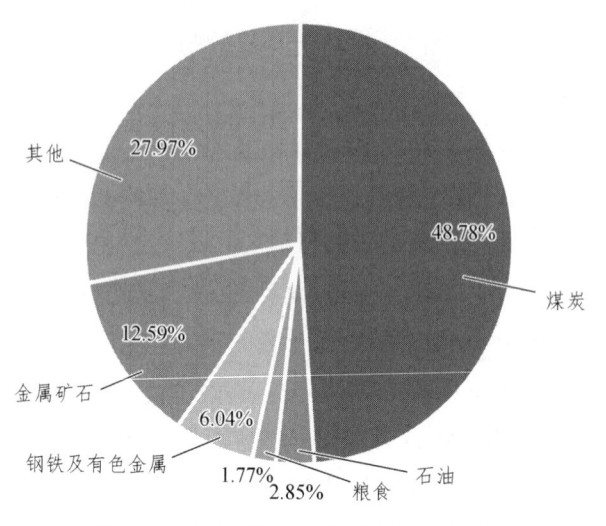

图 1-1　2021 年国家铁路货运量结构

上通过港口进出，而且也是我国沿海地区能源等大宗散货调运的重要通道。港口作为多种运输方式交汇的枢纽，对集疏运有着较强依赖性，哪个港口集疏运系统齐全、顺畅、通达程度高，其经济腹地就会深远，辐射范围就广，港口发展前景就好。铁路作为港口集疏运的重要方式，与公路、水运、管道等其他运输方式相比有着突出的优势，不仅可深入广大内陆腹地，而且具有运量大、速度快、全天候、成本低等优势，与港口吞吐的大宗散货、集装箱等主要货类相匹配，铁路成为港口集疏运系统的骨干理所当然。我国交通发展以建立和完善全国统一的综合运输体系为目标，要充分发挥各种运输方式的优势，形成相互衔接、互相补充，既有合作又有竞争的统一完整交通体系。铁路货物运输作为我国综合交通运输体系的重要组成部分，在交通运输发展乃至我国整体发展中都发挥了不可替代的作用。

近年来，我国货运总量总体呈现增长趋势，图 1-2 体现了我国 2017—2021 年货运总量的变化情况。由图 1-2 可知，2019 年、2020 年受到公共卫生突发事件影响，我国货运总量暂时下降，但并不影响全国货物运输的宏观增长趋势，在疫情管控常态化后，我国货运市场迅速恢复高速增长状态。

不仅如此，近年来我国铁路营业里程不断攀升，截至 2022 年年底，我国铁路营业里程达 15.49 万千米。随着营业里程不断延长，我国铁路货运总量也不断增长，2017—2021 年铁路货运总量变化如图 1-3 所示，五年的平均增长率为 7.49%。

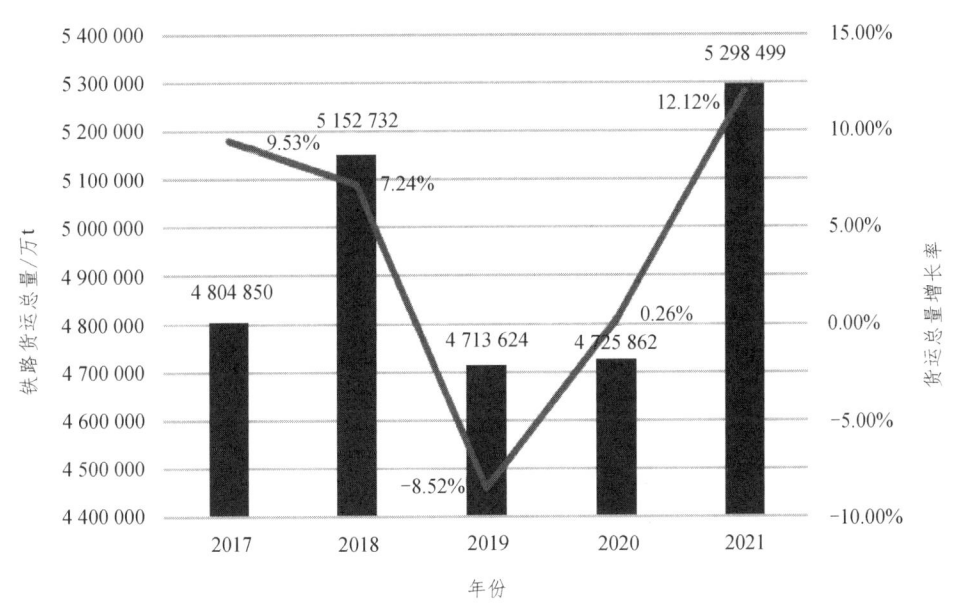

图 1-2　2017—2021 年全国货运总量变化图

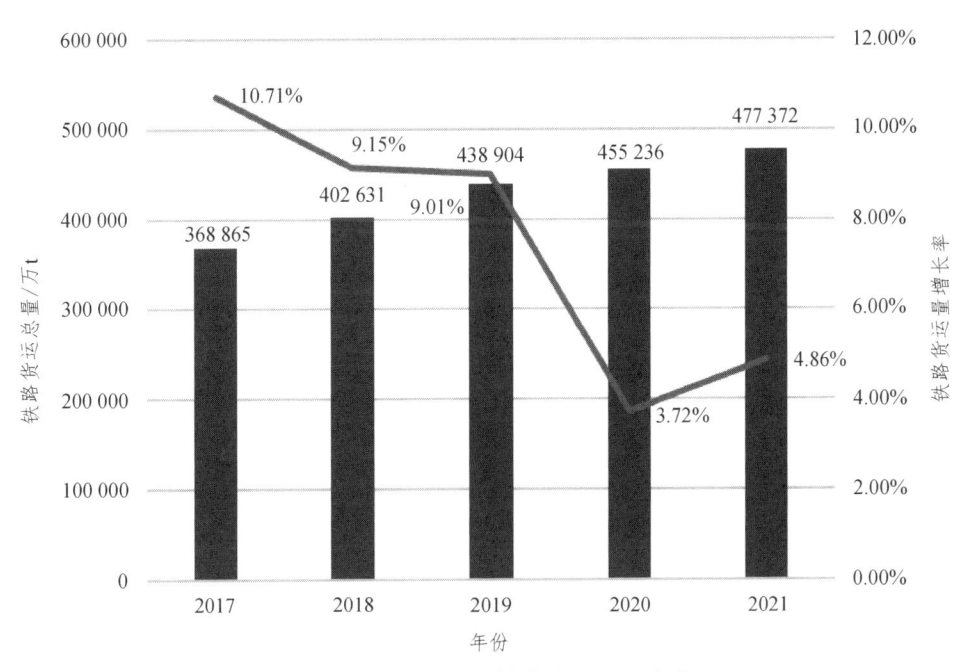

图 1-3　2017—2021 年铁路货运总量变化图

013

通过表 1-1 可知，铁路货运增长速度呈现放缓趋势，这与新冠疫情管控和运输经济受限有深层次关系。在此状态下，铁路货运市场占有率不降反增。

表 1-1 2017—2021 年全国货运总量及铁路货运量变化趋势

年份	货物运输总量/（万吨）	货运总量增长率/%	铁路货运量/（万吨）	铁路货运量增长率/%	铁路货运市场占有率/%
2017	4 804 850	9.53%	368 865	10.71%	7.68%
2018	5 152 732	7.24%	402 631	9.15%	7.81%
2019	4 713 624	−8.52%	438 904	9.01%	9.31%
2020	4 725 862	0.26%	455 236	3.72%	9.63%
2021	5 298 499	12.12%	477 372	4.86%	9.01%

1.1.3 铁路货物运输分类

铁路在我国货物运输中占据骨干地位，无论是西煤东运还是北粮南调，都离不开铁路运输。针对货物的不同特征和需求，需要采取不同运输方式来保证货物运输过程中的高效性与安全性。铁路货物运输方式可以按照以下 3 种分类方式进行区分：

1. 按货物质量、体积、形状分类

按一批货物的质量、体积、形状，结合铁路车辆和设备情况，分为整车货物运输、零担货物运输和集装箱货物运输。

（1）整车货物运输：若一批货物根据其体积、质量、形状需要 1 辆及以上货车装运，均按照整车条件进行运输。这种运输方式适用于货物量较大、质量较重、体积较大或形状特殊的货物。货物通常直接装载在货车上，整个车辆将货物从起点运送到目的地，无须中途卸载或分拨。整车货物运输通常能够提供较高的运输效率和安全性，适合于大宗货物、重型设备、大型机械等。

（2）零担货物运输：若一批货物达不到整车运输条件，可以按照零担货物进行运输。这种运输方式适用于货物量较小、质量较轻、体积较小且形状规则的货物。零担货物体积一般不小于 0.02 m³/件；若质量超过 10 kg，则不受最小体积限制。在零担货物运输中，货物通常被装载到标准的货物托盘或货物箱中，然后通过铁路进行集中运输，到达目的地后再进行分拨和配送。零担货物运输适合于零售业、电子产品、小型机械零件等需要快速、灵活配送的货物。

（3）集装箱货物运输：集装箱货物运输是将货物装载到标准集装箱中进行运输的服务。托运人托运集装箱货物，应按批提出货物运单和铁路货物运输服务订单，集装箱总重之和不得超过容许载重，铁路集装箱与自备集装箱不得按一批办理。标准集装箱具有统一的尺寸和结构，可以方便地在铁路、公路、海运之间进行转运。货物在装载到集装箱后，集装箱本身成为一个独立的运输单元，可以直接装载到铁路平板车或集装箱列车上进行运输。集装箱货物运输具有高效、安全、便捷的特点，适用于国际贸易、大宗商品、工业制品等各类货物。

这3种铁路货物运输方式根据货物的特点和运输需求，提供了不同选择，以满足不同类型货物的运输要求。

2. 按运输条件分类

按运输条件，分为按普通条件办理货物运输和按特殊条件办理货物运输。

（1）按普通条件办理货物运输：符合一般运输标准和规定的货物运输方式。这种运输方式适用于大多数常规货物，包括普通商品、工业原材料、日常消费品等。在按普通条件办理货物运输时，货物需要符合相应的包装要求、装载要求和安全要求，以确保货物能够安全、有效地进行运输。普通条件下货物运输通常是按照固定的运输时刻表和运输服务进行安排和执行。

（2）按特殊条件办理货物运输：需要采取额外特殊安排和措施的货物运输方式。这种运输方式适用于一些特殊类型的货物，包括危险品、易腐品、贵重物品、特殊设备等。按特殊条件办理货物运输可能需要符合更严格的安全标准和要求，例如特殊包装、特殊装载设备、特殊保护措施等。此外，货物运输过程中可能需要特殊的监管、跟踪和保险服务，以确保货物安全和完整性。按特殊条件办理货物运输通常需要与相关部门和机构进行配合和协调。

根据货物特殊性和运输要求，铁路货物运输可以提供相应的特殊条件办理服务，以满足不同类型货物的安全和运输需求。这种区分有助于确保特殊货物安全运输，并保护运输过程中的人员、环境和财产安全。

3. 按运送速度分类

按运送速度，分为按普通货物列车速度办理、按快运货物列车速度办理和按旅客列车速度办理的货物运输。

（1）按普通货物列车速度办理货物运输：货物以普通货物列车的运行速度进行运输服务。普通货物列车通常具有固定的行车计划和速度要求，其运行速度相对较慢。这种运输方式适用于一般货物，如工业原材料、普通商品等，其运输时间相对较长。货物在普通货物列车上进行装载，并按照列车的行车计划进行运输。按普通货物列车速度办理货物运输通常具有较低的运输成本，适用于对运输时间要求不高的货物。

（2）按快运货物列车速度办理货物运输：货物以快运货物列车的运行速度进行运输服务。快运货物列车通常具有更高行车速度和更紧凑运行计划，以提供更快的运输服务。这种运输方式适用于对运输时间要求较高的货物，如生鲜食品、时效敏感商品等。货物在快运货物列车上进行装载，并按照列车的行车计划进行快速运输。按快运货物列车速度办理货物运输通常具有较高的运输效率和准时性。

（3）按旅客列车速度办理货物运输：货物以旅客列车的运行速度进行运输服务。在一些情况下，旅客列车可以提供货物运输选项。这种运输方式适用于对运输时间要求非常紧迫的货物，如急需送达的文件、紧急医疗用品等。货物可能会在旅客列车的行李架或指定区域进行装载，并随同旅客列车一同运输。按旅客列车速度办理货物运输通常具有最快的运输速度，但可用空间和运输量可能会受到限制。

这些不同运输速度为货物运输方式提供了灵活选择，以满足货物运输的不同时间要求。根据货物紧急程度和运输时间要求，可以选择适合的运输方式来满足需求。

1.2 铁路货物运输发展现状

为了更好地说明铁路货物运输，以便对铁路货运进行针对性的研究，本小节对国内外铁路货物运输发展现状进行分析。

1.2.1 国外铁路货物运输发展现状

目前为止，具有独立铁路系统的国家多达 109 个，世界范围内的铁路网系统总长已有 140 多万千米，其中具有营业性质的铁路系统长度已超 130 万千米。根据世界铁路线路长度排行看，越是先进和发达的国家或地区，其铁路普及率及铁路技术越是发达。例如澳大利亚南部、欧洲和美国的铁路系统密度最高，它们都有各自完善的铁路快速货运系统。这些国家或地区以满足市场发展需求为导向，建立起一套多样化多品类货物运输系统，并且取得了显著的经营效果。

下面通过国际若干条著名铁路货运线网，说明国外铁路货运的发展现状。

1.2.1.1 欧亚大陆桥（欧亚班列）

欧亚大陆桥是连接亚洲和欧洲最重要的铁路运输通道之一，它是一项重要的国际物流合作项目，旨在提供快速、高效的货物运输服务，促进亚欧贸易和物流发展，被誉为"新丝绸之路"。欧亚班列从路线网络、运输情况、货物类型、物流合作等方面体现如下：

1. 路线网络

欧亚班列涵盖了多条线路，连接了亚洲和欧洲的重要城市和贸易中心。其中最著名的线路是中国的"中欧班列"，起点通常是中国的一些主要城市，如重庆、成都、郑州、武汉、上海等，终点则是欧洲的城市，如华沙、莫斯科、汉堡、鹿特丹、杜伊斯堡等。此外，还有其他一些国家的线路，如哈萨克斯坦的"哈萨克斯坦班列"和俄罗斯的"西伯利亚铁路班列"。

2. 运输时间和距离

相对于传统的海运和陆路货运，欧亚班列提供了更快的货物运输服务。根据具体的路线和条件，货物从中国到欧洲的运输时间通常在15~20天，比海运时间缩短了数周甚至数月。此外，欧亚班列还缩短了货物运输的距离，使得货物可以更快地到达目的地，减少了运输时间和成本。

3. 货物类型

欧亚班列主要用于运输各类货物，包括消费品、电子产品、机械设备、汽车零部件、化工品等。此外，由于欧亚班列提供了稳定和可靠的货物运输服务，一些生鲜食品和冷冻货物也开始通过欧亚班列进行运输。

4. 物流合作

欧亚班列运营涉及多个国家和地区的物流和运输公司之间的合作。这包括铁路公司、货运代理商、港口和货运中心等。各个环节的合作使得货物能够顺利地从起点到终点进行跨境运输，确保了整个运输过程的高效性和可靠性。

5. 推动因素

欧亚班列的发展得益于多个因素的推动。一方面，中国的"一带一路"倡议为欧亚班列的发展提供了政策和支持。另一方面，亚欧之间的贸易增长和物流需求的增加也推动了欧亚班列的发展。此外，欧亚班列的运输时间和成本相对较低，使得一些生产和制造业企业更倾向于选择铁路货运，以满足快速和可靠的货物交付需求。

1.2.1.2　伯灵顿北方铁路（BNSF Railway）

伯灵顿北方铁路是美国历史悠久且规模庞大的铁路公司之一，成立于1970年，总部位于美国得克萨斯州的沃思堡。

1. 铁路路网线路

伯灵顿北方铁路主要线路包括北部主线和南部主线。北部主线从西海岸的华盛顿州西雅图市开始，穿越蒙大拿州、北达科他州，最终到达伊利诺伊州芝加哥市。这条线路是伯灵顿北方铁路最重要的货运通道之一，连接了西海岸港口和美国中西部地区。南部主线从西海岸的加利福尼亚州洛杉矶市开始，经过亚利桑那州、新墨西哥州，最终到达得克萨斯州的弗特沃思市。这条线路也是伯灵顿北方铁路的重要货运通道，连接了西海岸港口和南部地区。

2. 货物类型

伯灵顿北方铁路运输各种类型的货物，其中包括但不仅限于煤炭、石油、天然气等能源产品；谷物、棉花等农产品；乘用车、火车、汽车零部件等工业材料；石油产品、肥料等化学品。伯灵顿北方铁路的货运规模庞大，年运输货物总重量可达数亿吨。

1.2.1.3　欧洲铁路货运线网

欧洲拥有一个庞大而发达的铁路货物运输网络，连接着各个国家和城市。

1. 铁路路网线路

（1）国际货运主干线：欧洲国际货运主干线连接着不同国家之间的重要城市和港口，为跨境货物运输提供了便利。一些著名的国际货运线路包括：

① 欧洲大陆桥线路（Channel Tunnel Rail Link）：连接英国的伦敦和法国的巴黎，通过英吉利海峡的英法隧道（也称为海底隧道）进行跨海运输。

② 高莱茵线路（Rhine-Alpine Corridor）：连接荷兰、德国、瑞士和意大利等国家，沿莱茵河和阿尔卑斯山地区，是欧洲最重要的货运通道之一。

③ 波罗的海—亚得里亚海走廊线路（Baltic—Adriatic Corridor）：连接波罗的海地区的波兰和斯堪的纳维亚国家与亚得里亚海地区的克罗地亚和意大

利等国家。

（2）各国内部货运线路：欧洲各国内部也有广泛的铁路货物运输线路。每个国家都有自己的国内货运网络，连接着各个城市和工业中心。一些欧洲国家的铁路货运线路包括：

①德国：德国的铁路网络非常发达，连接了主要城市和工业区。德国货运线路通常与欧洲其他国家的线路相连，形成了欧洲货物运输的重要枢纽。

②法国：法国铁路系统覆盖了整个国家，连接了巴黎和其他主要城市。法国的货运线路也与欧洲其他国家的线路相连，形成了跨境货物运输的重要通道。

③西班牙：西班牙的高速铁路系统（AVE）在西班牙国内运输中起着重要作用，连接了主要城市。西班牙货运线路也与法国和葡萄牙等国家的线路相连。

2. 货运情况

欧洲的铁路货物运输非常活跃，每年货物运输总量上百万吨。具体货运情况会因地区、国家和线路而有所差异。一些常见货物类型包括以消费品、电子产品、视频为代表的贸易货物；钢铁、化工产品为代表的工业品以及谷物、蔬菜、水果等为代表的农产品等。

1.2.2 国内铁路货物运输发展现状

自新中国成立以来，各行各业都迎来了各自发展的高峰期，铁路货物运输行业也迎来了属于自己时代的发展浪潮。铁路线路布局得以逐渐改善，不仅覆盖面积大大增加，我国大多数省市区都"有线抵达"，技术装备以及线路管理水平也有所提升。随着我国供给侧结构性改革的持续深入，铁路货物运输供需格局逐渐发生变化，同时，关于公路治超、"公转铁"、环境保护等一系列政策的出台，对铁路货运市场产生了促进作用，调整货物运输结构、稳定大宗增量、发展集装箱和加强专业物流成为铁路货运的热点问题。

我国铁路货物运输行业在发展过程中仍存在诸多问题亟须处理优化，如路网规模不完善、货物运输模式落后（客货共线运输方式）、列车品类单一、运力不足等。这些问题的存在，都对铁路货物运输成本、效率造成一定程度的负面影响。总体而言，我国铁路货物运输发展现状可以从运输量、运输占比、货运结构、运输效率、区域发展不平衡等方面进行分析说明：

1.2.2.1 运输量持续增长

中国铁路货物运输量在近年来持续增长。2021 年中国铁路货物运输总量达到 477 372 万 t，同比增长 4.86%，这主要得益于国家对铁路货物运输的投资和支持，以及中国经济的快速发展。

1.2.2.2 货运占比降低

近年来，全国货物运量持续快速增长，年增长率均在 7%以上。但是从占比情况看，我国货物运输结构经历了从以铁路为主向以公路为主的转变，2018 年公路货运量达到了 395.7 亿 t，是 2019 年以前公路货运量市场份额的最高值。铁路虽然采取优化货运供给质量、促进交通运输结构调整等措施，促使货运量逐年稳步增长，然而铁路货运量市场份额仍然较低。2018 年全国铁路货物总发送量完成 40.3 亿 t，但总货运量占比却从 2014 年的 9.15%下降至 2018 年的 7.81%。

1.2.2.3 货运结构趋于稳定

我国铁路货运的货物结构主要包括以下几个方面：

1. 大宗商品运输

煤炭、矿石、石油、钢材等规模较大、价值较高的大宗商品，在我国铁路货物运输中占据了重要地位，特别是煤炭运输在能源供应中起到了关键性作用。

2. 工业品运输

工业品包括钢材、化工品、建材等。铁路货物运输在工业品运输方面具有一定的优势，特别是对于大件、重量较大的工业品，铁路运输方式更为适合。

3. 农产品运输

农产品是我国铁路货物运输中的重要货物类别之一。运输的农产品包括粮食、棉花、糖果、油脂等。铁路运输可以满足农产品的大批量运输需求，保持产品的新鲜度和品质。

4. 日用消费品运输

日用消费品包括食品、饮料、家居用品等。虽然日用消费品的运输通常采用公路和航空运输，但铁路货物运输在长距离、大批量的运输方面也有一定的应用。

5. 集装箱运输

随着国际贸易的发展，集装箱运输在我国铁路货物运输中越来越重要。铁路集装箱运输具有高效、安全、成本低等优势，可以提供多式联运的便利。

6. 跨境运输

2022年以来，全球经济复苏，我国与其他国家之间的跨境铁路货物运输逐渐增加。跨境运输主要涉及进出口货物和中转货物，应加强国际的运输合作，促进贸易畅通。

7. 多元化运输

我国"一带一路"政策是一项促进国际合作和共同发展的倡议，涉及了众多国家和地区的基础设施建设、贸易便利化、人员交流等方面。通过"一带一路"倡议，我国积极推动铁路联通和贸易合作，加强与共建"一带一路"国家和地区的经济联系，有助于促进贸易流通和物流发展，推动货物流向、种类的多元化。

根据国家统计局的数据，2020年铁路货物运输品类占比如图1-4所示。

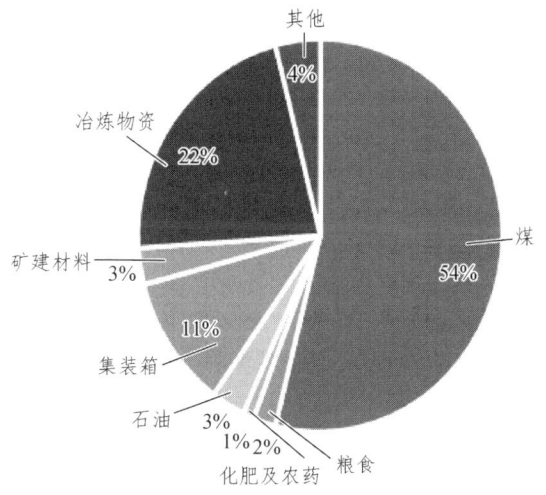

图1-4 2020年铁路货物运输品类占比

其中以煤为代表的大宗货物占铁路货运量的90%左右，煤的占比超过一半，高达53%。在近几十年的铁路货运发展历程中，铁路货运结构逐渐趋于稳定，这与铁路货物运输的运量大、运距长、运价低、运速快等特点密切联系，煤炭、冶炼矿石等大宗货物的持续挖掘也为重载铁路修建提供了契机，而重载铁路也进一步稳固了现有的铁路货物运输结构。铁路货运结构的稳定也给日后改革指引了方向，在稳定大宗货物在铁路货运地位的同时，也应该创新性地开拓高附加值货物的运输，为铁路货物运输高质量、更全面的发展提供动力。

1.2.2.4　运输效率提升

我国在多方面对现有铁路网络进行了完善，使得铁路货物运输效率得到提升。

1. 铁路设备和技术的改进

我国铁路系统不断引进和应用新技术和设备，大大提升了铁路货物运输的效率。例如采用自动化装卸设备和物流管理系统，提高了装卸效率和运输效率。铁路运输设备升级和改进，如更先进的货运列车和机车，提高了运输能力和运行速度。

2. 优化的物流组织和管理

我国铁路货物运输在物流组织和管理方面进行了优化和改进。引入了先进的运力调度和车辆配载技术，提高了运输的灵活性和效率。同时，加强与其他运输方式的衔接和协同，实现多式联运，提供便捷的货物转运服务。

3. 铁路运输能力提高

我国铁路系统通过扩建铁路线路、增加货运列车数量和提高运输能力，有效提升了铁路货物运输的效率，以应对需求的增长，减少运输延误和拥堵，提高了运输的可靠性。

4. 政策支持和改革措施

我国政府出台了一系列政策支持和改革措施，推动铁路货物运输的发展和提升效率。例如，推进铁路货运市场化改革、引入竞争机制、提高运输效率和服务质量等。同时优化运价机制，降低运输成本，提高铁路货物运输的竞争力。

1.2.2.5　区域发展不平衡

我国地域广阔，地理条件复杂，在多年的发展中差异较大，主要体现在：

1. 地理因素

我国西南地区地势崎岖、山地较多，西北地区地形复杂，大片的高山、沙漠、戈壁和盆地，相较于华北、东北、长江中下游平原地带，铁路建设和运输十分困难。这些地形条件对铁路建设提出了挑战，需要克服地质条件复杂、山地地形陡峭等困难，使得铁路的建造成本和难度激增。因此，地理因素直接导致了铁路货物运输发展的区域差异。

2. 经济发展差异

我国的经济发展在不同地区之间存在明显差异。东部沿海地区经济发达，工业基础雄厚，对铁路货物运输的需求量大。而西部地区经济相对较弱，工业发展相对滞后，对铁路货物运输的需求较小。因此，经济发展差异也导致了铁路货物运输发展的不均衡。

3. 基础设施建设不平衡

铁路货物运输发展需要有良好的基础设施支持，包括铁路线路、货运站点、物流中心等。但在过去的铁路建设过程中，某些地区的基础设施建设相对滞后，投资不足，导致了铁路货物运输发展的不平衡。

4. 政策和资源配置不均衡

政府的政策支持和资源配置也会对铁路货物运输的发展产生影响。某些地区得到了更多的政策支持和资源投入，推动了铁路货物运输的发展；而另一些地区则相对较少受益，发展缓慢。这种政策和资源的不均衡配置，也导致了铁路货物运输发展的区域差异。

这些因素带来的差异，直接造成了我国铁路货物运输发展的区域不平衡性，为了进一步改善这种情况，政府需采取措施，如推进西部地区的交通基础设施建设、加大对落后地区的政策支持和资金投入等，以促进区域间的平衡发展，提升整体的铁路货物运输水平等。

1.3 铁路货物运输存在问题

我国铁路货物运输在过去一百余年中取得了显著的发展，已经成为我国重要的货物运输方式之一。货物运输量连年增长，在长途、大宗货物运输方面具有可观的竞争力。铁路货物运输网络不断扩大与完善，高速、普速铁路网相互衔接，形成了较为完备的国内铁路货物运输系统。但在货物运输量占比中，铁路运输仍然不占优势，对于具有特殊需求的货物以及不同运输方式之间的相互连接均存在不足之处。铁路货物运输存在的问题可以从运输前、运输中、运输后3个方面体现。

1.3.1 货物运输前的问题

1.3.1.1 铁路货运线路、站场以及附属设施建设成本高、耗时长

线路建设包括铺设轨道、建设桥梁、隧道、路基等，投资金额会受到线路长度、地形地貌、技术难度等因素的影响。站场建设包括货物装卸、中转和停放的场所，包括货场、调车场、货物仓库等，投资金额会根据站场规模和设备配置而有所不同。附属设施建设包括信号设备、电气化设备、通信设备、供电设备等，用于保障线路运营的安全和顺畅，投资金额会受到设备种类和规模的影响。总体而言，要在货源之间建设货运铁路，需要大量的投资。数据显示，我国高速铁路平均每千米造价1.26亿元，普速铁路平均每千米造价5 000万元，但是由于不同的地理条件、土地征用、工程规模、技术难度等，平均每千米造价也不尽相同。

1.3.1.2 运输前的准备工作严谨、复杂

铁路货物运输前期工作中可能存在以下问题：

1. 机车和车辆的配备

铁路货物运输需要足够数量和适当类型的机车和车辆，以满足货物运输的需求。然而，有时可能存在机车和车辆不足或者盈余的情况，导致运力紧张无法及时调度或运力浪费。

2. 相关工作人员

铁路货物运输需要各种专业的工作人员，包括机车司机、车辆调度员、站务员、检修人员等。人员数量不足、技术水平不高、培训不充分等均可能导致运输过程中的操作不够高效和安全。

3. 货物的收集和组织

铁路货物运输的前期工作需要对货物进行收集、整理和组织。货物信息不准确、物流信息不畅通、货物包装和标识不合规范等均可能导致货物装车和调度过程中出现混乱和延误。

4. 运输计划和调度

铁路货物运输需要进行运输计划和调度，确保货物能够按时运抵目的地。运输计划不合理、调度不及时、运输资源配备不足等均可能导致货物运输过程中的延误和运力浪费。

1.3.1.3　专业人才不足

随着现代铁路货运的快速发展，企业急需大量的相关专业人才。随着我国铁路电气化、智能化的不断发展，带来相关大量的先进设备以及更加优化的方法理论，这些设备以及理论需要专业人才操纵与落实。这些新的人才引进以及老员工的培训需要较长时间才能完成，造成专业人才不足现象。

1.3.2　货物运输中的问题

1. 货物运输能力不足

随着我国经济的逐步发展，为满足各地对不同货物愈发增长的要求，铁路所承担的货运量也逐年增大；但是由于运输设备数量不足、线路容量有限、运输技术限制、货物场地有限等原因，导致货物运输能力跟不上日渐增长的货运周转量。对于运输特定货物的线路，例如运输粮食等民生货物的铁路线路，受到农作物的季节性因素影响，运输需求存在波动，也会造成短期内运输能力不足。

2. 运输周期长

铁路货物运输的周期指的是从货物装车到货物交付目的地所经历的时间。运输周期长受到多方面因素影响，如铁路货物运输全程需要多个环节协作完成并且每个环节涉及多个过程；铁路货物运输需要提前进行运输计划和调度，在繁忙的线路上，需要等待适当的时机才能进行运输；铁路线路受限于地形、路况等因素，无法灵活调整运输速度，导致长途货物运输时间较长；在某些情况下，铁路货物运输需要在途经的不同站点进行货物转运。这些因素均会造成铁路货物运输周期长、时效性差等问题。

3. 运输成本高

铁路货物运输的成本通常相对较高，特别是短途货物运输，铁路运输的固定成本较高，包括线路维护、设备折旧等。此外，铁路运输还可能面临能耗较高、人力成本较高等问题，增加了运输成本。对小型企业或低价值货物不具有吸引力。

4. 对货运工作的监督管理不到位

货物运输过程中的管理问题涉及货物跟踪、装卸作业、货物保护等。铁路运输目前处于改革的重要时期，因此仍然存在传统运输行业的弊病，部分企业为了追求运输效率的最大化，疏忽了对货物运输质量的管理与监控，这将导致货物运输工作中问题频发，故障时起。管理体系不健全、工作人员培训不足、信息系统不完善等应该得到全面改善。

5. 线路网络不完善

中国铁路货物运输线路网络是一个庞大而复杂的系统，覆盖了全国各个地区。线路网络主要包括了主要货运干线、支线铁路、港口线路和跨境线路。随着我国铁路建设愈发完善，铁路覆盖率逐年攀升，对于大多地区，可实现货物铁路直达。但是对于某些偏远地区或山区，铁路覆盖不足，无法实现货物直达，需要使用其他运输方式，例如公路运输、水路运输等进行二次运输，这势必会增加运输的成本。

6. 缺乏灵活性

由于铁路受到固定线路限制、时刻表和调度限制、装卸作业要求限制以及货物类型限制，铁路货物运输相较于公路运输，缺乏一定的灵活性。无法根据客户需求即时调整运输方案，对货物的中途停靠、分批装卸等灵活操作存在限制，特殊货物或危险品需遵守特定的运输规定和限制。

1.3.3 货物运输后的问题

多式联运发展滞后限制了铁路货运发展空间。在货物运送至目的地卸货后，需对货物进行分配和交付到不同的目的地。这便涉及将货物从铁路车厢转移至卡车、集装箱或其他运输方式进行进一步的运输。而在多式联运的生产组织方面，铁路和公路运输、水路运输还难以做到无缝连接，集疏运系统运作效率低，限制了铁路快捷货运进一步发展。

1.4 铁路货物运输优化复杂性分析

铁路货物运输线路不断扩建，铁路网密度也随之越来越大，虽然其通达性越来越高，但对铁路网上的货流及车流进行组织却变得越来越复杂。而且一些铁路线路还存在客货混跑的现象，这无疑给铁路货物运输资源的优化配置带来巨大挑战。其复杂性主要体现在以下几个方面：

1.4.1 路网线路连接复杂，装车站较多

铁路运输网涉及多条线路的连接，这些线路可能有不同的运行速度、通过能力、运行方向等特性。在优化货物运输时，需要考虑如何选择最优的线路，使得货物能够以最短的时间和最低的成本进行运输。而线路的选择受到多个因素的影响，例如线路的通过能力、闭塞方式等。此外，铁路货物运输网络涉及多个装车站点，每个装车站点可能有不同的货物需求和供应情况。在优化货物运输时，需要考虑如何合理安排装车站点之间的货物调度，使得货物能够在正确的时间和地点进行装载和卸载。同时，装车站点的选择也受到多个因素的影响，例如装卸效率、设备利用率等。因此，线路的连接情况和装车站的数量都会影响货物运输优化问题，数量的增加会使问题变得更复杂。

1.4.2 货物需求不断提高，且有淡旺季之分

首先，货物需求的增加意味着更多的货物需要通过铁路进行运输，这可能导致铁路线路的满载率增加，增加了货物运输延误的风险。在优化货物运输时，需要合理调度有限的资源，如车辆和人力等，以满足不断增长的货物需求。此外，随着货物量的增加，货物类型和特性的多样性也会增加，例如易碎品、危险品等，这对货物的装载、运输、储存、某些大宗货物对于运到时限要求等，都提出了更高的要求。其次，淡旺季之间的需求差异也会给优化铁路货物运输问题增加复杂度。在旺季，货物需求可能剧增，需要更高的运输能力来满足高峰期的需求；而在淡季，货物需求相对较低，可能存在发车间隔拉长、单列车运输量不足等问题。因此，在优化货物运输时，需要根据淡旺季差异合理调整列车的发车频率、运力配置等策略，以确保在旺季时能够满足需求，在淡季时能够提高运输效益。

1.4.3 多种目标任务协同优化问题的复杂化

多种目标任务协同优化如施工计划与运输计划协同优化、列检布局与机车机班调整及固定设备状态与运输协同优化等。多种不同目标任务协同优化会受到单个目标最优化方案的干扰，使得寻求协同优化最优方案复杂性上升。

例如施工计划与运输计划协同优化。当针对以施工优先的情况，对所涉及车站需要重新进行车流结构、技术能力分析，形成新的车流结构、技术能力、编组能力等信息的数据集。对所涉及的线路，需要重新分析客车停运、市场需求波动、集中修和维修天窗、天窗错峰等统筹安排的策略分析，形成新的运输时间段、线路能力等信息的数据集。最后需利用多品种流网络理论调整出新的货物运输最优化方案。而针对以货物运输方案优先的情况，对所涉及车站，需要按照"淡旺季错峰安排、平行通道错时安排"思路，结合客车停运、市场需求波动、天窗周期、时长等情况，研究统筹安排集中修和维修天窗。如何得出最终多任务协同优化最佳方案往往是一个多维度、多因素的复杂问题。

1.4.4 运力管理与调度难度增加

优化铁路货物运输需要进行合理的运力管理和调度，包括列车编组和调度、车辆资源的分配、运输线路的选择等，需要考虑到不同区域和线路的运力需求，平衡各个区域和线路之间的运力供应与需求关系，以最大限度地提高运力利用率和运输效率。受到我国铁路线网复杂的网络拓扑、多样化的运输需求以及不确定的运输需求和动态变化、调度决策的复杂性等多种因素限制，使得对现有的铁路货运能力进行最大效率的管理与调度难度激增，给现有技术以及工作人员带来挑战。

第 2 章　铁路货运专线现状及问题分析

本章首先概述了铁路货运专线，并对铁路货运专线存在的问题及制约货运能力的因素进行了阐述，在此基础上，对铁路货运专线面临的理论问题及解决思路做了分析；最后以唐包线货运专线为例，论述了唐包线运输情况，并分析了唐包线现存的主要问题及其研究思路、研究目标、研究内容以及拟解决的关键问题。

2.1　铁路货运专线概述

随着我国经济的快速发展和城市化进程逐渐提速，货物运输需求不断增长。传统的铁路线路和运输网络无法满足这一巨大的需求，因此需要建设更多的铁路货运专线来承载货物运输任务。

铁路货运专线，全称货运列车专线铁路，是指仅运行载货列车和技术作业列车的铁路系统。货运专线的种类各异，一般分成国家重载铁路和地方专用铁路两大类型。铁路货运专线的区别对象是客运专线和客货共线，如大秦铁路（大同—秦皇岛）、朔黄铁路（朔州—黄骅港）、包神铁路（包头—神木）、瓦日铁路（瓦塘镇—日照港）等，均为我国重要的货运专线铁路。

由于货运专线通常采用了优化的线路设计和布局，并避开了繁忙的客运线路，可以更快速、更直接地进行货物运输，减少了中转和停顿时间，提高了货物周转速度和交付效率。通过在不同地区建设货运专线，可以形成更加合理和高效的物流通道，实现货物从生产地到消费地的快速流动，降低物流成本，提高供应链的效益。

铁路货运专线建设对区域经济发展具有重要的推动作用，通过连接不同地区的货运专线，可以促进资源的有效配置和产业的协同发展。特别是对一些资源丰富的地区，货运专线建设可以加快资源的开发和利用，推动当地经济繁荣。与传统的铁路线路相比，货运专线通常采用了更适应货物运输需求的设计和配置。它们提供了更强的运输能力、更快速的运输速度和更稳定的服务质量，使铁路货物运输能够与其他运输方式竞争，并更好地满足客户的需求。

综上所述，我国铁路货运专线建设具有重要的背景和意义，它们不仅能够满足日益增长的货物运输需求，提高货运效率，优化物流布局，推动区域经济发展，还能够提升铁路货物运输的竞争力，促进经济可持续发展，对我国物流体系和经济发展具有重要的战略意义。本小节分别从我国铁路货运专线的主要分类、发展现状、基础设施进行分析。

2.1.1 我国铁路货物运输专线分类

在改善铁路货运系统和提高经济效益的过程中，为了满足逐年增长的货物运输需求，世界各个国家总是力求用最小的投入换取最经济、最合理的运输效果，货运专线的诞生就是为了达到"事半功倍"的效果。现实生活中货物需求种类繁杂，路网密集，如何合理优化资源配置，最大限度地发挥货运专线的经济效益和运量潜能十分重要。铁路货运专线分类以及等级划分，可帮助决策者制订合理的技术标准和优化设备类型。

我国幅员辽阔，拥有广袤的土地和丰富的自然资源，但由于历史与地理等因素影响，人口在全国范围内分布不均衡，导致东西部地区发展存在着明显差异。其中资源分布和工业布局的不均衡，使得铁路货物运输行业成为国家经济社会长期高速发展的承担者。煤炭、矿石等矿产资源大多分布在西部、北部，而消耗这些物资的大多分布在东部、南部，因此我国铁路将长期承担这些大宗物资的长途运输。为了提高铁路企业自身的经济效益，也为了满足社会经济发展对能源物资的需求，合理开展和建设铁路货物运输专线是十分有必要的。

2.1.1.1 按照铁路适用范围和管理机构分类

1. 国家重载铁路

国家重载铁路是指由中国国家铁路集团有限公司负责规划、建设和管理的铁路专线。这些专线在货运线网中起骨干作用，通常连接着重要的经济中心、工业区和港口，承担大量的货物运输任务。国家重载铁路的特点如下：

（1）大规模运输。国家重载铁路具备高运输能力和大规模运输能力，主要承担区域间大宗货物（如煤炭、矿石等）运输，实行牵引质量达万吨的重载运输。

（2）综合服务。国家重载铁路提供全面的货物运输服务，包括整车运输、散装运输和集装箱运输等。同时，它们也配备了现代化的设备和技术，以确保货物的安全和高效运输。

（3）国家层面管理。国家重载铁路由中国国家铁路集团有限公司负责管理和运营，统一规划和调度，以确保整个铁路系统的高效运行。

2. 地方专用铁路

地方专用铁路是由各省级地方政府或相关地方铁路运营企业负责规划、建设和管理的铁路专线。这些铁路专线通常连接当地的产业区、矿区或港口，以满足地方的货物运输需求。地方专用铁路的特点如下：

（1）中小规模运输。地方货运专线铁路一般年货运总量不大，线路不需要较大的通过能力，货物列车牵引质量一般不超过4 000 t。

（2）区域性服务。地方专用铁路主要为特定区域的货物运输提供服务，满足当地经济发展需求。

（3）产业支持。地方专用铁路通常连接当地的主要产业区域，如煤炭矿区、钢铁基地等，以支持相关产业的货物运输需求。

（4）地方层面管理。地方专用铁路由地方政府或相关地方铁路运营企业负责管理和运营，根据当地的需求进行规划和调度。

2.1.1.2 铁路货运专线等级划分

根据货运专线铁路在铁路网中的作用、性质、牵引质量以及货运量，确定货运专线铁路的等级。

1. Ⅰ级铁路

Ⅰ级铁路是近期年货运量大于或等于30 Mt或实行重载运输的货运专线铁路。Ⅰ级铁路是中国铁路网络中的主干线路，具有较高的运输能力和重要性。这些铁路线路连接了国家重要的经济中心、工业区和港口，承担着大量的货物运输任务。Ⅰ级铁路通常由双线或多线铁路组成，采用高标准的设计和设备，具备较高的运行速度和运输效率。综合考虑我国单线货运专线铁路，在列车牵引质量不大于4 000 t情况下的平均年输送能力为30 Mt，因此将货运专线铁路的界值确定为30 Mt。

2. Ⅱ级铁路

Ⅱ级铁路是近期年货运量小于30 Mt，列车牵引质量不大于4 000 t的货运专线铁路。Ⅱ级铁路承担着较为重要的货物运输任务，但运输量相对Ⅰ级铁路较少。Ⅱ级铁路通常是单线或较短的双线铁路，与Ⅰ级铁路相比，运输能力和设备标准稍低。

2.1.1.3　按运输货物种类分类

1. 散装货物专线

散装货物专线主要用于运输散装货物，如煤炭、矿石、粮食等大宗物资。这些货物通常以散装形式装载在专门设计的散装车辆或散装集装箱中，以提高装卸效率和运输效益。

2. 集装箱货物专线

集装箱货物专线专门用于运输集装箱货物，包括标准集装箱、冷藏集装箱、危险品集装箱等。这类专线通常配备适用于集装箱装卸的设备和设施，以方便集装箱的装卸和转运。

3. 液体货物专线

液体货物专线用于运输液体货物，如石油、化工品、食品油等。这类专线通常配备适用于液体货物装卸和运输的专用车辆和设备，以确保液体货物的安全和稳定运输。

4. 冷链货物专线

冷链货物专线专门用于运输冷藏和冷冻货物，如食品、药品、鲜花等。这类专线配备冷藏设备和温控装置，以维持货物在指定温度范围内的运输条件。

5. 危险品专线

危险品专线用于运输危险品，如爆炸品、易燃物、有毒物等。这类专线需要符合严格的安全标准和法规要求，包括车辆、设施和人员的安全管理措施。

2.1.2　我国铁路货运专线发展现状

目前，我国铁路货运专线发展迅速，营业里程持续增加，这些铁路货运专线的建设和运营不仅提升了货运效率和质量，满足了物流需求，还积极支持国家"一带一路"倡议，拓展了国际运输市场。我国铁路货物运输中，大宗货物的运输比重较大，而大宗货物中煤炭占比过半，所以煤炭运输对于整个铁路货运系统十分重要。我国有名的煤炭运输专线有大秦铁路（大同—秦皇岛）、瓦日铁路（瓦塘镇—日照港）、浩吉铁路（浩勒报吉—吉安）等。

1. 大秦线

自改革开放以来，我国东南沿海的经济、工业得到了迅猛发展，对煤炭能源的需求与日俱增。我国煤炭资源大多分布在山西、陕西和内蒙古等内陆地区，为了能够将煤炭资源大量、快速地运往东南地区，我国自 20 世纪 80 年代开始建设大秦铁路运煤专线。大秦铁路全长 653 km，车站 37 个，西起大同韩家岭、东至秦皇岛柳村南，横跨桑干峡谷，穿越燕山山脉，途经山西、河北、北京和天津四省市，紧依燕山山脉南麓呈东西走向。

大秦铁路是中国"西煤东运"的战略动脉，也是中国境内首条双线电气化重载铁路、首条煤运通道干线铁路，其煤炭运量占全国铁路煤运总量的近 20%，用户群辐射 26 个省、自治区、直辖市，担负着中国主要四大电网、五大发电集团、十大钢铁公司和上万家工矿企业的生产用煤以及十几个省市自治区的生产生活用煤运输任务，被誉为"中国重载第一路"。截至 2023 年 2 月，大秦铁路累计运量突破 80 亿吨，创造了世界上单条铁路货运量最高纪录，大秦铁路在我国货物运输系统中占据着举足轻重的地位。

2. 瓦日线

瓦日铁路，又称晋豫鲁铁路、晋中南铁路，西起山西吕梁市兴县瓦塘镇，东至山东日照港，线路全长 1 269.84 km，如图 2-1 所示。

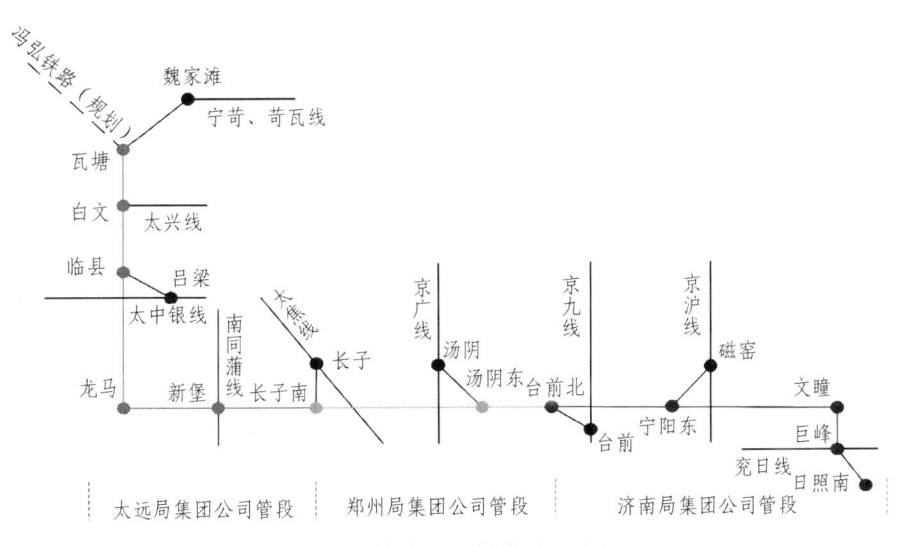

图 2-1 瓦日铁路及衔接线路示意图

瓦日线设计标准为国铁Ⅰ级、双线电气化，设计时速为 120 km，货运能力每年可达 2 亿吨。瓦日铁路相关区域位于我国华北中东部地区，主要涉及山西省、河南省和山东省，与京广、京沪、京九等七大干线铁路互联互通，是世界上第一条按 30 t 重载铁路标准建设的铁路，是国家中长期铁路网规划的重要组成部分，也是我国"十一五"铁路建设重点工程，是连接我国东西部的重要煤炭资源运输通道。截至 2022 年，瓦日铁路货运量达到 1.03 亿吨，是我国新增的一条年运量过亿吨的能源通道，其中最重要的运输物资便是煤炭。

3. 浩吉线

浩吉铁路起自浩勒报吉南站，经过内蒙古西部以及晋陕等重要煤炭产区，直达"中三角"煤炭消费地，终到吉安站，该线路纵贯中国南北，一跨长江，两跨黄河，历经毛乌素沙漠、陕北黄土高原、秦岭山脉、洞庭湖平原和赣西丘陵等地域，全长 1 813.544 km，共有 229 座隧道，770 座桥梁，开通初期开办车站 77 座，是蒙西至华中地区铁路煤运通道、国铁 I 级电气化重载铁路，是世界上一次性建成并开通运营里程最长的铁路，也是国家"北煤南运"最长的煤炭运输战略大通道，如图 2-2 所示。

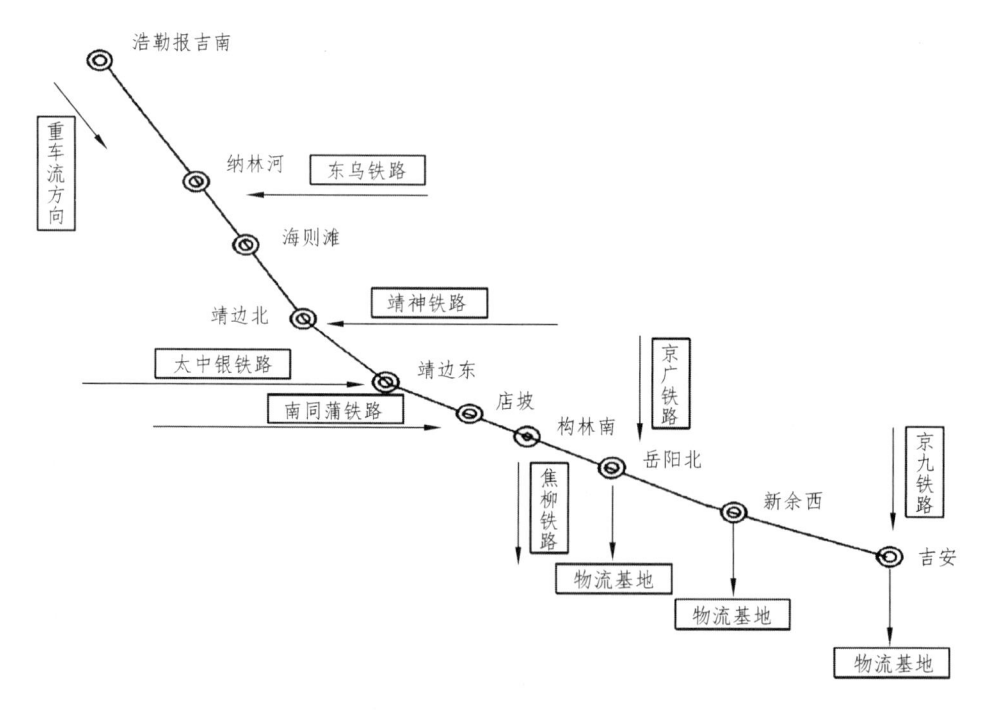

图 2-2 浩吉铁路及衔接线路示意图

浩吉线串联起了晋陕蒙等煤炭主产区和鄂湘赣等供应短缺地区，填补了"北煤南运""陆路直达""大能力运输通道"等多项空白。浩吉铁路开通运营后，使我国煤炭重要生产地区晋蒙陕和煤炭资源最匮乏的"两湖一江"区域之间形成了良好的连接关系。通过浩吉铁路可将以往需要耗时半个月以上才可到达电厂的煤炭在最短一天时间内运达，满足"两湖一江"日益增长的煤炭需求，为促进当地经济发展作出了巨大贡献。截至 2023 年 3 月 26 日，浩吉铁路自开通运营以来累计运量突破 2 亿吨大关。

4. 唐包线

唐包线由原唐张铁路、张集线、集包线构成，全长 1 017 km，西起内蒙古包头市包头东站，途经内蒙古、河北、北京、天津 4 省区，终到曹妃甸港，如图 2-3 所示。唐包线连接蒙陕甘宁能源"金三角"地区与南下入海通道，是全路"六线六区域"货运主通道、我国综合交通运输体系的重要组成部分。呼和浩特局集团有限公司（以下简称呼和局）的运输结构由煤炭等大宗货物占绝对主导地位组成。唐包线作为"西煤东运"的另一条主要通道，需承担的货物运输量逐年递增，现有的线路条件和调度规划难免与日益增长的货运需求之间产生矛盾，如何攻克矛盾使得唐包线货物运输效率进一步提升是亟待解决的问题。

唐包线作为一条以煤运为主的重载货运线，除到曹妃甸港车流外，呼和局段同样承担着蒙、陕、甘、宁、疆地区部分进京及南下车流的输送任务。从货运市场上看，唐包线大部分运量来自煤炭、焦炭等大宗商品，市场波动性较大，淡旺季特征明显。从 2021 年的情况看，淡旺季日均需求相差 7 695 车，日均装车相差 1 185 车。从呼和局 2022 年的情况来看，全年日均需完成 10 100 车，考虑货源淡旺季特征，旺季日均装车需完成历史新高的 11 000 车以上。呼和局运量主要依靠大宗商品，煤炭、焦炭、钢铁、金矿等大宗货物的运量占比达到 85%。总体上货物需求增幅较大，使总体货运运输及货运收入不断提高。近年来，呼和局货运量持续攀升，特别是 2021 年，全年货物发送量完成 2.33 亿吨，较 2013 年历史记录增长 1 800 万吨，同比增长 2 378.9 万吨。全局各口日均出入 17 012 辆，其中友谊口日均出入 11 120 辆，占比达 65.4%。

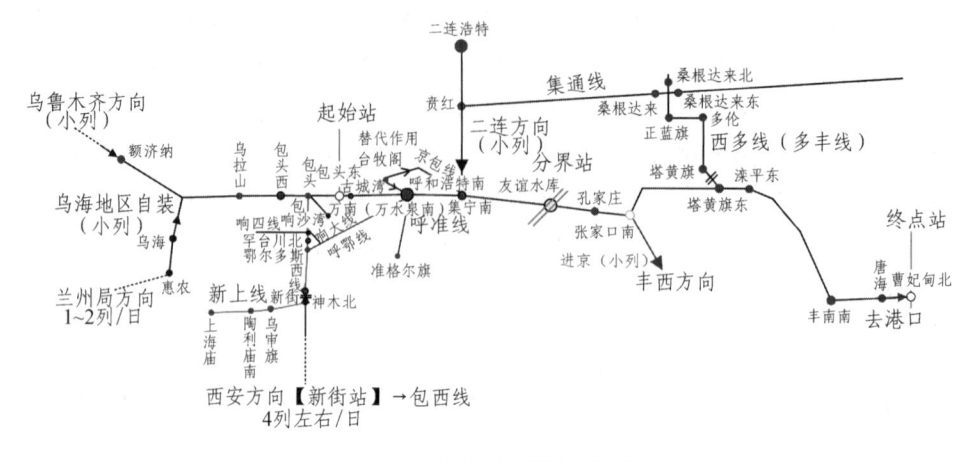

图 2-3　唐包线运输网络图

2.1.3　铁路货运专线基础设施

2.1.3.1　铁路线路

货物运输专线线路通常是单线或双线铁路，用于货物的运输，这些线路在设计和建设时会考虑货物运输需要，包括适当的线路容量、坡度和曲线半径等。由于货运专线不用考虑旅客舒适性等因素，可以通过提升线路通过能力、减少中转次数、优化运输流程等来提升运输效率。

2.1.3.2　货物站点

货物运输专线线路上会设置货物站点，用于货物的装卸和中转，货物站点配备了各种货物装卸设施，包括起重机、堆高机、装卸台等，这些设施用于将货物从列车或货车上卸下，并将货物装载到运输工具上。通过使用现代化的装卸设备，可以实现快速、高效的货物装卸作业，提高运输效率。

货物站点作为货物运输的中转节点，还具有货物集散的功能。在货物站点，货物可以从一列列车或货车转移到另一列列车或货车上，实现货物的跨线路、跨区域运输，提高货物运输的灵活性和运输效率，满足不同地区的货物运输需求。

2.1.3.3　货物仓库

一些货物站点还配备了货物仓库，用于临时存储货物。仓库提供了货物的集散和暂时储存场所，以便于货物的管理和调度。在仓库中，货物可以进行分类、分拣和组织，以满足不同客户的需求。

2.1.3.4　货物运输设备

为了支持货物运输专线的运营，通常会配备相应的货物运输设备，如货物列车、货车、货运专用机车等。这些设备是为了满足货物运输的需求，提供高效、安全的货物运输服务。与客货共运线路相比，铁路货物运输专线线路在基础设施和运营方式上存在一些不同之处：

1. 基础设施

（1）轨道布局。

铁路货运专线通常会有独立的轨道布局，与客运线路相分离，以便更好地满足货物运输的需求。这意味着货运专线可能会拥有额外的轨道或专用的货物线路，以便提供更强的运输能力和更高的效率。而客货共运线路则是指客运线路上的部分区段也用于货物运输，通常使用共用的轨道。

（2）设备和设施。

货物运输要求特定的设备和设施，以适应货物的尺寸、质量和特性，因此在铁路货运专线上，可能会有专门的货物仓库、装卸设备和货车配备，以满足货物运输的需求。而客货共运线路可能会更加注重客运设施，如车站和乘客服务设施，相对而言对货物运输设施的配备可能较少。

（3）信号系统。

货运专线和客货共运线路在信号系统方面存在差异。货运专线通常需要更加高效和精确的信号系统，以确保货物列车的安全和运行效率，包括专门的货物列车调度系统和货物列车优先通行措施。而客货共运线路则需要更加兼顾客运需求，信号系统可能需要更多考虑客车的调度和优先权。

（4）站点布局和设施。

货物运输专线线路上的货物站点和仓库布局更加关注货物装卸和集散的需求，通常配备专门的货物装卸设备和仓库设施。而客货共运线路上的站点更加注重旅客的上下车需求，设有相应的旅客设施，如站台、候车室等。

2. 运营方式

（1）运输计划。

货运专线通常有更为专业和灵活的运输计划，以适应货物的需求和市场情况。货物的数量、类型和运输要求可能会对运输计划产生较大影响。而客货共运线路可能更多地依赖固定的客运时刻表，货物运输则需要在客运计划的框架内进行调度。

（2）线路开行容量和速度。

货物运输专线线路往往具有较大的线路容量，可以承载更多的货物运输任务。相比之下，客货共运线路的线路容量通常较小。此外，货物运输专线线路的设计速度可能相对较低，因为货物运输对速度要求相对较低，而客货共运线路通常追求较高的运行速度以满足旅客需求。

（3）运价和费用结构。

货运专线和客货共运线路的运价和费用结构可能存在差异。货运专线通常会根据货物的性质、规模和运输距离等因素制订相应的运价政策，以确保货物运输的经济性和竞争力。而客货共运线路的运价可能更多地以客运为主导，货物的运输费用可能会与客运费用相结合或根据特定的协议进行确定。

（4）服务水平。

货运专线和客货共运线路可能会在服务水平上有所不同。货运专线通常会更加注重货物运输的准时性、可靠性和安全性，以满足货主的需求。而客货共运线路则需要兼顾客运和货运的需求，服务水平可能会在两者之间平衡。

2.2 铁路货运专线存在问题

铁路货运专线是我国铁路货物运输体系中十分重要的组成部分，确保铁路货运专线高质量、高速度发展对促进社会经济发展、促进运输企业创收都具有重要意义。为加速实现货运专线的全面发展，面对货运专线运营过程中存在的问题，应认真分析货运专线面临的新局势，以更快更好地适应变化的市场需求环境。

2.2.1 铁路货运专线管理问题

1. 市场竞争管理

随着物流市场的发展和竞争加剧，铁路货运专线会面临来自其他运输方式（如公路、航空）的竞争压力。铁路货运专线与其他运输方式相比，具备更高的效率、更好的服务质量及更具竞争力的价格，吸引了客户对铁路运输的选择。

2. 人员管理

（1）铁路货运专线需要招募和培养具备相关专业知识和技能的人员，包括运输规划、调度、安全管理等方面的专业人才。企业管理人员及企业运输员若对铁路运输基本的规章制度不清晰、不重视，对自身职责不清楚，相关协议条款模糊宽泛，可操作性不强，必将导致整个货运过程的低质量、低效率。

（2）铁路货运专线可能面临高强度的工作负荷和压力，特别是在繁忙的运输季节或突发事件处理期间，可能导致员工过度劳累和工作效率下降。专线管理需要合理安排工作和休息时间，关注员工的身心健康。

3. 设备管理

（1）铁路货运专线设备如信号系统、机车车辆、装卸设备等，这些设备的老化导致日益严格的运输安全需求得不到满足，对专线运行安全和效率产生不利影响。

（2）设备维护需要制订合理的维护计划，并进行资源调度，包括人力、物料和设备等。在维护计划制订和资源安排方面，可能存在不充分的沟通和协调，导致维护工作不及时或不充分。

（3）设备故障是不可避免的，对设备故障处理和响应时间要求高，若故障得不到及时处理，可能导致设备停工、运输中断或延误。

4. 运输效率和服务质量管理

铁路货运专线需要不断提高运输效率和服务质量，以满足客户需求，如准时送达、货物跟踪和信息共享等方面的服务水平需要得到改善，以提高客户满意度。

5. 运输能力和效率管理

铁路货运专线需要在高负荷、高效率的情况下进行运输。若存在运输能力不足或效率低下问题，会导致货物运输延误、滞留和服务质量下降。

6. 运输安全和风险管理

铁路货运专线面临着一定的安全风险，如事故、火灾和安全漏洞等。专线管理需要重视运输安全，制订完善的安全管理制度、应急预案和培训措施，确保货物运输过程中的安全性。

7. 运输调度和协调管理

铁路货运专线需要进行有效的运输调度和协调工作，包括车辆配备、路线选择、运输计划和时刻表等方面。如果调度和协调不当，会导致车辆拥堵、运输冲突和不必要的能耗。

8. 成本控制和效益管理

铁路货运专线需要进行成本控制和效益分析，确保运营的经济可行性和盈利能力。如果成本控制不力或效益分析不准确，会导致专线经营困难或亏损。

2.2.2 铁路货运专线规划建设问题

1. 市场需求预测

在规划铁路货运专线时，需要准确预测市场需求，包括货物运输量、运输路线和服务需求等。如果市场需求预测不准确，会导致货运专线建设后面临利用率低下、亏损或无法满足需求的问题。

2. 资金筹措和投资回报

铁路货运专线的规划建设需要大量的资金投入。专线管理者会面临资金筹措和投资回报等问题。如果资金筹措困难或投资回报不符合预期，会影响货运专线的建设进度和可持续发展。

3. 地理条件和环境影响评估

铁路货运专线的规划建设需要考虑地理条件和环境影响，例如需要评估地形、地貌、自然生态、水资源、生态环境等因素，并制订相应的环境保护和生态恢复措施，这需要综合考虑货运专线的可行性和环境的可持续性。

4. 协调与合作

铁路货运专线的规划建设需要与相关部门和利益相关方进行协调与合作，这包括与铁路管理机构、土地管理部门、环境保护部门、城市规划部门等进行协调和沟通，协调不足可能导致规划建设进程受阻或面临冲突。

2.2.3 铁路货运专线安全管控问题

1. 设备安全

铁路货运专线的设备如轨道、信号系统、机车车辆等，如果设备存在安全隐患或维护不到位，会导致事故发生，例如轨道老化、信号失效或机车车辆故障等都可能引发安全问题。

2. 人员安全

铁路货运专线的工作人员包括驾驶员、维护人员、检修人员等，在工作过程中需要严格遵守安全操作规程。如果人员缺乏安全意识、培训不足或违反操作规程，易导致发生人员伤亡事故。

3. 危险品运输

在运输一些化学原料、易燃易爆炸的矿石原料等货物时，因运输货物本身的危险系数较高，对铁路系统安全管理是一种挑战。危险品的安全管理要求严格，包括合规性、标识、包装、装卸、运输等方面。铁路货运专线需要建立完善的安全管理制度和程序，确保危险品运输符合安全标准。

4. 安全管理制度

铁路货运专线需要建立健全的安全管理制度，包括安全规章制度、安全责任制、安全培训等。如果安全管理制度不完善或执行不到位，会导致安全风险的增加。

2.3 铁路货运专线制约货运能力因素

我国的铁路货运系统伴随着大量新线和既有线路扩能改造投产，铁路货运的通道能力正在不断增强。但在现阶段下，铁路货运由于各项因素的制约，难以满足各项铁路货运的需求，呈现出基础设施能力、人员、技术设备、信息管理控制等方面的缺陷。多方面的不足会造成铁路货运专线的货运能力受到制约，为了满足日益增长的货物运输需求，及时明确制约货运能力的因素是十分必要的。

2.3.1 铁路区段通过能力限制

铁路货运专线区段通过能力是货运能力的重要限制因素之一，而区段通过能力又取决于限制区间的通过能力。铁路货物运输区间通过能力低下的因素除了建造初期的设计通过能力以外，轨道的磨损老化，基础设施如车站、信号设备配备不合理，运行调度不高效等，均会导致货运线路区间通过能力减小以致无法满足货运需求。

2.3.2 铁路货运基础设施不够完善

我国部分货运专线铁路目前还存在基础设施及设备配备不足，以及铁路货运站点设施陈旧破损无法及时维修与更新的现象。车辆和设备等基础设施的数量不足、老化、技术水平低下等问题不仅会限制货物运输的规模和效率，还会使运输安全风险增加。在数量不断增长、质量不断提高的铁路货运需求下，基础设施不够完善的铁路货运系统无法满足货物储存、装卸、运输、配送及高附加值的服务。为解决基础设施不完善对铁路货运专线货运能力的影响，需要采取一系列的改进和投资措施，包括改善信号系统、升级车辆设备、扩建装卸设施、提高作业效率等。同时，政府相关部门也需要加大对铁路货运基础设施建设的支持和投资，以提升货运专线的整体货运能力和服务水平。

2.3.3 装卸设施和作业效率

货运专线的装卸设施和作业效率会对货运能力产生影响。装卸设施的数量、设备状况及作业效率等会直接影响货物的装卸速度和运输效率，装卸设施不足或作业效率低下也会导致货物运输过程中的延误和滞留，严重影响货运线路运输能力。

2.3.4 货物种类和特殊要求

1. 载重限制

不同种类的货物具有不同的质量特点，而铁路货运的运输能力受到列车的载重限制。一些质量较大的货物，如钢材、机械设备等，需要特殊的车辆或专门的装卸设备来满足其运输需求，如果铁路货运无法提供足够的载重能力，货物的运输量和运输速度都将受到限制。

2. 车辆类型和装备

不同种类的货物可能需要不同类型的运输车辆和装备等，例如某些液体化学品需要专门的罐车，而冷藏货物需要配备冷藏设备的车辆。铁路货运需要提供适当的车辆类型和装备，货物的运输能力和安全性才能得到保证。

3. 包装和保护要求

某些货物对包装和保护要求较高，例如易碎品、危险品等。铁路货运需要提供相应的包装和保护措施，以确保货物在运输过程中的安全性和完整性。

在保证了货物运输途中绝对安全的情况下，一般线路的货运能力会降低。

4. 运输时间要求

一些货物对运输时间有较高的要求，例如生鲜食品、医药品等。铁路货运需要提供快速和可靠的运输服务，以满足这些货物及时交付的需求。如果铁路货运的运输时间无法满足特殊要求，货物的运输能力和可用性将受到影响。

2.3.5 管理模式较为单一

高效的运输组织和管理，对于提升铁路货运线路对货物的运输能力至关重要。传统的铁路货运缺乏系统的、针对性的管理，对于运输功能只停留在运输本身或运输中转，对于高附加值的服务无法开展。管理模式较为单一会使铁路货运线路缺乏灵活性和适应性，缺乏创新以及改进动力，造成组织和协调能力不足、客户导向和市场导向缺失，对货运能力的影响有百害而无一利。

2.4 铁路货运专线理论问题分析

2.4.1 运输需求预测问题

在对铁路货运专线进行需求量预测时，经常会面临以下理论问题：

（1）站点的货运量会受到外界因素影响，突增或突降现象的出现，利用只能反映部分数据的特定数学模型，无法较好地拟合所有数据。

（2）各站点的货运量不能用同一个理论模型进行全部概括，理论模型参数也面临着需要调整的问题。

（3）部分站点的货运量呈现出随机分布的特点，传统预测模型的预测拟合效果很差。

2.4.2 运输网络构建问题

构建运输网络时，确定车站以及车站与相应线路之间的连接关系时，会面临以下理论问题：

1. 装车站、中间站、卸车站的确定问题

由于铁路局管内装车点数量众多，中间站与卸车站也大量存在，要想在网络图中表征全部站点对于模型的求解比较困难，如何对相关站点进行取舍是一个比较重要的理论问题。不仅如此，在整个货物运输网络中，难免会涉及其他局管辖的车站，这些车站是否需要纳入整个运输网络构建过程是值得深入思考的问题。

2. 运输网络参数的确定问题

当确定运输网络中具体参数时，必然会涉及车站接发能力和区间通过能力的计算问题。由于铁路货运专线数据分散，而且数据量巨大，需要考虑采用何种方法可以很好地简化整个计算过程，是否需要构建一个计算系统高效地实现整个参数的确定过程。

3. 理论与实际的匹配问题

现有的"多品种网络流理论"已经存在，在一定程度上能够很好地解决多品种流相关问题。然而现实情况往往和理论研究有一定出入，例如现有的多品种网络流理论需要具体到每一车站、每一品种类货物的实际数据，而实际却是按照大去向的列车运行数据，甚至涉及跨局运输的数据，至于具体车站、具体品种类货物数据获取难度很大，如何让铁路货物运输专线实际运输情况与多品种网络流理论相结合，是必须解决的而且也是具有应用价值的问题之一。

2.4.3 运输方案优化问题

基于构建的运输网络，利用多品种网络流方法推演出理论流分配，得到优化后的货物运输方案，然而在优化过程中可能会遇到以下问题：

1. 计划与实际不符

在现实作业中，可能会遇到车站或线路无法满足运输计划的情况，例如根据货运需求及调度安排，某站点或某区间需要开行40列，但是只能满足35列的运行要求，这时就面临着应该选择站点或区间进行运输能力的扩大，还是重新对车站和线路组织优化的问题。

2. 运输计划有待进一步确定

得到了优化后的货物运输方案，仅仅说明了货流组织的情况，应该如何制订货物列车编组计划、列车开行方案、机车交路、乘务交路等内容，还需要进一步确定。

2.4.4 基于最优方案的协同优化问题

（1）内部作业调整：为了解决目前货流量与车站、线路运输能力不匹配的问题，势必会对车站进行扩能改建、对线路区间能力进行释放，然而如何对车站、区间线路进行改造，改造前后的变化如何评估，在车站和区间线路改造完成之后，编组站内部作业应该如何调整，多个站之间作业如何优化均衡是亟待解决的问题。

（2）施工计划调整：基于上述调整后的最优货物运输方案，如何统筹安排集中维修和维修天窗是一个必须考虑的问题。因为货运需求存在淡、旺季之分，这意味着列车开行的数量也会随季节变化，一年内列车的维修天窗是否一致给施工计划带来变化，需要灵活考虑货运需求量，合理安排列车集中维修和维修天窗。

（3）基于上述调整后的最优货物运输方案，调整列检布局和固定设备。

（4）基于上述调整后的最优货物运输方案，优化机车交路和机班值乘。

（5）基于上述调整后的最优货物运输方案，研究机车牵引及配备是否满足要求。

2.4.5 铁路货运专线区间能力问题

对铁路货运专线区间能力问题进行研究时，需要考虑不同货运专线上列车运行情况，例如重载铁路上，万吨列车起停车时间、是否所有车站都可以进行万吨列车的接发等，都会影响到列车运行路径和扣除系数等相关问题。计算区间通过能力可能需要根据现有运行图进行，而运输组织优化结果可能会导致运行图产生变化，通过能力也会因此改变，又会作用于运输组织优化的效果，这就面临着如何权衡的问题。

2.5 铁路货运专线问题的解决思路

2.5.1 点线面运输能力一体化研究

一体化是指原本既相互联系又相互独立的主体，通过某种方式逐渐结合成为一个单一实体，或是在某一个体系下达到相互包容、相互合作。

点线面运输能力一体化研究，即将车站视为点、线路视为线、局部网络视为面，层层递进，将原本单一的车站和线路凝聚到铁路网中，在铁路网这个大系统中进行研究探索。研究的落脚点在于运输能力,通过对各个车站和线路的运输能力进行微观层面的研究,最后统一到局部路网上进行统一的研究分析。

考虑基于多品种网络流理论及方法,将各个车站接发能力和各个线路区间通过能力,统一到局部铁路网体系下,进行一体化的研究。通过多品种网络流理论及方法,以实现运输能力最大化为目标,最终得到优化后运输能力的利用率等结论,并针对利用率不足的地方提出调整措施。

2.5.2 点线面运输能力协同优化研究

根据优化后的运输方案,除了运输能力利用率,还可以研究基于能力的运输协同度,采用更多的指标进行一体化研究,即利用协同理论等,进行优化方案和运输能力的评价。针对铁路货运专线中部分线路存在运输能力紧张的情况,采用点线面运输能力协同优化,解决线路运输能力与货物运输供需之间的不匹配问题。根据不同的研究主体,可以有以下3种思路:

(1)站视为点、线路视为线、铁路网视为面,将这三者的运输能力视为不同的对象,进行协同优化。比如在采用多品种网络流理论及方法基础上,考虑车站和线路的运输能力,实现整个运输网络的能力最大化。

(2)将车站、线路的运输能力以及货物的供给、需求,分别视为一个对象进行协同优化,同样是以线路的运输能力最大化为目标,但是这个过程中除了考虑运输能力,也需要考虑供需和运输能力之间的平衡。

(3)采用协同优化算法或协同优化理论,对运输能力进行优化。其中协同优化算法是指涉及多个目标函数之间,考虑多目标协同优化问题。协同理论是指在由多个子系统组成的系统中,子系统之间的相互作用与协作,以及外界的影响因素,决定了演变的方向和宏观的组织结构。协同理论比较适合作为一种评价方法,用于评价多个系统之间的协同度。

总体来说,前两个研究思路的不同点在于研究对象之间的区别,虽然是协同优化,但仅指同时考虑多个对象,不主要采用协同相关的算法理论。最后一个研究思路主要是采用了协同相关的理论算法。

2.5.3 基于多品种网络流的铁路货运专线枢纽站能力优化研究

采用多品种网络流理论及方法,可以得到运输能力最大化的运输方案。根据运输方案,结合其他指标,找出影响整条铁路线路运输能力的关键站点,并通过对站内各项作业流程进行调整或能力优化，提出提升货运专线枢纽站能力的措施。其中涉及的关键枢纽站，可以针对现有能力采用多品种网络流方法推出优化方案。在对关键站点进行优化提升以后，根据新的结论，再次采用多品种网络流理论及方法提出优化方案。最后比较新优化方案与原有优化方案，确定出整个线路通过能力提升了多少。

2.6 唐包线货运专线

唐包线货运专线作为我国重要的铁路货运通道，连接着河北唐山和内蒙古包头两大经济区域，对促进两地的经济交流与合作、加强区域间的联系发挥着重要作用。

2.6.1 唐包线货运专线概述

唐包线西起内蒙古包头市包头东站，途经内蒙古自治区、河北、北京、天津 4 省市区，终到曹妃甸港，以友谊水库口为界，分别由北京局和呼和局共同管辖，其运输网络参见图 2-4 所示。唐包线连接蒙陕甘宁能源"金三角"地区与南下入海通道，是全路"六线六区域"货运主通道，也是我国综合交通运输体系的重要组成部分。作为一条以煤运为主的重载货运线，除到曹妃甸港车流外，唐包线呼和局段同样承担着蒙、陕、甘、宁、疆地区部分进京及南下车流的输送任务。从货运市场上看，唐包线部分运量来自煤炭、焦炭等大宗商品，市场波动性较大，货源淡旺季特征明显。

1. 唐包线线路构成及地理位置

唐包线由原张唐铁路、张集铁路和集包铁路第二双线古营盘站到台阁牧站段合并而来，全长 1 017 km，通过呼准铁路、呼鄂铁路、包西铁路等线路吸引车流，成为继大秦铁路之后的又一条北部能源大通道。其中原张唐铁路西接张集线、京包线，通过张家口、大同和集宁地区的铁路线路连通蒙西煤炭资源腹地，东与蒙东煤炭出海通道（锡林浩特—桑根达来—多伦—塔黄旗南）相接，在路网中形成了以曹妃甸港为出海口，曹妃甸至塔黄旗南为主干，张家口与锡林浩特两大方向为支线的"Y"形内蒙古东、西两大煤炭基地出海新通道。张集铁路是中华人民共和国成立初期，第二个五年计划时期规划建设的铁路项目，是北京至兰州的京兰铁路通道的一部分，也是中国—俄罗斯、中国—蒙古国国际通道的组成部分，张集铁路的修建，使得内蒙古自治区至北京、天津、河北等地增加了一个新的铁路出口；集包铁路第二双线是一条由内蒙古自治区乌兰察布市到包头市的铁路，其线路基本与京包铁路集宁至包头段平行。

2. 货物运输情况

唐包线运输货物种类繁多，但以煤炭运输为主，唐包线编组的煤炭运输列车分为万吨列车（105 辆编组，牵引定数为 10 000 t）和小列列车（54 辆编组，牵引定数为 5 000 t）。2016—2022 年，除疫情期间外，唐包线货物供需量整体呈现持续增长的态势，如图 2-4 所示。

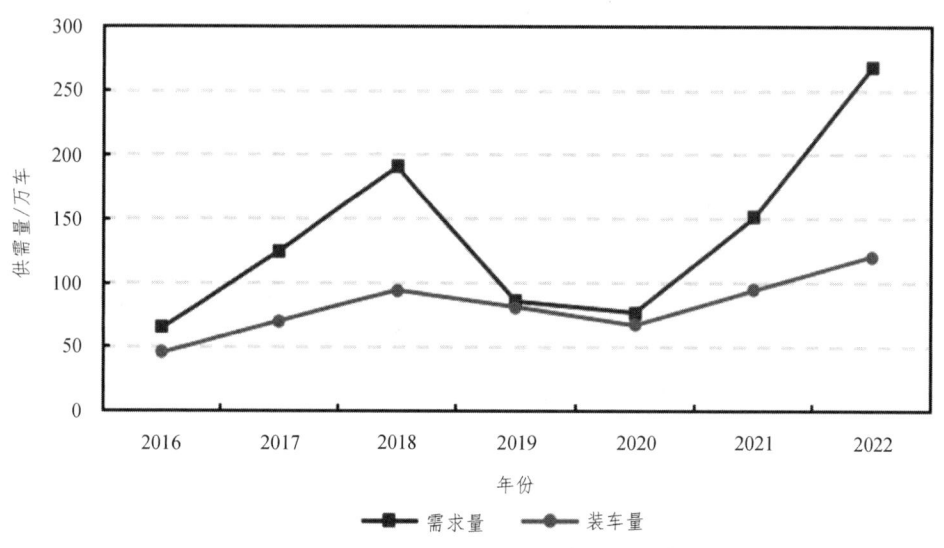

图 2-4　2016—2022 年唐包线供需情况统计图

其中 2019 年唐包线全年实际完成货运量 7 746.82 万 t，同比增加 2 327.09 万 t；煤炭列车数合计 9 788 列，其中万吨列车 8 632 列，小列列车 1 156 列。2020 年，唐包线的计划货运量调整为 9 100 万 t，上半年完成货运量 3 427 万 t，同比减少 53.72 万 t，但下半年在完成呼和浩特南站、葫芦站扩能改造和供电系统升级后，运能明显得到释放，加上经济逐步复苏，货运发送量增长趋势明显，全年实际完成货运量 8 076.65 万 t，同比增加 329.65 万 t，煤炭列数合计 10 060 列，其中万吨列车 8 749 列，小列列车 1 311 列。

唐包线是一条设计运量为 2 亿 t 的重要铁路货运专线，其货运量占全国铁路货运总量的 5.1%，近年来唐包线在我国煤炭外运方面发挥了巨大作用。随着国家经济高质量发展的推进，煤炭生产中心逐渐向晋陕蒙新等优势地区集中，但由于国际能源形势的复杂性、安全环保限制、极端天气以及水电供应的限制等不确定因素的影响，煤炭供需偏紧情况可能会出现，因此，为了应对西部煤炭东运任务的需求，唐包线需进一步提高其运输能力，以实现扩能增量。

2.6.2 唐包线货运专线运输网络分析

2.6.2.1 唐包线货流来源分析

唐包线货物来源主要集中在西部呼包鄂三角地区，以煤炭运输为主，此外还有少部分货流来源于乌鲁木齐和西安局。呼包鄂三角地区主要线路有唐包线、包西线、呼鄂线、呼准线、新上线、响大线、响四线，这些主要线路上分布有大量装车站，所有装车站的车流都要汇聚于唐包线，最终运往东部地区，所以唐包线装车端呈现了以唐包线运输通道为主，多条线路货流向唐包线汇集的运输格局。唐包线主要装车站分布于以上线路中，其中运量较大的装车站有大牛地站、呼和浩特南站、罕台川站、罕台川北站、万水泉站、新街站、高头窑北站，中小运量的装车站有庙梁站、陶思浩站、萨拉齐东站、公积板站、召壕站、马场壕站、东胜西站、新街西站、点石沟站等。

2.6.2.2 唐包线货流去向分析

唐包线是我国煤炭运输的重要通道之一，扮演着连接我国西部产煤区和曹妃甸港口的关键角色。曹妃甸港口位于京津冀地区，是华北地区重要的煤炭出口港口之一。唐包线通过高效的铁路运输，将大量煤炭从西部产煤区运往曹妃甸港口，为进一步输送到国内外市场打下坚实基础。曹妃甸港口的发展对于煤炭产业和国际贸易具有重要意义，其便捷的地理位置和良好的港口设施，使得曹妃甸港口成为煤炭贸易的重要枢纽。通过唐包线运输，大量煤炭顺利抵达港口，然后通过海运方式远销国内外市场，满足了国内外能源需求。此外，唐包线还承担着少量煤炭运往北京的运输任务，为北京市的煤炭供应提供了重要支持，保障了首都地区的能源安全，对维持北京市的经济发展和居民生活发挥了重要作用。唐包线通过高效的运输系统，为曹妃甸港口的煤炭出口和北京市的煤炭供应提供了坚实的支撑，促进了能源的流动和国内外市场的平衡发展。

2.6.2.3 唐包线运输网络分析

唐包线运输网络庞大，其主干运输线路概况如图 2-5 所示，所属范围内涉及车站较多、线路交错、车流复杂、沿线大型枢纽较多等，具体体现在以下几方面：

1. 唐包线车站数量众多

唐包线中每个车站都有不同的功能和任务，如货物装卸、车辆编组、机车换挂等等。由于唐包线所经过的地区较广，每个车站所面临的环境和条件也有所不同，因此需要根据实际情况制订相应的管理措施，需要进行统筹规划和协调，确保各个车站之间的运输流畅。

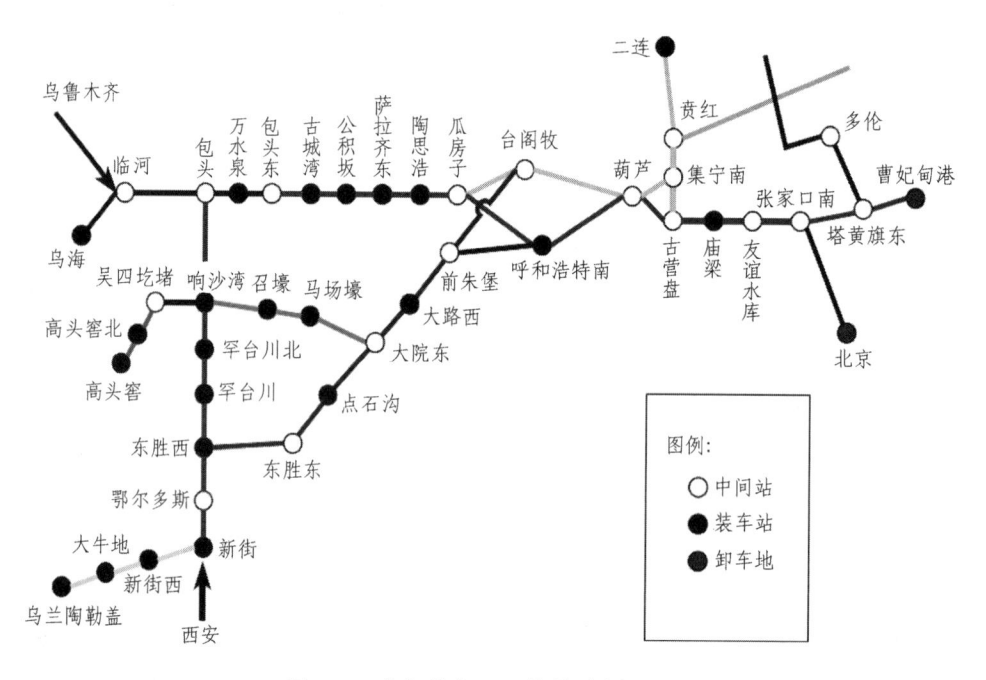

图 2-5 唐包线主干运输线路概况图

2. 唐包线线路交错复杂

唐包线的线路包含主干线和支线，其中主干线贯穿东西，支线则连接各个产煤区和港口。唐包线还与其他铁路线路衔接和配合，如西部区域与包西线、呼鄂线、呼准线相连，东部地区与集二线、多丰线相连，多条线路相织成网，因此需要对线路行车进行科学合理的规划和布局，以确保运输的高效性和安全性。

3. 唐包线车流错综复杂

唐包线到港煤炭列车有大列、小列之分，为曹妃甸港源源不断地输送煤炭资源。除了呼和局管内的煤炭车流，唐包线还承担部分其他铁路局的输送任务，如乌鲁木齐局、西安局等小部分车流。

4. 唐包线大型枢纽较多

唐包线不仅连接了西部内陆地区和东部沿海地区，而且沿线经过包头、呼和浩特、集宁等大型枢纽，枢纽内多条线路与唐包线接轨，使得唐包线运输网络更为复杂。图 2-6 所示是各枢纽与唐包线连接情况（箭头方向为列车运行上行方向），其中图（a）为包头枢纽列车运行方向示意图，图（b）为集宁枢纽列车运行方向示意图，图（c）为呼和枢纽列车运行方向示意图。

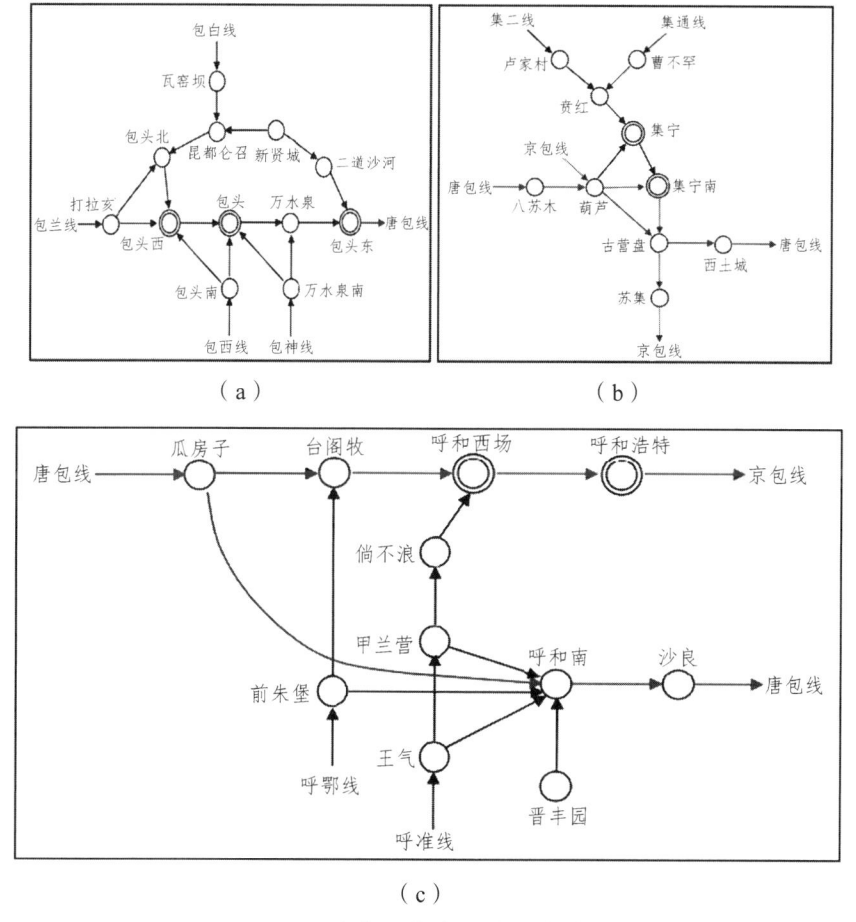

图 2-6 各枢纽与唐包线连接情况

2.6.3　唐包线货运专线建设意义及必要性

铁路在我国货物运输中占据骨干地位，国家铁路局发布的《2022 年铁道统计公报》中提到，2022 年全国铁路货运总发送量完成 49.84 亿 t，比上年增加 2.11 亿 t，增长 4.4%，其中国家铁路 39.03 亿 t，比上年增长 4.8%。全国铁路货运总周转量完成 35 945.69 亿吨千米，比上年增加 2 707.69 亿吨千米，增长 8.1%，其中国家铁路 32 668.36 亿吨千米，比上年增长 9.1%。由此可见铁路货运仍然在飞速发展，经由铁路输送的货物量也在持续增加，铁路货运专线对我国货物运输的贡献极大，铁路货运专线的建设是时代发展之必然。

唐包线货运专线建设意义及必要性体现如下：

1. 促进煤炭运输的重要通道

根据国家统计局发布的《中国统计年鉴 2022 年》中"按货类分国家铁路货物运输量"可知，2021 年中总货运量为 372 450 万 t，其中煤的总货运量为 181 746 万 t，几乎占据总货运量的一半，而且较 2020 年有着明显的增加。由此可见，煤炭是我国铁路货运主要的运输货物，而唐包线正是一条运输煤炭、焦炭等大宗商品的铁路货运专线，对于弥补我国北路煤运通道能力的不足、保障我国主要煤炭生产基地的煤炭运输、保障我国国民经济的快速发展有着重要作用。

2. 支持曹妃甸港口发展

曹妃甸港是我国北方沿海重要港口，在承担我国"西煤东运"和外贸进出口矿石功能的同时，曹妃甸港还将发展钢铁、杂货等综合物资运输。目前，迁曹线是曹妃甸港唯一以煤运为主的铁路"集、疏、运"通道，由于是大秦铁路的疏运通道，受大秦能力所限，无法完全满足曹妃甸港煤炭集运需求，而且也难以兼顾曹妃甸件杂、散杂等物资集疏运输，因此唐包铁路的建设将不仅为曹妃甸港开辟大能力铁路"集、疏、运"新通道，而且为临港工业园区和物流园的发展提供了良好条件。

3. 实现交通枢纽间的互联互通

在唐包线沿线城市中，张家口市是连接华北和西北的重要交通枢纽，有中国人自行设计建造的第一条铁路"京张铁路"；唐山市是连接东北与华北的咽喉要道，目前京沈、京哈、大秦、津山 4 条国有铁路干线横贯市区，并有卑水、汉南、唐遵等几条支线铁路相辅，形成了东、西、南、北交织的铁路网络；包头市是内蒙古最大的工业城市，是国务院批复确定的内蒙古自治区重要的经济中心、呼包鄂城市群中心城市之一和中国重要的工业基地，位于土默川平原和河套平原、阴山山脉横贯中部，位于环渤海经济圈和沿黄经济带的腹地，是连接华北和西北的重要枢纽；呼和浩特市位于亚欧大陆内部，是呼包鄂城市群中心城市之一，是连接黄河经济带、亚欧大陆桥、环渤海经济区域的重要桥梁，也是中国向蒙古国、俄罗斯开放的重要沿边开放中心城市。唐包线建设实现了多个枢纽之间的货物互联互通，为区域内经济发展提供了强有力支持。这条货运专线的畅通连接，不仅促进了产业协同发展，还加强了地区间的经济合作与交流，为区域经济繁荣和国家全面发展作出了积极贡献。

2.6.4 唐包线货运专线亟须解决的现存问题分析

在现有运输组织情况下，唐包线运量与设计的 2 亿 t 运输能力还存在一定差距，这意味着唐包线的运输效率还有很大提升空间。通过对唐包线亟须解决的现存问题分析，可以有效提升路网整体运输效能，解决货运增量问题，减少铁路资源浪费，提高唐包线运输效率。

2.6.4.1 唐包线货运专线现存主要问题概述

1. 煤源与装车能力不匹配

呼和局辐射区煤源主要集中在准格尔、高头窑等地区以及客户出于成本考虑集中在包西线、新上线、吴高支线以及呼准线的官牛犋站发运等原因，出现了"有货无能力"的现象。而京包线的公积坂、萨拉齐东等站，响四线的召壕、马场壕以及呼鄂线的点石沟等站，由于离煤矿较远、客户发运成本高、需求不足等原因，出现了"有能力无货"的现象。

2. 施工与运输冲突

集中修时段与货运需求旺盛期冲突较多，导致运输增量的能力空间被挤压。每年安排两次集中修，时间 180 min，这对运输能力影响比较大，包头—张家口南，采用"V"形天窗，张家口南—曹妃甸北采用垂直天窗，一条线路采用两种天窗形式会造成运输能力浪费。

3. 货源结构性和不均衡性矛盾突出

面对货源市场是变量、运能运力为常量等主要特征的经营环境，淡季如何围绕市场变化做好货源保障、旺季如何能围绕运输能力抓好需求,是货运经营面临及需要解决的主要问题。

4. 运力限制导致旺季需求难以兑现

运力不足,导致兑现率不足,使到港煤炭难以满足旺季需求。另外箱源、车源不足也影响了集装箱运量。

5. 点、线、交口能力受一定程度限制

(1)装车点集中,局管内场站布局有缺陷,交叉进路干扰比较严重。集团公司煤炭装车主要集中在鄂尔多斯地区,包西线的东胜西、罕台川、罕台川北站,新上线的大牛地站,呆高支线的高头窑和高头窑北站装车压力较大。唐包线沿线车站到发线能力紧张,线路上以万吨列车为主,但是沿线能停留万吨列车的车站很少,有一部分车站虽然能停留万吨列车,但它是无人值守站,只有在能力紧张时发电报才允许停留。

(2)部分区段通过能力紧张,如古营盘到张家口南通过能力非常紧张;响四线响沙湾—四眼井段等使用率较高,接近或已经接近满图运行。此外,大秦线列车在唐包线某些车站区段也有一部分征能。

(3)交口能力受限,呼和局出区的煤炭、焦炭等大宗货物以京津唐地区和东北地区为主,主要通过友谊水库和通辽北口运输,但友谊水库口丰沙线列车对数已经是满图运行。尤其第四季度是呼和局出区煤炭小列、焦炭、集装箱运输需求旺季,但丰沙线交车能力不足导致到京津唐地区的需求兑现困难。

6. 机车运用限制

唐包线万吨列车双和谐电 1 牵引,按照图定的机车配置,还有缺口。如第四季度煤炭形势特别好的情况下,机车和万吨 C80 的配置会存在缺口;在运输淡季,设备能够满足要求且有富余。

2.6.4.2 唐包线货运专线相关分析

1. 唐包线货运专线货源与装车能力不匹配问题分析

(1)产生问题原因分析。

① 货源淡旺季特征明显。运量主要依靠大宗商品,煤炭、焦炭、钢铁、金矿等大宗货物的运量占比达到 85%,而大宗商品,尤其是煤炭市场波动性较强,淡旺季特征较为明显,旺季需求往往在淡季的两倍以上。从表 2-1 的

2021需求情况来看，1月、2月、9月、10月、11月日均需求均在13 000车以上，最高的1月份日均需求达到了23 198车，最低7月份日均9 432车，最高值是最低值的2.5倍。

② C80型车运力有限。以2021年为例，呼和浩特集团公司C80车体有14 600辆，按周时4天估算，唐包线（包括西安局）日均可组织35列C80运输。但到港煤炭在旺季需求较大，10月份电煤保供以来，C80日均请车68列，已有车体难以满足旺季的C80需求兑现。

表2-1　2021年逐月请车、装车情况

月份	请车/车	装车/车	兑现率
1月	23 198	10 714	46.2%
2月	14 626	10 844	74.1%
3月	10 743	9 371	87.2%
4月	10 585	9 256	87.4%
5月	10 731	9 331	87.0%
6月	10 087	8 931	88.5%
7月	9 432	8 321	88.2%
8月	10 789	9 101	84.4%
9月	13 141	9 759	74.3%
10月	21 710	10 054	46.3%
11月	21 090	10 055	47.7%
年平均	14 195	9 607	67.7%

③ 普通敞车运力不足。虽然出区煤炭小列在2021年3~8月份兑现率在70%以上，但在旺季的1月、10月、11月的兑现率不足30%。10月份电煤保供以来，呼和浩特集团公司分界口日均接入普通敞车940车（含华远等企业自备车），但需求达到了日均3 823车，仅有24.6%的需求得到兑现。

（2）基于现存原因，采取优化运输组织、提升保障能力的措施。

① 加强唐包线到港煤炭运输组织，提高C80车体周转效率，压缩车辆检修时间，强化机列衔接，精细编制旬方案，唐包线C80大列要必保日均29列。

② 加大点对点的循环运输。围绕中长期合同以及煤炭、焦炭、铁矿石、集装箱等年运量在50万t以上的货物流向，开发点到点循环班列，构建完善、

稳定的运输链条。

③优化施工组织。联合调度运输部门，根据往年历史规律和市场形势，统筹做好各条干线集中修施工和重点施工，尽量避开旺季大规模施工，减小运输影响。

④加强装卸车组织。盯好主要装卸作业点的装卸车作业，在旺季的重点装卸点要及时派出工作组，保障装卸车作业顺畅，加强能力紧张分界口的车流调整和机列衔接，提高运输效率，用足用满点线能力。

2. 唐包线货运专线点、线、交口能力受限问题分析

（1）产生问题原因分析。

①装车点集中。煤炭装车主要集中在鄂尔多斯地区，包西线的东胜西、罕台川、罕台川北站，新上线的大牛地站，吴高文线的高头窑和高头窑北站装车压力较大，造成部分需求无法兑现。

②部分通道能力制约。按 2021 年第四季度列车运行图，呼和浩特集团公司管内有 4 条线路的通道能力紧张，其中临哈线临河—策克段图定货车 9 对，当前日均通过货车 9 对，已满图运行；集二线赛罕塔拉—二连段图定货车 19 对，现日均通过货车 17 对，接近满图运行；集通线图定货车 22 对，日均通过货车 19 对，使用率 86.4%；响四线响沙湾—四眼井段图定货车 18 对，现在日均通过货车 13 对，使用率 72%。

③交口能力受限。出区的煤炭、焦炭等大宗货物以京津唐地区和东北地区为主，主要通过友谊水库和通辽北口运输。但友谊水库口丰沙线列车对数运行图定 36 对，2021 年 9 月份以来丰沙线实际运输 35.8 对，已经是满图运行。四季度是出区煤炭小列、焦炭、集装箱运输需求旺季，丰沙线交车能力不足将导致京津唐地区的需求难以兑现。

（2）针对现存问题采取的措施。

①利用好新开通线路能力，优化车流径路，发挥呼鄂线、响大线、响四线、乌锡线联通东西第二通道优势，缓解主轴通道能力限制。

②按照"灵活定位、合理分工"原则，加强枢纽站作业组织，提升作业效率，压缩列车待解、待编、待开时间，实现编区站"解堵"向"保畅"转变。

③立足于既有设施设备改造，超前谋划路网能力挖潜，通过调整移动设备布局，优化劳动组织等方式，推动技检、换乘、列尾作业同步实施。

④优化运力配置，加强能力富余区段装车保障，引导客户多点装车、均

衡发运。

⑤增强通过能力。按 2021 年第四季度列车运行图，结合未来增量点，临策、集二、集通、响四线部分区段通过能力将限制增量目标的完成，需要采取措施增强通过能力：临哈线临河—策克段图定货车 9 对，现在日均通过货车 9 对，未来明水、马鬃山、呼和温都尔预计日均增加 1.5 列；集二线赛罕塔拉—二连段图定货车 19 对，现日均通过货车 17 对，使用率 89.5%；集通线图定货车 22 对，日均通过货车 19 对，使用率 86.4%；响四线响沙湾—四眼井段图定货车 18 对，现在日均通过货车 13 对，未来高头窑、高头窑北、吴四圪堵站预计日均增加 4 列，通道能力紧张。

⑥加强运输组织。旺季装车日均达到 11 000 车预计成为常态，需做好"反季节"运输，加强运输组织保障，尤其是旺季的运输能力保障尤为重要。其中，加强包西线的运输组织：王家塔矿产预计增产 300 万 t，除去地销量后，铁路运量预计增加 100 万 t，东胜西站装车能力要保障达到每日 8 小列；罕台川北站吸引区的河槽煤矿增产 120 万 t，罕台川北站装车能力要保障达到每日 5 大列 4 小列；罕台川站吸引淮矿色连二号煤矿及周边近 10 家煤矿有货源保障，罕台川站装车能力要保障达到日均 8 列——包西线要按照日均 44 小列进行能力保障。此外，加强古城湾站运输组织：华云新材料专用线年到达电煤 100 万 t，古城湾站到达日均增加 1 列，目前古城湾到发线能力已经较为紧张，需要优化古城湾的作业。

3. 唐包线货运专线货运经营形式分析

（1）有利方面。

①煤矿产能有所增加。内蒙古先后核增多批煤矿，预计未来各煤矿产能将逐步释放，煤矿产能的市场将缓解煤源紧张的局面。

②新开通专用线增加"公转铁"潜力。近年来，根据《推进多式联运发展优化调整运输结构工作方案（2021—2025 年）》狠抓专用线"公转铁"建设，陆续开通多项专用线"公转铁"项目，为货运经营增量提供坚实基础。近期还将陆续开通化德长顺、金诚泰查汗淖、大路西二期、明水专用线、华云新材料、虎丰一期及吴四圪堵整合启动等项目，以上项目将扩充局部装车点和东北支线能力，进一步扩大了集货吸引范围。

③电煤保供将吸引客户扩大协议运量。冬季与春季的电煤保供运输造成的铁路运力紧张，也导致未签订煤炭中长期合同的客户发运困难，中长期合

同的签订对客户运输需求的保障作用有目共睹。因此，受电煤保供活动影响，预计未来客户将重视中长期合同的签订，新增和扩大一部分合同运量。

（2）不利方面。

① 前期高基数导致未来很难保持较大增量。以 2021 年为例，前 11 月，全年日均装车 9 607 车，日均发送吨 63.5 万 t，均创建局以来历史新高。全年装车数大多都保持在高位，仅在市场淡季的 6 月和 7 月份日均装车低于 9 000 车（6 月份日均 8 981 车，7 月份日均 8 321 车）。铁路现有能力和设备在煤炭市场长期高位和小幅震荡下，装车能力得到大幅度兑现，在 2021 年货运经营取得大幅度增量后，未来很难保持大幅度增量。

② 大宗商品价格预计回归理性。2021 年大宗商品价格持续高位。煤炭 5 500 大卡港口成交价最高突破 2 500 元/吨，同比增长了 257%。为保供稳价，国家连续出台措施，煤炭价格 10 天内腰斩，在煤价的带动下，大宗商品价格逐步回落。预计在产量增加和政策管控的引导下，大宗商品价格将回归理性，煤炭、焦炭、钢铁、金矿等大宗商品运输需求将下降。

③ 新增煤矿产能转化成铁路运量有一定局限性。一是就地转化量逐年增加。新增煤矿附近分布大量电厂，将就地消耗煤炭产能。二是释放产能的煤矿绝大多数不在呼和局吸引区。自治区分 5 批次列入国家保供核增名单煤矿 115 处 1.6 亿 t，其中呼和局吸引区 30 家，涉及产能释放 5 120 万 t，仅占比 30%，大多数煤矿在太原局、西安局和伊泰、神华地铁线路。吸引区释放的 5 120 万 t 产能中，3 350 万 t 以地销为主，"公转铁"具有一定局限性。

2.6.5 唐包线货运专线研究思路

2.6.5.1 构建唐包线货物运输点、线、面一体化运输网络图

1. 确定唐包线货物供应点

（1）确定货物供应点在常态下的分布、数量。

（2）确定每个货物供应点在常态下的供应货物类别。

（3）利用历史数据，确定查定各个货物在供应点稳态下的年度、季度供应量。

（4）形成所有货物供应点、所有货物、每类货物在稳态下的年度、季度供应量信息。

2. 确定唐包线货物需求点

（1）确定货物需求点在常态下的分布和数量。

（2）确定每个货物需求点在常态下的需求货物类别。

（3）利用历史数据，确定查定各个货物需求点在历史上稳态下的所有货物以及每类货物的年度、季度需求量。

（4）形成所有货物需求点、所有货物、每类货物在稳态下的年度、季度需求量信息。

（5）利用历史数据，研究预测每个货物需求点、每类货物、所有货物未来年限的年度、季度总需求量。

（6）形成所有货物需求点、所有货物、每类货物预测下的年度、季度需求量信息。

3. 确定唐包线车站及衔接关系

（1）以唐包线为主线、关联运输线路为支线，确定技术作业站、中间站、装卸站等所有车站并区分出车站类别。

（2）确定车站的运输线路衔接关系，形成唐包线铁路运输线网图。

4. 确定货物供需点与唐包线铁路运输衔接关系

（1）利用资料，确定货物供应点与装车站的衔接关系。

（2）利用资料，确定货物需求点与卸车站的衔接关系。

5. 形成运输网络图

形成货物供应点—唐包线铁路货运专线运输线网图—货物需求点一体化的唐包线运输网络图。

2.6.5.2　确定唐包线运输网络图参数

1. 研究唐包线车站能力

基于每个车站具体情况以及作业时间等专业指标和参数，研究车站能力，形成理论上的唐包线运输网络图中点的容量。为了形成运输方案，需要考虑排除车站作业时间等其他必要时间以后，形成不同时间段的车站能力，即形成理论上的点容量为多时间段的多容量。

2. 研究唐包线区间能力

排除列车间隔时间、不可变更天窗维修时间等必要时间并基于其他专业指标和参数，研究区间能力，形成理论上的唐包线运输网络图中边的容量。为了形成运输方案，考虑是否排除区间其他必要时间以后，形成不同时间段下的区间能力，即形成理论上的边容量为多时间段的多容量。

3. 确定唐包线货物供需点与装卸站之间能力

（1）取货物供应点每类货物年度、季度供应量与装车站能力的最小值，作为货物供应点与对应装车站衔接边的容量。

（2）取货物需求点每类货物年度、季度需求量与卸车站能力的最小值，作为对应卸车站与货物需求点衔接边的容量。

2.6.5.3 研究唐包线运输方案

基于确定查定的每个货物供应点的每类货物年度季度供应量、车站能力、区间能力、确定查定预测的每个货物需求点的每类货物年度季度需求量，以及构建的唐包线运输网络图，形成理论上的多品种流运输网络。

利用多品种流网络方法以及最小费用最大流算法等，推演出理论上的流分配，形成现实唐包线的货物运输方案。

2.6.5.4 唐包线研究侧重点问题

结合研究思路，侧重点如下：

1. 卸车区研究

预测每个货物需求点每类货物、所有货物的未来年限的年度、季度总需求量，预测未来月需求量、季度需求量、年需求量。方法是利用统计原理统计出需求量上下区间，去除极高、极低的异质数据，研究出中位线以及上下偏移量，形成趋势并得出未来需求量的区间。

2. 运输区车站能力以及区间能力研究

结合小列、大列列车通过一个区间的时间有所不同，研究主线的运输能力，即每天最多能通行多少列车。研究的基本思路是：

基于货物运输线路运输能力文献，找出实用的研究方法。有的车站机车交路、司机交路占用时间，以及列车间隔时间、进路准备时间、每天必须进行的检修维修占用时间（线路、电力、信号）等，这些相关参数信息在技规、行车组织规范等有一定规定和参数。如果没有作业的车站，重车应该视为不停车通过，即线路图中车站的"点"不存在。以上问题需要仔细分析，构建出模型、公式、算法等模式的理论方法，构建出天的总运输能力 C 的结果，再研究如何核算空重车各自的运输能力 $C_重$、$C_空$。利用研究的天的总运输能力 C 形成月运输能力 C_m、季度运输能力 C_{4m}、年运输能力 C_y。结合月需求量 Q_m、季度需求量 Q_{4m}、年需求量 Q_y，取对应两者的最小值可得出月运输量 O_m、季度运输量 O_{4m}、年运输量 O_y。另外，利用天的总运输能力 C 再和 24 小时比对，得出没有利用的时间即为当天可利用的非必需的检修、维修、施工等时间；同样也有月、季度、年的没有利用的时间。

3．装车区的装车分配研究

利用月运输量 O_m、季度运输量 O_{4m}、年运输量 O_y，研究如何给各个装车站分配多少装车量，形成每个装车站的月装车量 P_{im}、季度装车量 P_{i4m}、年装车量 P_{iy}。研究的基本思路是：

针对实际运输中的"货少车多""货多车少"现象，考虑装车站和集结的关键站之间的区间能力等问题，结合研究出的月运输量 O_m、季度运输量 O_{4m}、年运输量 O_y，构建出模型、公式、算法等达到分配最大化、最优化，形成唐包线货源处装车量的最大化、最优化方案。

2.6.6　唐包线货运专线研究目标、研究内容及拟解决的关键问题

2.6.6.1　研究目标

（1）构建需求态势波动带模型，形成唐包线运输市场未来需求状态预测推算理论成果。

（2）通过形成的数据集与构建的一体化运输网络图整合，形成独创的节点、线路、多数据融合的唐包线多品种流运输网络。

（3）研究唐包线货物运输最优化方案及作业优化策略。

（4）研究以煤炭运输优先的唐包线运输计划与施工计划协同方案。

（5）研究唐包线列检布局、机车机班调整及固定设备状态与运输协同联动的优化方案。

（6）研究合理有效、可行可靠的车流径路优化方案。

（7）利用唐包线货运量增量、效率提升度以及成本降低量，通过与传统方法方式对比，论证唐包线货物运输优化方案的可行性。

2.6.6.2 研究内容

1. 唐包线运输市场需求分析及预测

（1）基于数理统计的方差、均方差、期望方差等理论，结合运输市场需求走势因素，构建需求态势波动带模型，形成唐包线运输市场未来需求状态预测推算理论成果。针对唐包线运输市场，依据货物需求的历史数据信息并基于理论研究成果，研究推算唐包线运输市场在一定期间内（月、季度、半年、一年）的整体需求走势。

（2）针对唐包线货物需求地的分布性以及需求货物的多类性，利用运输市场未来需求状态预测推算理论成果，研究具体某个需求地依据唐包线运输的货物需求种类、数量的整体走势，其中重点研究煤炭市场的需求变化，为形成长期稳定的合作关系挖掘发现煤炭大客户。

2. 基于车流结构的唐包线技术站、关联线路能力分析以及多品种流运输网络构建

（1）针对依据唐包线运输的货物供应地，分析货物供应种类以及供应能力，形成货源供应地以及货物供应类别、数量的数据集；针对货物需求地中长期合同以及预测推算结果，形成货物需求地以及货物需求类别、数量的数据集。

（2）以货物供应地、货物需求地、技术作业站等为节点，以唐包线为主线、关联运输线路为支线，构建货源地、货物需求地、技术作业站、运输线路一体化的运输网络图。

（3）针对运输网络图中所含包头西编组站、集宁和呼和浩特站西场区段站以及其他技术作业站，进行车流结构、技术能力分析，形成编组站、技术作业站以及车流结构、技术能力、编组能力等信息的数据集。

（4）针对运输网络图中所含运输线路，以客车停运、市场需求波动、集中修和维修天窗、天窗错峰等统筹安排为策略，研究运输线路的货物运输能力，形成运输时间段、线路能力等信息的数据集。

（5）将形成的数据集与构建的一体化运输网络图整合，形成节点、线路、多数据融合的多品种流运输网络。

3. 基于多品种流网络理论的唐包线货物运输最优化方案及作业优化研究

（1）研究以线路数据信息、节点数据信息、货源地与货物需求地货物种类匹配等为条件，以货物有量无能力、有能力少货源站点等要素为突破点，构建成本等要素最低为目标的多目标模型。针对多目标模型研究可行的推算算法，并结合构建的多品种流运输网络，利用多品种流网络理论推算出以煤炭为主要运输对象的唐包线货物运输最优化方案。

（2）基于推算的货物运输最优化方案，针对所涉及的编组站及其他技术站，研究适应货物运输最优化方案的货物列车编组及作业优化策略。

4. 唐包线施工计划与运输计划协同优化方案研究

（1）基于货物运输优先并保证施工维修的情况下，对所涉及的车站，进行车流结构、技术能力分析，形成新的车流结构、技术能力、编组能力等信息的数据集。对所涉及的线路，重新分析客车停运、市场需求波动、集中修和维修天窗、天窗错峰等统筹安排的策略分析，形成新的运输时间段、线路能力等信息的数据集。利用多品种流网络理论调整出新的唐包线货物运输最优化方案。

（2）针对以货物运输方案优先的情况，针对所涉及车站，按照"淡旺季错峰安排、平行通道错时安排"思路，结合客车停运、市场需求波动、天窗周期、时长等情况，研究统筹安排集中修和维修天窗。

5. 唐包线列检布局、机车机班调整及固定设备状态与运输协同联动研究

（1）针对唐包线货物运输最优化方案，研究列检过程合理布局及机车机班调整，以保障货物运输最优化方案安全正常执行。如果无法达到列检过程合理布局、机车机班合理调整，研究货物运输最优化方案如何调整。

（2）针对给出的唐包线货物运输最优化方案，研究固定设备状态能否保证以及如何合理调整，以保障货物运输最优化方案安全正常执行。如果固定设备不具备合理状态保证货物运输最优化方案，研究货物运输最优化方案如何调整。

2.6.6.3　拟解决的关键问题

（1）针对唐包线运输市场货物需求在一定期间内（月、季度、半年、一年）整体走势进行推算和预测，构建理论科学、现实可行的特有模型。

（2）基于唐包线车流结构、技术站、关联线路能力等构建出多品种流运输网络后，需要针对这种特质多品种流网络构造符合唐包线运输特点的多品种流网络流分配算法、方法和理论。

（3）基于多品种流网络理论的唐包线货物运输最优化方案及作业优化研究。

（4）在唐包线货物运输最优化方案及作业优化目标下，如何进行合理布局施工维修、货物列车编组及作业优化等。

第 3 章 铁路货运需求量分析及预测方法

中国是世界上货运量最大的国家之一,铁路作为我国运输行业的重要组成部分,具有网络覆盖广、运输能力强、运输成本低、安全可靠、环保节能等特点。我国铁路运输经历了近年来的高速发展,全国各地铁路网络不断完善,货运业务质量和效率也不断得到提升。铁路货运量是铁路运输系统的重要指标之一,对铁路货运量进行预测可以帮助铁路运输部门做出更加准确的运输计划和资源配置,提高铁路运输效率,降低运输成本,提高运输安全性。同时,铁路货运量预测可以为铁路部门的经营决策提供参考,为政府部门的宏观调控提供依据,也为相关企业的市场营销和战略规划提供支持。因此,对我国铁路货运量进行准确的预测具有重要的现实意义和应用价值。

本章首先对我国铁路货运需求的影响因素进行分析,然后基于铁路货运需求一般特征以及大宗货物运输需求特征,对铁路货运需求特征进行分析,其中重点阐述了铁路货运总量占比较大的大宗货物需求特征,最后针对唐包线具体情况并利用现场实际数据,进行了铁路货运需求量分析,并构建了预测方法。

3.1 铁路货运需求影响因素

随着 20 世纪初铁路网的不断发展,到新中国成立之后大规模投资铁路运输,再到如今设施设备的不断优化完善,我国铁路货物运输在实践中不断成长,已经在全国货物运输中占据了一定的份额,成为不可或缺的一部分。然而铁路货运市场前景到底如何,我们应该如何制订能够适应未来发展趋势的铁路货运方案,对于继续研究和投资铁路货运都是十分重要的,所以分析铁路货运需求影响因素十分必要。

3.1.1 经济周期影响

铁路货运需求是由社会生产活动派生出来的需求,铁路货运需求的"引致性"或者"派生性"特征,决定了从短期来看铁路货运需求受经济周期因素的影响较大,与经济走势具有较高的正相关性。

纵观我国近 30 年的经济发展状况，从国内生产总值（GDP）增长情况来看，一直保持着正增长。但是历年来 GDP 的增长速度却不是一直稳定的，例如 1998 年受亚洲金融危机的影响，我国 GDP 增速降至 6.88%。之后随着经济的逐步复苏，我国经济得到快速稳定发展，但从 2012 年开始，随着全球经济进入下行通道，我国经济增长速度放缓。直到 2019 年年末，一场突如其来的新冠疫情不仅挑战着每个国家的安全防疫系统，也时刻挑战着每个国家的经济发展，我国的经济增长速度也因此放缓；但随着新冠疫情的日常化管理得以落实之后，我国的 GDP 增速又直线上升。

根据图 3-1 可知，我国铁路货运需求与国民经济增长情况存在着密切的相关性。1998 年亚洲金融危机，铁路货运量随着我国 GDP 增速的下降出现了负增长；金融危机以后，铁路货运量随着强劲稳定的正向经济发展迅速得到复苏且保持稳定增长；2012 年以后，铁路货运量由于经济发展速度的放缓，又一次出现负增长，变化起伏不定，总体呈现下降趋势；新冠疫情来临之后，铁路货运需求随着经济受到冲击，增长速度也进一步降低。

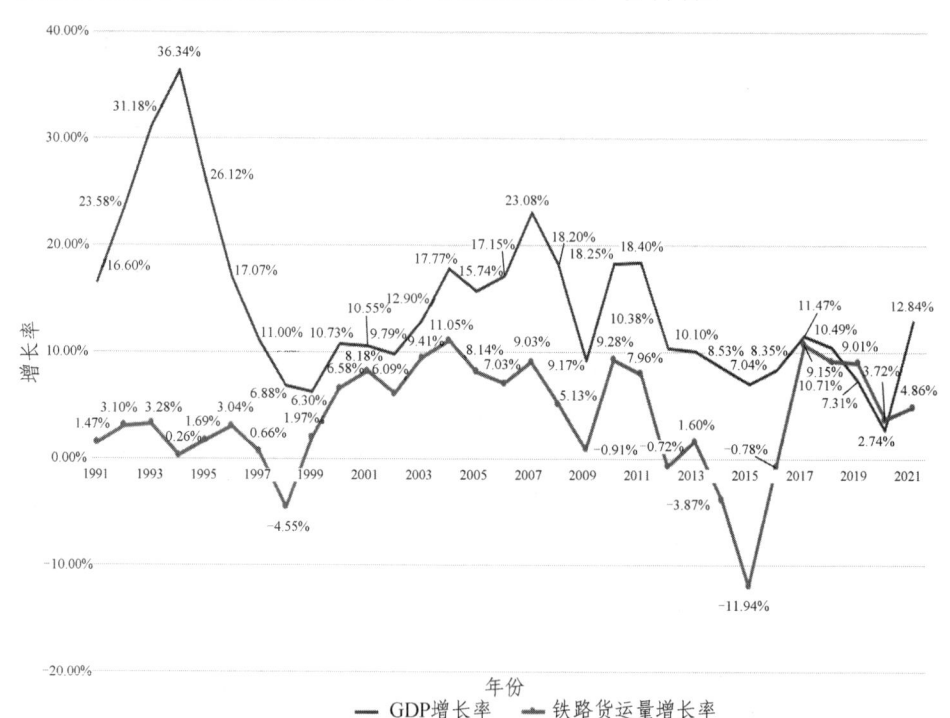

图 3-1 1991—2021 年我国 GDP 与铁路货运量变化情况

再以美国为例，1981—2011 年美国 GDP 增长率存在 4 个明显波动区段，GDP 总值迎来猛然下降后又缓慢恢复的变化情况。4 个时间区段分别为 1981—1984 年、1989—1992 年、1999—2004 年和 2006—2010 年，在这些时间区段内，美国铁路货运周转量增长率的变化趋势基本与 GDP 增长率变化趋势同步，并且铁路货运周转量年增长率的波动幅度明显要大于 GDP 年增长率的波动幅度。这说明，铁路货运需求存在周期性变化，并且铁路货运需求的波动幅度大于经济周期的波动幅度。

经过多组数据对比分析，铁路货运需求与经济发展周期性变化有着密切联系。

3.1.2　能源生产及消费需求影响

由前面两章的介绍可知，铁路货运所运输的货物中，以 2020 年为例，其中以煤为代表的大宗货物占铁路货运量的 90% 左右，且煤的占比超过一半，高达 53%，这直接说明了铁路货运需求与原煤、原油、矿石等一次能源物资的开采及运输有着密切联系。根据图 3-2 我国近 30 年的一次能源生产量与铁路货运量的变化情况可知，一次能源开采量的增长率与铁路货运量的增长率同步性较高，具有很强的相关性。一次能源的生产与能源的消耗密不可分，需求是带动生产的直接动力。随着我国工业化、城镇化进程不断加快，城市基础建设（如机场、铁路、道路、城市轨道交通等）及其他配套设施的不断完善，对于能源的消耗也不断增加。尤其是我国中西部地区，由于在城镇化发展、承接东部产业转移、建设产业基地等方面还有较大发展潜力，未来这些地区的基本建设投资规模还将进一步较快增长。城镇化将是未来一个时期带动矿石、钢材、矿建材料、水泥和木材等相关原材料和基建产品运输需求增长的一个重要动力。加上我国能源分布不均匀，能源主要分布在西部、北部地区，能源的使用大多集中在东部、南部地区，因此我国铁路货物运输承担了大量的能源物资的运输任务，这从根本上解释了为什么能源生产与消费需求会对铁路货物运输产生影响。

1998 年的亚洲金融危机使得经济发展低迷，能源使用量大幅度减少，一次能源生产量与铁路货物运输量均呈现负增长；金融危机过后，国家加大对基础建设的投资力度，一次能源的生产量逐年稳定攀升，增长率也不断增大，铁路货物运输也得到了迅速的发展，货运量逐年增长，发展趋于稳定；2012年以后，一次能源的生产量骤然降低，铁路货运总量也随之降低，两者在增长率方面也双双进入负增长。

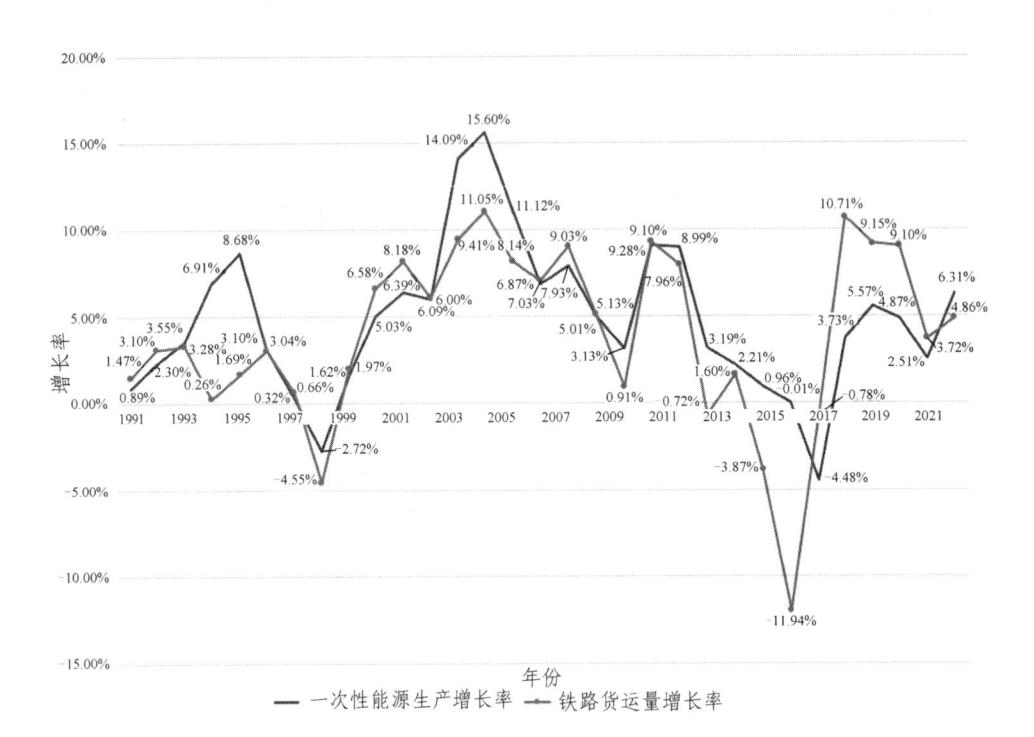

图 3-2　1991—2021 年一次能源生产量与铁路货运量变化情况

上述数据明确地说明了铁路货运需求与一次能源生产与消费需求有密切的关系。

3.1.3　国民经济结构的调整

国民经济结构的调整变化会对铁路货物运输需求产生影响，主要是由于产业结构调整、地区发展差异和贸易模式变化等因素导致的货物需求变化。铁路货物运输需求的变化需要与经济结构调整相适应，以满足不断变化的货物运输需求。

1. 产业结构调整

国民经济结构的调整涉及不同产业的发展和变化。随着经济发展，一些传统产业可能逐渐减少，而一些新兴产业可能快速增长。这种产业结构调整会导致货物需求的变化，进而影响铁路货物运输的需求。例如，对于原材料和重工业类产品需求减少的产业结构调整，可能导致铁路货物运输需求下降。

2. 地区发展差异

国民经济结构调整也会导致不同地区的经济发展差异。一些地区可能经济增长较快，需求旺盛，而另一些地区可能经济增长较慢，需求相对较低。这将对铁路货物运输需求产生影响，因为货物需求水平通常与地区经济活动和发展水平密切相关。

3. 贸易模式变化

国民经济结构调整还可能涉及贸易模式的变化。随着全球化和经济一体化的加深，贸易模式可能从传统的国内贸易向国际贸易倾斜，或者贸易伙伴国家/地区发生变化。这将对铁路货物运输需求产生影响，因为国际贸易通常需要跨越不同地区和国家，铁路货物运输在这种情况下可能需要满足跨境运输的需求。

3.2 货运需求特征分析

我国铁路货物运输在几十年的发展历程中已经不断走向完善，然而想要维持高质量发展以及在运输市场、科学技术方面寻求突破，仅仅明确货物运输需求的影响因素还远远不够。想要制定出适合中国国情的铁路货物运输发展方案，需要综合考虑各个方面，如经济发展需求、区域发展差异、区域创新与数字化转型等。其中，铁路货运需求特征直接影响着铁路货物运输短期内的运营情况。所以有必要对铁路货运需求的特征进行具体分析。

3.2.1 货运需求一般特征

我国铁路货物运输需求不仅对运输效率和可靠性有高要求，而且具有大规模、高密度、区域差异性、多样化货物类型、跨区域和跨国际等特征，这些特征对铁路货物运输的规划、管理和服务提供了重要的指导。

1. 大规模和高密度

中国是人口基数庞大的国家，经济规模巨大，能源消费需求总量巨大且还将进一步增长。2020年我国年人均生活能源消费量为456 kg标准煤，从图3-3的数据来看，人均生活能源消费量将持续增长。未来5~15年我国仍处于城镇化快速发展阶段，中西部地区也存在着追赶东部地区的发展要求，以电力为代表的能源消费需求还有进一步增长空间。预计当前到2030年，我国能源消费年均增长3%左右，保持低速稳定增长。

由此可见我国铁路货物运输需求非常庞大，各类货物尤其是能源物资的运输需求大规模存在，并且在经济发达地区和重要物流节点的运输密度较高。

2010-2020年人均年生活能源消耗量

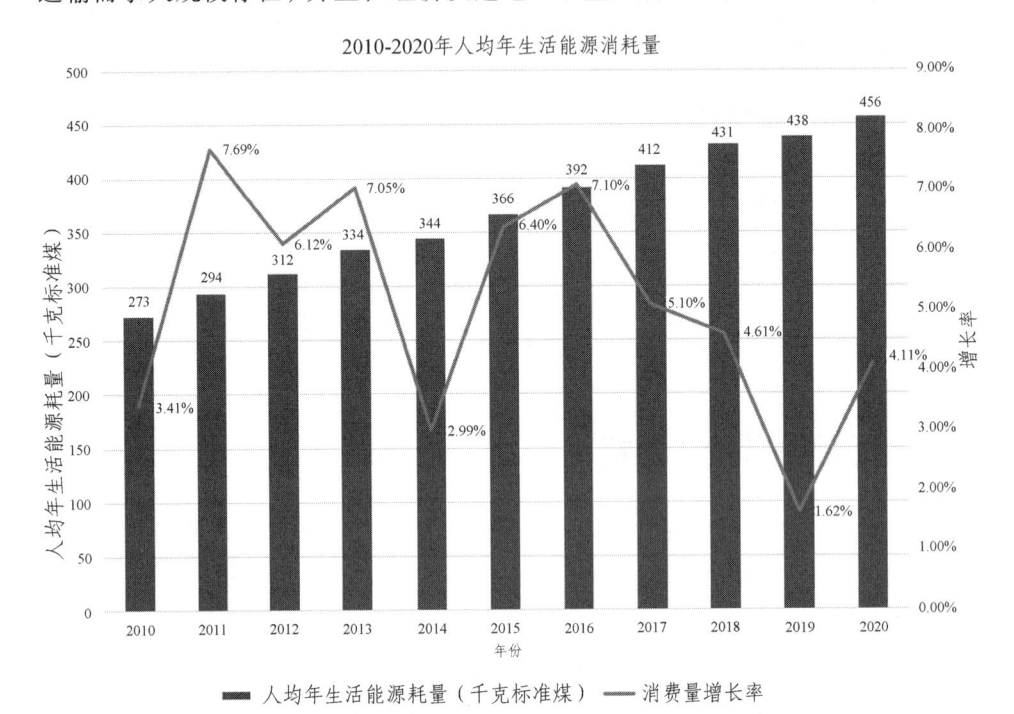

年份	人均年生活能源耗量（千克标准煤）	消费量增长率
2010	273	3.41%
2011	294	7.69%
2012	312	6.12%
2013	334	7.05%
2014	344	2.99%
2015	366	6.40%
2016	392	7.10%
2017	412	5.10%
2018	431	4.61%
2019	438	1.62%
2020	456	4.11%

图 3-3　2010—2020 年人均年生活能源消耗量

2. 区域差异性

中国地域广阔，经济发展水平和产业结构在不同地区存在差异，人口分布、资源分布与资源消耗也存在东西部、南北部差异。因此，铁路货物运输需求也呈现出明显的区域差异，"西电东输""西煤东运"等项目名词因此而来。沿海地区、经济发达地区和交通枢纽地区的铁路货物运输需求相对较高，而一些偏远地区和经济欠发达地区的需求相对较低。

3. 货物类型多样化

铁路货物运输需求涵盖了各类货物类型，除了传统的原材料、煤炭、钢铁等重工业类货物外，还包括消费品、电子产品、农产品、化工品等多样化的货物。不同类型的货物对运输方式、运输条件和服务要求也有所差异。

例如传统的大宗货物通常以大批量、长距离的方式运输，铁路作为一种高运载能力的运输方式，能够满足这些大宗货物的运输需求；电子产品和高科技产品对运输的要求往往较为严格，需要采取防震、防潮、防静电等措施；农产品受季节性波动大、保质期短，因此需要快速、高效的运输方式等，这些货物类型上的多样化是铁路货物运输需求特征的一个重要部分。

4. 跨区域和跨国际

随着经济全球化的推进和区域一体化的加强，加上当今"国内国际双循环"以及"一带一路"倡议的推动下，我国铁路货物运输需求也呈现出跨区域和跨国际的特征。国际贸易增长和贸易走廊的建设，使得中国与邻国和地区之间的货物运输需求日益增加，跨境铁路货物运输成为重要的需求领域。

3.2.2 大宗货物运输需求特征

大宗货物是我国铁路货物运输市场中占比最大的货物种类，而且大宗物资一次交易通常会满足需求商较长一段时间的需求量，因此，客户对运输速度的敏感度相对不高，而是更注重运力的可持续供给，并要求更经济、可靠、约定送达、按期运输的运输方式。我国大宗货物的运输需求特征可以总结为以下几点：

1. 大宗货物平均运输距离降低

我国幅员辽阔，拥有广袤的土地和丰富的自然资源，但由于历史与地理等因素的影响，人口在全国范围内分布不均衡，导致东西部地区发展存在着明显差异。其中资源分布和工业布局不均衡，使得铁路货物运输行业成为国家经济社会长期高速发展的承担者。煤炭、矿石等矿产资源大多分布在西部、北部，而消耗这些物资的大多分布在东部、南部，这也决定了铁路在能源、原材料等大宗物资运输中要实现长距离运输。

然而近年来，煤炭、钢铁、矿石等大宗物资受国家经济产业结构及布局调整的影响，使得运输市场格局也发生了一定的变化。例如，2016年国家发展和改革委员会明确提出要发展煤电联营五大方向，重点推广坑口煤电一体化，即科学推进多个大型煤电基地开发，将"输煤"转变为"输电"，从而用来发电的部分煤炭不再需要通过长距离运输到达目的地。不仅如此，我国沿海地区大批量建设沿海钢厂，进口的铁矿石不再需要长距离运输进入内地后再冶炼成钢，这大大缩短了矿石货物的运输距离。在此大背景下，以煤、焦炭、钢铁、矿石为主的大宗货物在平均运距上都有所降低。

图 3-4 展示了 2009—2021 年煤、焦炭、钢铁及有色金属、金属矿石平均运距的变化情况，其中变化最明显的当属钢铁及有色金属，平均运距从 2009 年的 1 103 km 降低到 2021 年的 837 km，其余 3 种大宗货物的年平均运距也都呈现下降趋势。数据进一步佐证了大宗货物平均运输距离是逐渐降低的。

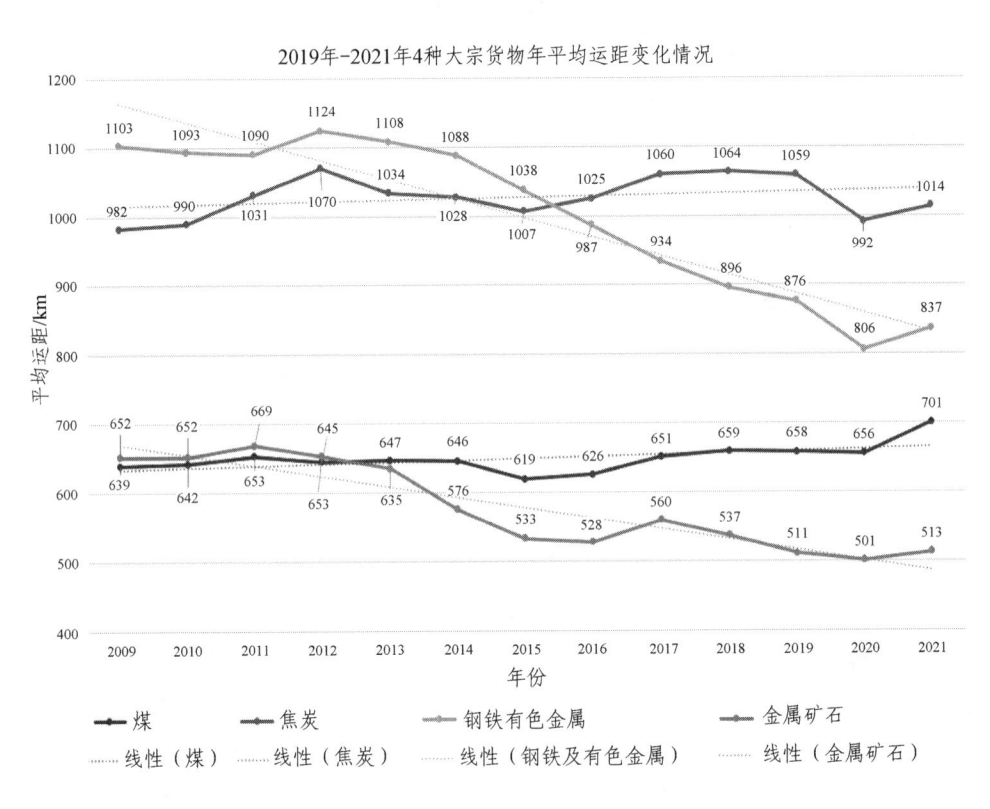

图 3-4 2009—2021 年 4 种大宗货物年平均运距变化情况

2. 运输波动性强

铁路运输的大宗货物主要是煤、焦炭等能源物资以及矿石等原材料物资，以这些为代表的大宗货物会受到以下因素影响而导致整个铁路货物运输需求具有波动性。

（1）季节性需求。

某些大宗货物运输需求受季节性因素的影响较大。例如，煤炭在不同季节的需求量存在较大差异，每年的冬夏季节用煤量较大，而春秋季节用煤量较小；建筑材料、汽车、化肥等大宗货物的需求量都会随时间发生显著变化。

（2）产业结构变化和政策调整

产业结构的变化和政策的调整也会对铁路货运需求产生影响。随着经济的转型升级和产业结构的调整，某些行业的需求可能会出现增长或下降，对铁路货运的需求也会相应调整。政府相关政策的变化（如能源政策、环保政策、外贸政策等），也可能对不同类型货物的运输需求产生影响。

3. 货物运输供应链与运输链稳定

随着我国经济的飞速发展，大宗货物的交易市场和运输市场动态变化频次也逐渐加快，各大企业为了追求时效性，往往是凭借很短一段时间内的市场需求，对生产量进行控制以及对市场利益进行把控。在市场收益最有利的时候将货物送达、在最短的时间内实现企业快速融资、尽量加快企业库存的流动处理，种种对企业发展有利目标的实现都离不开大宗货物稳定的供应链与运输链。

目前，大宗货物生产地与消费地之间的供应与运输合作，形成了一个非常稳定且高效的局面。例如在产销地间推出定制化的准时制大宗直达列车，这能够起到衔接产销、稳定货源、均衡运输的作用，为企业生产提供运力保障。铁路方根据企业具体需求，根据运输时间，为企业的高峰运量地开设专门运行线，严格按图组织运输，将铁路运输纳入企业供应链，为企业实行准时制生产提供运输保障。

3.3 唐包线货运需求量分析及预测方法

唐包线的曹妃甸西站，是唐包线最重要的货运需求站点。为了使运输组织高效以及装车量分配合理，对唐包线曹妃甸西站需求量进行有效预测具有一定现实意义。

在分析曹妃甸西站需求量数据特点基础上，基于 Prophet、SARIMA 模型构建 Prophet-SARIMA 模型。首先使用 Prophet 模型对需求量进行预测，然后通过 SARIMA 模型对预测残差逐步进行修正，得到最终的预测结果。结果显示 Prophet-SARIMA 模型预测值的平均绝对误差（MAE）和平均绝对百分比误差（MAPE）分别为 71.593 9 和 10.36%，均优于单一的 Prophet 模型和 SARIMA 模型。预测模型提高了预测精度并降低了预测模型复杂程度，有效预测出曹妃甸西站需求量，可为唐包线经营决策等工作提供参考依据。

呼和浩特局集团公司的运输结构由煤炭等大宗货物占绝对主导地位，近期国务院办公厅印发的《推进多式联运发展，优化调整运输结构工作方案（2021—2025 年）》明确提出，到 2025 年，全国铁路货运量比 2020 年增长 10% 左右，晋陕蒙煤炭主产区大型工矿企业中长距离运输的煤炭和焦炭中，铁路运输比例力争达到 90%。唐包线日益增长运量需求与不平衡不充分运力保障之间的矛盾，将成为未来几年呼和局运输工作的主要矛盾。

唐包线西起内蒙古包头东站，终到曹妃甸港，主要运输从内蒙古地区到曹妃甸港下水的煤炭，是我国西煤东运的重要通道之一。曹妃甸西站作为唐包线重要的货运需求站点，其需求量预测可以为唐包线的运输组织、运输计划编制等工作提供决策依据，从而提升货运增量。

影响铁路需求量的因素包含外部因素如国民经济发展水平、工业发展规模、产业结构等，以及内部因素如自身供给、列车牵引质量等。在多种因素的作用下，铁路需求量是一个存在一定增长（或降低）并随着季节和周期变化的非平稳时间序列。对于此类具有季节性周期变化的时间序列，可以采用基于统计学的传统预测模型（时间序列分析、因果分析预测等）和基于机器学习的智能预测模型（神经网络预测、支持向量机方法等）进行预测。

已有研究成果如下：

（1）使用 SARIMA 模型对我国铁路货运量进行了短期外推预测，验证了该模型在短期预测上的有效性。

（2）使用 Holt-Winters 模型对具有趋势和季节变化的铁路月度货运量进行了预测，验证了模型的有效性和相较于其他传统模型的优越性。

（3）通过指数平滑模型、霍特线性趋势模型、四次多项式回归预测模型等对铁路货运量进行预测，其中四次多项式回归预测模型预测精度较高。

（4）使用 SARIMA 模型对我国铁路货运量进行预测，然后使用 PSO-ELM 模型通过预测其残差对预测结果进行修正，预测精度优于独立 SARIMA 模型和 PSO-ELM 模型。

（5）将 Prophet 模型的预测结果作为一个协同参数，并结合 DeepAR 模型进行预测，从而构建了 Prophet-DeepAR 模型。实验表明该模型的预测精度优于 LSTM、Wavelet、BILSTM、Prophet-LSTM 等模型。

对以上已有研究成果的分析表明，单一的传统模型如时间序列预测模型、灰色预测模型等往往预测精度有限，而基于机器学习的模型通常需要大量数据支持而且运算过程复杂，两类模型都存在一定的局限性。

为了更有效地预测曹妃甸西站需求量，在借鉴以上已有研究成果基础上，构建了 Prophet-SARIMA 模型。该模型运算简单且无须大量数据拟合，其首先利用 Prophet 模型对唐包线需求量进行预测，然后通过 SARIMA 模型对预测残差逐步进行修正，然后得到最终的预测结果。对比经典 Prophet 模型和 SARIMA 模型，Prophet-SARIMA 模型具有更高的预测精度。

3.3.1 Prophet-SARIMA 模型构建

3.3.1.1 Prophet 模型

Prophet 预测模型是由 Facebook 公司于 2017 年开源的时序预测模型。该模型适用于各种规模的时间序列数据，能够高效地预测时间序列的未来走势，同时也可以处理时间序列中存在异常值或者缺失值的情况。Prophet 模型是基于时间序列分解进行拟合实现的。该模型将时间序列模型分解为趋势项、季节性、节假日效应以及误差项 4 个部分，数学表达式如下：

$$y(t) = g(t) + s(t) + h(t) + \varepsilon_t \tag{3.1}$$

式中，$g(t)$ 为趋势项函数，用以反映时间序列的长期变化趋势；$s(t)$ 为季节性函数，反映了序列的周期变化趋势；$h(t)$ 表示节假日效应对时间序列的影响函数；ε_t 为误差项，假设其服从正态分布。

下面将分别就趋势项、季节性以及节假日效应进行逐一介绍。

1. 趋势项

Prophet 模型提供了基于逻辑回归（logistic）的饱和增长模型以及分段线形函数（piecewise linear）模型，用于处理时间序列的趋势项。

基于逻辑回归（logistic）的饱和增长模型用于处理非线性饱和增长序列，模型在序列中的时间戳 s_j 处，人为设置了 S 个变点，$1 \leq j \leq S$，其基本表达形式如式（3.2）所示。

$$g(t) = \frac{C(t)}{1 + \exp[-(k + a(t)^\tau \delta)\{t - [m + a(t)^\tau \gamma]\}]} \tag{3.2}$$

式中，$C(t)$ 为关于时间的承载能力函数，k 为增长率，δ_j 表示在时间戳 s_j 上增长率的变化量，m 为偏置函数。其中，$a(t)=[a_1(t),\cdots,a_s(t)]^T$，$\delta=(\delta_1,\cdots,\delta_s)^T$，$\gamma=(\gamma_1,\cdots,\lambda_s)^T$，而 $a(t)\in\{0,1\}^S$，即有公式（3.3）：

$$a_j(t)=\begin{cases}1 & \text{if } t\geqslant s_j \\ 0 & \text{otherwise}\end{cases} \quad (3.3)$$

当增长率 k 调整后，偏置函数 m 也应该相应调整以连接每个分段的时间节点，计算式为公式（3.4）：

$$\gamma_j=\left(s_j-m-\sum_{l<j}\gamma_l\right)\cdot\left(1-\frac{k+\sum_{l<j}\delta_l}{k+\sum_{l\leqslant j}\delta_l}\right) \quad (3.4)$$

分段线性函数模型（piecewise linear）用于处理不存在饱和的线性变化序列，模型的基本表达形式如公式（3.5）所示：

$$g(t)=[k+a(t)^T\delta]t+[m+a(t)^T\gamma] \quad (3.5)$$

式中，k 为增长率，δ 表示增长率的变化量，$\delta=(\delta_1,\cdots,\delta_S)^T$，$\gamma=(\gamma_1,\cdots,\gamma_S)^T$，$\gamma_j=-s_j\delta_j$，$\delta_j$ 表示在时间戳 s_j 上增长率的变化量，m 为偏置函数。

2. 季节性

Prophet 模型采用傅里叶级数模拟时间序列的周期性，有数学表达式（3.6）：

$$s(t)=\sum_{n=1}^{N}\left(a_n\cos\left(\frac{2\pi nt}{P}\right)+b_n\sin\left(\frac{2\pi nt}{P}\right)\right) \quad (3.6)$$

式中，P 为周期长度，按天进行计算。

3. 节假日效应

节假日效应是指在节假日及其前后数天，时间序列走势较平常存在明显差异的现象。Prophet 模型中考虑了节假日效应对时间序列的影响，有数学表达式（3.7）：

$$h(t)=Z(t)\kappa=\sum_{i=1}^{L}\kappa_i\cdot 1_{\{t\in D_i\}} \quad (3.7)$$

式中，$Z(t)=[1(t\in D_1),\cdots,1(t\in D_L)]$，$\kappa\sim\text{Normal}(0,v^2)$，$D_i$ 表示节假日的前后一段时间，κ_i 表示节假日的影响范围，L 为节假日的数量。

3.3.1.2 SARIMA 模型

SARIMA 模型即为乘积季节模型，此模型在 ARIMA（Autoregressive Integrated Moving Average model）模型基础上，考虑了季节性因素，对存在趋势性和季节性的时间序列具有较好预测效果。SARIMA 模型可表示为 SARIMA$(p,d,q)\times(P,D,Q)_s$，模型分为两个部分，其中第一部分为非季节模型，参数为 p,d,q；第二部分为季节性模型，参数为 P,D,Q,s。模型的数学表达式为公式（3.8）：

$$\nabla^d \nabla_S^D x_t = \frac{\theta_S(B)\Theta_S(B)}{\Phi(B)\Phi_S(B)}\varepsilon_t \tag{3.8}$$

式中，∇_S^D 为 D 阶季节性差分的表达式；x_t 表示在 t 时刻的一个时间序列，既含有趋势又含有季节性；$\Phi_S(B)$ 为季节移动平均算子；$\Theta_S(B)$ 为季节自回归算子；ε_t 表示一个白噪声序列（均值为 0，方差为常数），B 为延迟算子。其中 $\Theta(B) = 1-\theta_1 B-\cdots\theta_q B^q$，$\Theta_S(B) = 1-\theta_1 B^S-\cdots-\theta_Q B^{QS}$，$\Phi(B) = 1-\Phi_1 B-\cdots\Phi_p B^p$，$\Phi_S(B) = 1-\Phi_1 B^S-\cdots-\Phi_P B^{PS}$。

3.3.1.3 Prophet-SARIMA 模型的铁路需求量预测

铁路需求量是一个存在季节性变化的时间序列，Prophet 模型可有效预测时间序列，但预测结果与真实值之间仍存在一定残差。为提高预测精度，提出了用以对铁路需求量预测的基于残差修正的 Prophet-SRIMA 模型。此模型基于 Prophet 的预测结果，使用 SARIMA 模型对上述结果的残差逐步进行预测、修正，从而达到提高预测精度的目的。整个模型的预测流程如图 3-5 所示。

模型的具体预测步骤如下：

步骤 1：将铁路需求量历史时间序列 Y_p（共 n 组数据）划分为训练集（第 1 至 i 组）和测试集（第 $i+1$ 至 n 组）。

步骤 2：使用训练集（第 1 至 i 组）对 Prophet 模型进行拟合，拟合完成后对整个时间序列进行预测，得到铁路需求量预测值序列 $\hat{Y}_p$（共 n 组）。

步骤 3：将原序列 Y_p 与 $\hat{Y}_p$ 相减得到残差序列 ε，即 $Y_p - \hat{Y}_p = \varepsilon$。

步骤 4：根据残差序列 ε 中第 1 至 i 组数据作为训练集拟合 SARIMA 模型，使用该模型对第 $i+1$ 组数据进行预测并将结果写入残差预测值时间序列，第一次预测完成后令 $i=i+1$。重复以上过程预测下一组数据，直到完成 $i+1$ 至 n 组数据的预测，得到残差预测值时间序列 $\hat{\varepsilon}$，共 $n-i$ 组数据。

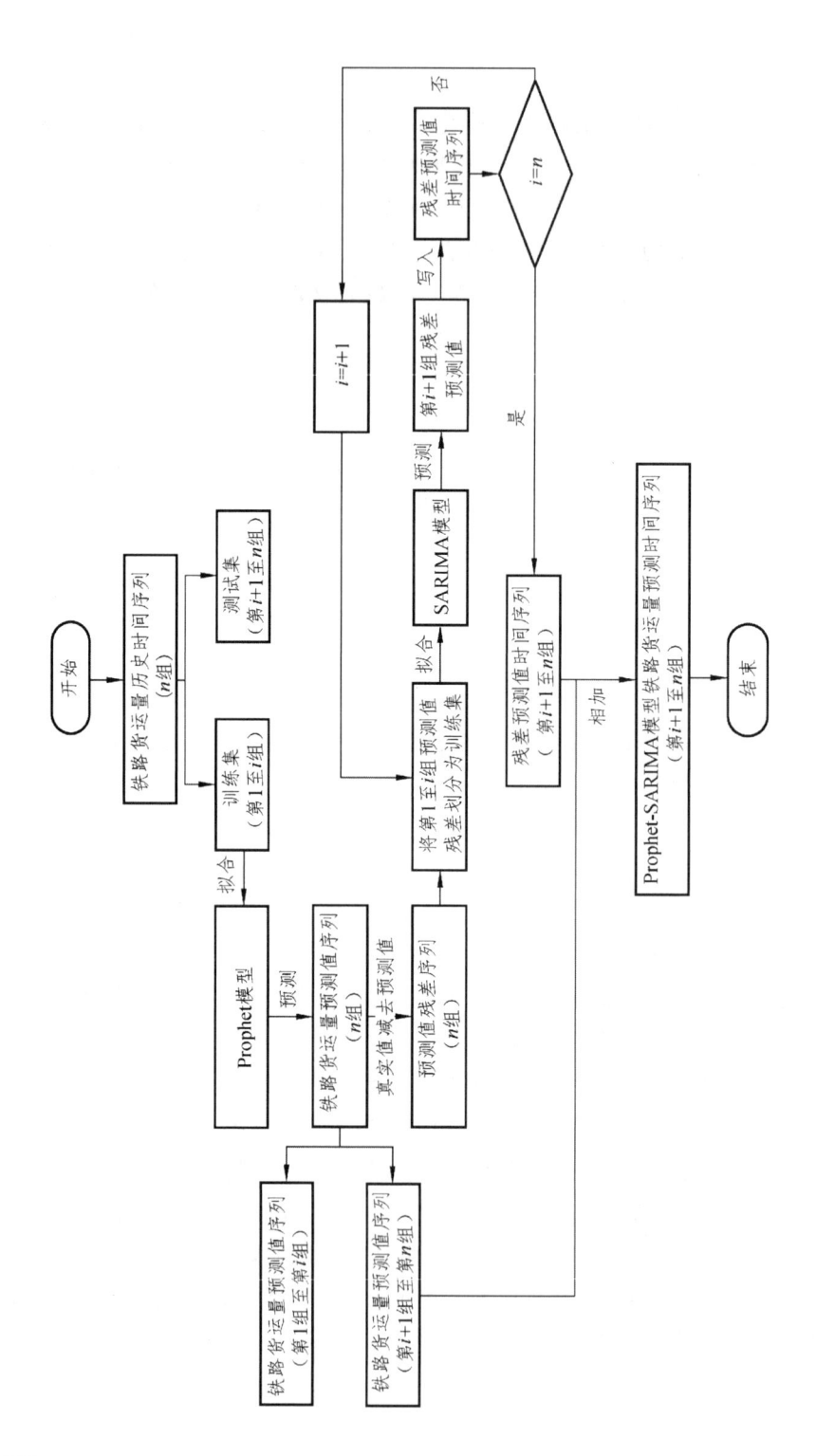

图 3-5　基于残差修正的 Prophet-SARIMA 模型预测流程

步骤 5：将 Prophet 模型预测的第 $i+1$ 至 n 组铁路需求量预测值数据 $\hat{Y}_{p(i+1,n)}$ 与残差预测值时间序列 $\hat{\varepsilon}$ 相加得到最终的需求量预测值 $\hat{Y}_t$，可表示为 $\hat{Y}_t = \hat{Y}_{p(i+1,n)} + \hat{\varepsilon}$。

3.3.1.4 模型评价

针对铁路需求量预测采用平均绝对误差（MAE）和平均绝对百分比误差（MAPE）作为指标对模型的预测结果进行评价，两者的值越低，则表明预测精度越高。MAE 和 MAPE 公式如（3.9）和（3.10）所示：

$$\text{MAE} = \frac{1}{n}\sum_{i=1}^{n}|\hat{y}_i - y_i| \tag{3.9}$$

$$\text{MAPE} = \frac{100\%}{n}\sum_{i=1}^{n}\left|\frac{\hat{y}_i - y_i}{y_i}\right| \tag{3.10}$$

式中，$\hat{y}_i$ 为模型预测值，y_i 为实际值，n 为预测样本量。

3.3.2 曹妃甸西站需求量预测

唐包线货运主要来自煤炭、焦炭等大宗货物，市场波动性较大，淡旺季特征较为明显，因此存在区域性、时段性运力紧张或不饱和情况。曹妃甸西站是唐包线货物的主要需求点，站点需求量同样存在趋势性和季节性的特征。对曹妃甸西站需求量进行预测，可以了解未来站点需求量的整体趋势和发展情况，有助于唐包线西部区域的装车分配工作，改善"有货无能力，有能力无货"情形，实现唐包线煤炭运输增量。

3.3.2.1 数据来源

图 3.6 所示为唐包线曹妃甸西站 2016 年 1 月至 2022 年 12 月的月度货运吨数数据，共 84 组。使用 2016 年 1 月至 2021 年 12 月共 72 组数据进行模型构建，使用剩余的 12 组数据进行模型验证。

3.3.2.2 Prophet 模型建立及预测

利用 python 语言的 prophet 库建立模型，由图 3-6 的结果可知，铁路需求量整体呈现上升趋势，且没有理论上的承载能力限制，所以模型的趋势项使用分段线形函数（piecewise linear）模型。由于铁路需求量存在周期长度为 12 个月的季节性，所以将模型的周期长度设置为 12 个月。在节假日效应方面，本案例采用"中国节假日"。Prophet 模型采用 L-BFGS 方法对模型进行拟合。

基于上述条件，使用曹妃甸西站 2016 年 1 月至 2021 年 12 月共 72 组数据，对模型进行拟合后得到用于预测曹妃甸西站月度货物到达吨数的 Prophet 模型，将预测结果与实际值进行对比，并对 2022 年 1 月至 2022 年 12 月的铁路需求量进行外推预测，Prophet 模型预测结果如图 3-7 所示。

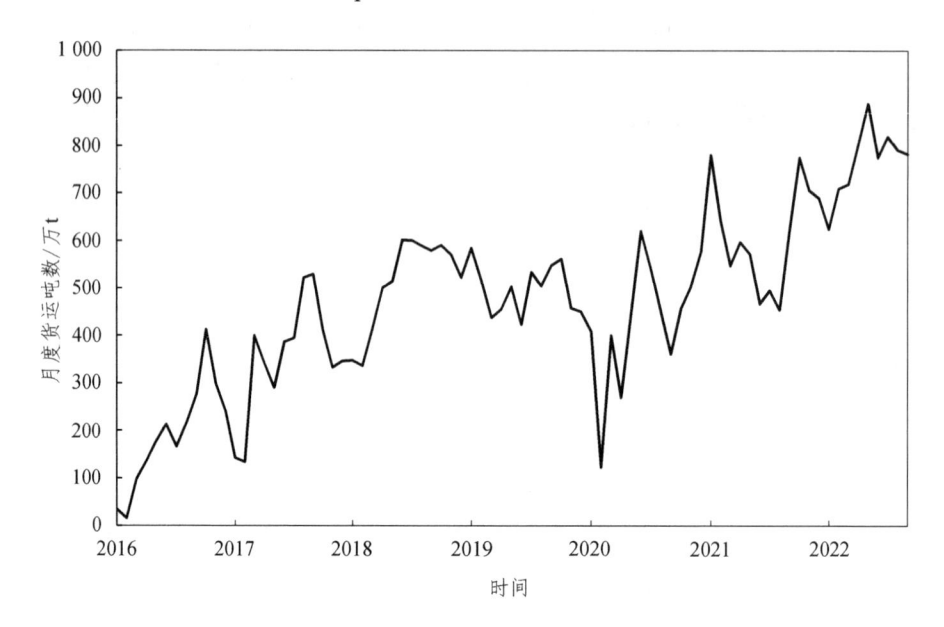

图 3-6　曹妃甸西站月度货运吨数

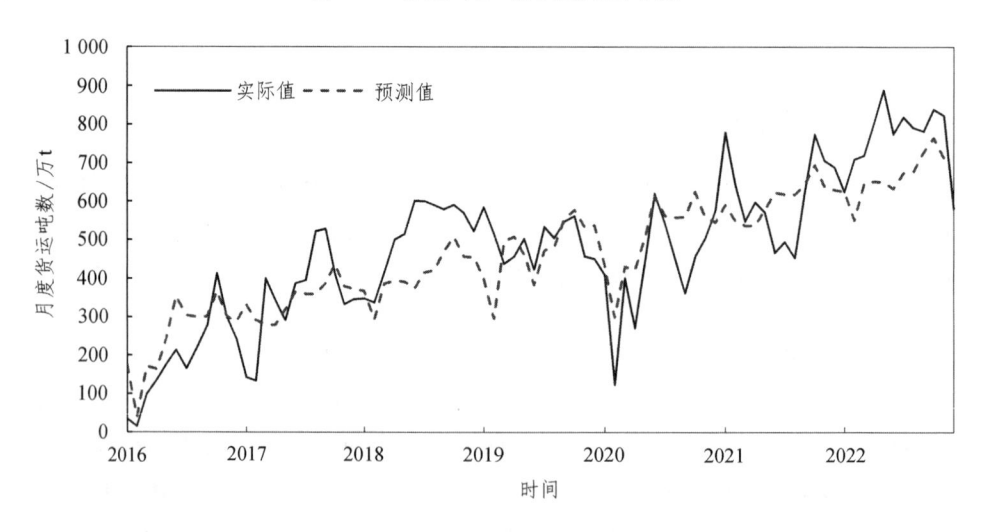

图 3-7　Prophet 模型预测结果

3.3.2.3 SARIMA 模型残差预测

将曹妃甸西站月度货物到达吨数真实值与 Prophet 模型预测值相减得到残差序列，共 84 组数据。将前 72 组数据作为训练集拟合建立 SARIMA 模型，将后 12 组数据作为测试集。

基于 python 语言的 pmdarima 库建立 SARIMA 模型。对残差序列进行趋势项、季节性和误差分解，残差序列分解图如图 3-8 所示。

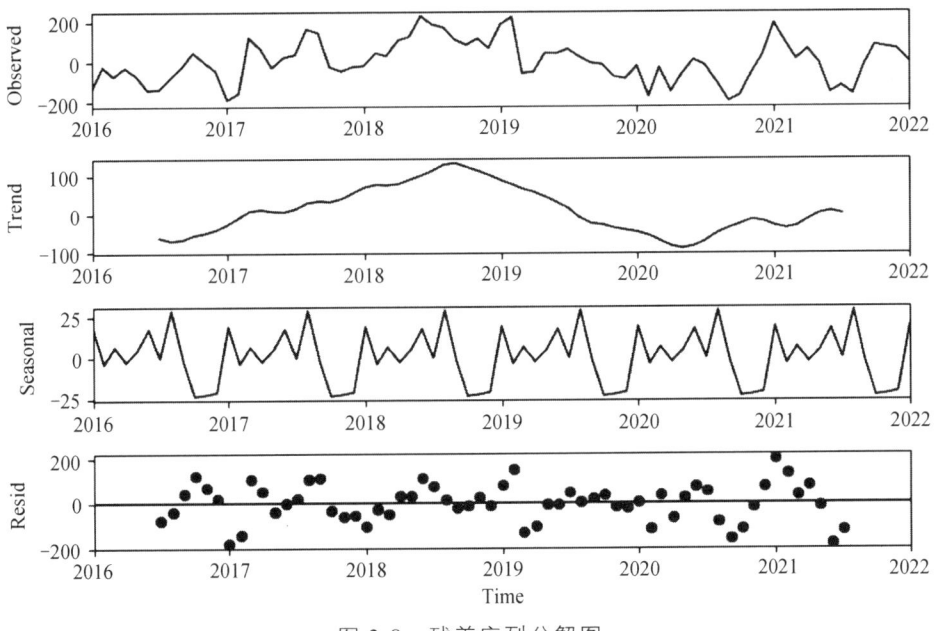

图 3-8 残差序列分解图

由图 3-8 中趋势图可知，该站点需求量整体呈上升、下降及上升的趋势，而且具有明显的周期为 12 个月的季节性，可使用 SARIMA 模型进行预测，具体预测步骤如下：

1. 序列平稳性检验

使用单位根检验进行序列平稳性检验，原残差序列检验 $P = 0.408 > 0.05$，该序列为非平稳时间序列，需进行序列平稳化。对原残差序列进行二阶逐期差分和季节差分后单位根检验的 P 值小于 0.05，该序列是平稳时间序列，且不存在单位根。

2. 寻找最优参数，建立 SARIMA 模型

通过序列的自相关和偏相关图可对 SARIMA 模型参数进行初步判断，并

根据 AIC 值以及模型的参数是否显著选取最优模型，最终确定 SARIMA $(1,2,2)\times(0,2,2)_{12}$ 模型为最优模型，模型的 AIC 值为 260.000。

3. 预　　测

采用上述选取的最优模型 SARIMA$(1,2,2)\times(0,2,2)_{12}$ 对其进行预测。首先将第 1 至 72 组残差数据作为训练集对模型进行拟合，拟合完成后对第 73 组数据进行预测。然后将训练集中的数据增加 1 组再次对模型进行拟合，并对下一组数据进行预测，重复以上过程直到完成 2022 年 1 月至 2022 年 12 月共 12 组数据的预测。SARIMA 模型预测结果如图 3-9 所示。

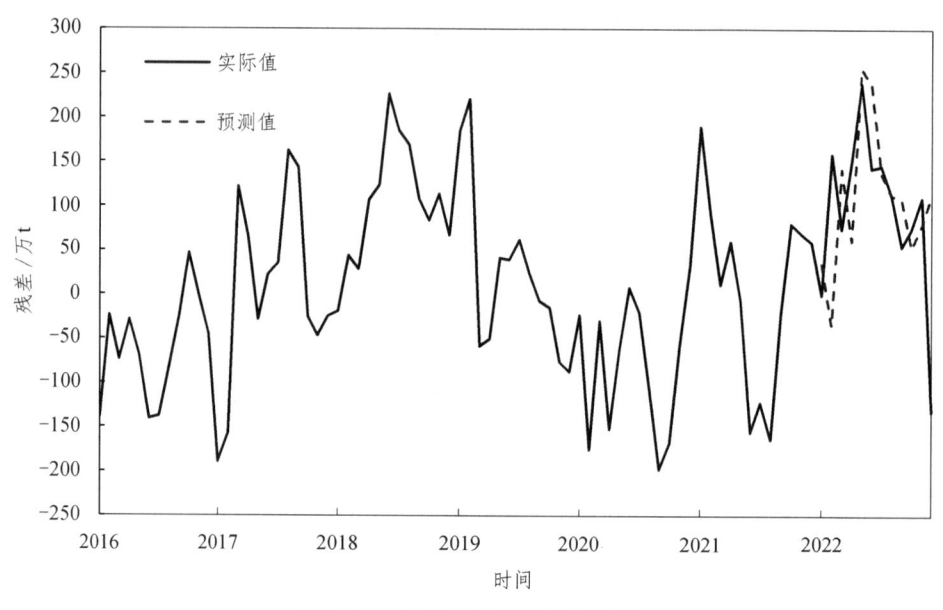

图 3-9　SARIMA 模型预测结果

由图 3-9 可知 SARIMA 模型对需求量残差序列的预测值存在轻微滞后现象，但整体预测效果良好。

3.3.2.4　SARIMA-Prophet 模型预测结果分析及评价

将 Prophet 模型预测结果与 SARIMA 型对其残差预测结果相加，即可得到基于残差修正的 Prophet-SARIMA 模型最终预测结果。为验证本模型的有效性，将测试集（2022 年 1 月至 12 月）预测结果与 Prophet 模型和 SARIMA 模型预测结果进行比较，各模型预测结果对比如表 3-1 和图 3-10 所示。

表 3-1 各模型预测结果对比

时间	实际值/万 t	模型预测值/万 t		
		Prophet	SARIMA	Prophet-SARIMA
2022/1	624.185 5	624.891 1	664.373 5	659.100 5
2022/2	708.952 5	550.441 9	216.754 1	515.414 6
2022/3	718.655 3	644.359 3	629.125 1	785.844 1
2022/4	803.200 6	651.100 6	450.943 9	711.916 0
2022/5	888.158 8	648.806 6	716.016 7	904.755 9
2022/6	774.511 7	632.003 5	997.923 4	870.258 2
2022/7	818.568 7	673.302 5	876.025 8	810.286 1
2022/8	790.379 9	677.754 8	751.651 4	790.413 0
2022/9	781.977 7	727.821 3	648.894 3	835.178 9
2022/10	838.971 8	764.504 9	835.747 4	816.956 5
2022/11	823.083 7	714.126 4	964.520 4	792.465 6
2022/12	580.299 6	712.785 0	1 105.645 7	826.006 0

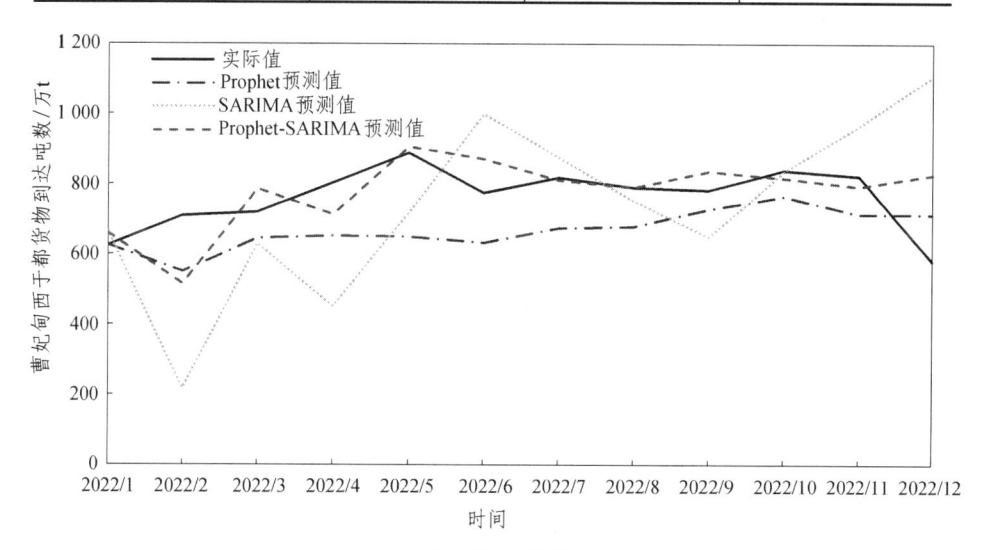

图 3-10 各模型预测结果对比

基于表 3-1 的预测结果，采用平均绝对误差（MAE）和平均绝对百分比误差（MAPE），计算可得各模型预测结果的 MAE、MAPE，对 3 个模型预测结果进行评价，各模型的评价指标如表 3-2 所示。

表 3-2　各模型预测结果评价指标

预测模型	MAE	MAPE
Prophet	116.285 8	15.08%
SARIMA	189.083 6	26.45%
Prophet-SARIMA	71.593 9	10.36%

由表 3-2 可知：

（1）Prophet-SARIMA 模型预测值的 MAE 为 71.593 9，均低于 Prophet 模型的 116.285 8 和 SARIMA 模型的 189.083 6，分别降低了 44.692 0 和 117.489 8。

（2）Prophet-SARIMA 模型预测值的 MAPE 为 10.36%，相较于另外两种模型分别降低了 4.72%、16.09%。

根据以上结果可知，提出的基于误差修正的 Prophet-SARIMA 模型，可以有效预测曹妃甸西站月度需求量，预测效果优于单一的 Prophet 模型和 SARIMA 模型。

3.3.2.5　结　论

（1）提出了一种基于误差修正的 Prophet-SARIMA 模型，用于对唐包线曹妃甸西站需求量进行预测。该模型基于 Prophet 模型并考虑其预测残差存在的趋势性和季节性特点，使用 SARIMA 模型对预测残差进行修正，从而达到提高模型的预测精度的目的。

（2）实验结果表明，基于误差修正的 Prophet-SARIMA 模型的曹妃甸西站需求量预测结果平均绝对误差和绝对百分比误差均小于另外两种模型，具有更高的预测精度。

（3）基于误差修正的 Prophet-SARIMA 模型具有简单易用和预测效果良好的特点，可有效预测曹妃甸西站需求量。预测结果可以更好地了解唐包线铁路需求量整体发展和变化趋势，从而做出更为准确的运输计划和决策。

（4）该模型仅考虑了历史数据中存在的趋势性和周期性规律，如果将外部经济等因素再纳入考虑，预测精度会得到进一步提高。

第4章 铁路货运专线运输组织优化

第3章构建的预测模型,可用于运输组织方案编制前对于需求量的定位,以便为运输组织方案的编制提供参考。本章首先对铁路货运专线运输组织优化的必要性进行分析,同时阐述了铁路货运专线运输组织优化的途径问题,在此基础上,基于路网协调性对唐包线运输组织进行优化。

4.1 铁路货运专线运输组织优化必要性分析

随着国民经济的高速发展,客运及货运市场对铁路运输的需求不断提高,对铁路运输的要求也更加严苛。改革开放以来,铁路线路布局得以逐渐改善,不仅覆盖面积大大提升,技术装备以及线路管理水平也有所提升。然而当铁路运输发展到一个"平台期"时,回过头看总会发现之前没有兼顾到的一些问题亟待解决,继续以发展的眼光向前看,也会发现有待改善的难点。例如随着公路、水路和航空等其他运输方式的发展,凭借各自在运输领域的特殊优势,对铁路货物运输的市场份额构成了挑战。经济市场根据自身需求将业务合理分配给不同的运输企业,多种运输方式共存并且竞争愈发激烈,不同运输企业加大投资、优化管理、合作发展等,都对铁路货物运输的发展产生了较大影响。随着物流行业的信息化和智能化发展,建设高效的物流信息平台、提供实时的货物跟踪和管理系统、提供更加智能化和便捷的服务也是一个较大的挑战。铁路货物运输效率不够高、铁路货物运输组织模式难以满足运输数量和运输质量的要求、铁路货物运输服务质量有待提高等问题均存在于如今的铁路运输中。所以,铁路运输面对自身运输的薄弱之处以及其他运输方式的竞争挑战,一场涉及多方面的铁路运输优化任务被提上日程。在铁路货物运输"货源—货流—列流"生产组织过程中,货物运输组织起着至关重要的作用,因而铁路运输组织优化是优化任务中必不可少的一部分。

本节将从提升货运专线运输能力和多种运输方式间的竞争力等角度,对铁路货运专线运输组织优化的必要性进行分析。

1. 提高运输效率

通过优化铁路货运专线运输组织，以减少运输中空转、等待和停留时间，提高货物运输效率，从而进一步合理安排车次计划、货物装车和中转等环节，优化货物的流动路径和运输过程，达到减少运输时间，提高货物运输及时性和可靠性的目的。

2. 降低运输成本

通过优化铁路货运专线运输组织，可以较好地降低运输成本。合理安排货物的装车和中转，减少不必要的运输环节和距离，可以降低能源消耗和人力成本。通过优化运输计划和调度，提高专线的运输能力和利用率，可以实现规模经济效益，降低单位运输成本等。

3. 提升服务质量

优化铁路货运专线运输组织，可以提升货物的服务质量。合理安排运输计划和调度，减少货物的滞留和延误，提供准时可靠的运输服务。同时，优化货物的装车和中转流程，提供快速高效的货物操作和运输服务，增强客户的满意度和信任度。

4. 实现资源配置优化和绿色可持续发展

优化铁路货运专线的运输组织可以实现资源的优化利用和环保可持续发展。合理安排专线的运输能力、整合运力资源、优化运输路线和配载方案，根据货物流量和需求进行灵活调度，避免资源的浪费和闲置，以提高资源利用率，减少能源消耗和碳排放，降低对环境的负面影响。并且通过信息共享和协调机制，促进专线上各个点位之间的协同作业和资源共享，提高整体资源利用效率。

5. 应对需求变化和市场竞争

铁路货运专线面临着市场需求不断变化和竞争的压力。通过优化运输组织，可以更好地应对市场需求的变化，灵活调整运输计划和调度安排，提供个性化的运输服务。同时，优化铁路货运专线运输组织，可以提升专线的竞争力，在激烈的市场竞争中占据优势地位。

通过优化铁路货运专线运输组织，可以实现货运专线高效运作与竞争力的提高，更好地满足市场需求，提供优质的货物运输服务，因而铁路货物运输组织优化在铁路稳定发展中必不可少。

4.2 铁路货运专线运输组织优化途径

一直以来，铁路运输都是我国货物运输的重要途径，并且铁路运输成本较低，安全性较高，良好的货物运输组织模式可以提高运输效率，降低运输成本，提高铁路货物运输的核心竞争力。然而铁路货运专线不仅面临着运输效率不高、运输组织模式不全面、运输服务系统不完善等问题，还面临着服务对象的多样化，用户需求不断发生改变等问题。基于这些问题，可以通过以下措施进行改善：

1. 优化铁路货物运输的受理流程

可以通过引入线上受理系统、自助受理设备、预约受理制度，加强信息共享和协同，实现自动化处理以及优化人员培训和流程设计等措施，优化铁路货物运输的受理流程，提高受理效率和准确性，满足货主的需求并提升货物运输的质量和效益。

2. 运输计划和调度优化

科学合理地制订运输计划和调度安排，根据货物流量和需求进行优化。可以采用智能调度系统和优化算法，考虑运输距离、装车容量、货物优先级等因素，合理安排车次和装车顺序，减少空载和滞留，提高运输效率。

3. 货物装车和中转优化

优化货物的装车和中转流程，提高操作效率和减少时间损耗。合理规划货物的集散中心和中转站点，减少中转次数和距离，缩短货物的运输路径，通过采用信息化管理系统，实现装车和中转过程的自动化和智能化，提高操作效率和准确性。

4. 信息共享和协同机制

建立专线各个环节之间的信息共享和协同机制，促进信息的流通和协调作业。通过物流信息平台，实现货物跟踪、信息共享和协同调度，提高运输的可视化和协同性。与相关各方（货主、物流公司、铁路部门等）建立紧密合作关系，共同协作解决运输过程中的问题。

5. 大宗货物运输组织优化

大宗货物作为铁路货运专线的主要货源，对其运输组织进行优化，可以大大改善铁路货物运输组织模式难以满足质和量的要求的问题。通过开行重载铁路、货物集中化管理、运输网络优化、物流信息技术应用、运力资源整合、开行重来重去货物列车、与物流公司等建设稳定的合作伙伴关系以及运输成本控制等措施,可以优化大宗货物运输的组织和管理,以提高运输效率、降低成本,增强运输的可靠性和灵活性,更好地满足大宗货物运输需求。

6. 车辆和设备优化

优化专线的车辆和设备配置,提高运力利用率和工作效率。合理规划车辆的调度和运行路径,减少空载和重复运输,提高车辆的装卸效率。引入先进的设备和技术,提高货物操作和装卸的效率,降低人力成本和时间损耗。

7. 客户服务和满意度提升

注重客户需求,提供个性化运输服务,提高客户满意度和信任度。建立完善的客户服务体系,提供及时的信息查询和反馈机制,解决客户关注的问题。持续改进服务质量,通过客户反馈和市场调研,不断优化运输组织,满足客户的需求和期望。

8. 创新技术应用

积极应用新技术,如物联网、大数据分析、人工智能等,提升专线的智能化和自动化水平。通过数据分析和预测,优化运输组织,预测货物需求和运输瓶颈,提前做好准备。采用智能化设备和系统,实现运输过程的自动监控和管理,提高运输效率和可靠性。

未来,铁路货运专线应该朝着智能化物流管理、绿色环保运输、跨境物流一体化等方向发展,配以自动化装卸技术,如自动化堆垛机、机器人装卸系统,以及开设弹性化运输服务以适应不同类型和规模的货物运输需求,通过灵活的运力调配和运输计划安排,满足货主的个性化需求。

4.3 基于路网协调性的铁路货运专线运输组织优化

随着重载货运专线的运输趋于饱和,运力资源调整弹性降低,车站与线路能力不协调状况日渐突出,存在部分车站和线路能力饱和而部分能力空闲情况,因此,基于货运专线路网协调性研究货运专线运输组织具有一定现实意义。

货运专线运输组织现有研究成果,大多从货运专线车流组织出发,探讨货运专线装车端的列车开行方案、组合站组合方案以及存在多个组合站时的组合方案，或是考虑空车回送情况研究重空车流协同运输问题，研究货运专线集疏运一体化的车流组织问题等。

针对铁路运输路网能力协调问题，既有研究多从车站与区间能力协调入手，直接考虑限制车站和区间的最大能力负荷，或是通过考虑路网中车站与衔接区间的能力、能力利用率的差值关系、比值关系等衡量路网协调性，或是建立协调度模型、采用模糊理论等，对路网协调度进行量化研究。

针对货运专线运输中车站与线路能力不协调状况，考虑货运专线路网的协调性，对货物运输组织方案进行优化。通过分析重载货运专线路网中车站与衔接区段的能力利用率，并基于距离协调度模型，分析两者与理想协调状态间的距离，同时考虑线路整体运输成本与能耗，构建目标函数；再以车站和区间能力、重载货运专线组合站以及运输需求等为约束条件，构建基于路网协调性的货运专线运输组织优化模型。同时在车站区间通过能力充分利用以及运输成本、能耗最优情况下，对货运专线运输组织方案进行优化，改善货运专线路网运输能力利用不均状况，使运力资源得到充分使用，提升重载货运专线运输效率。

基于以上分析，采用距离协调度模型衡量路网中车站与区间协调状态与理想状态间距离，并通过缩小与理想协调状态间距离提高路网协调性。以路网协调度、重载货运专线运输时间与能耗成本为目标函数，并以车站区间能力、重载货运专线组合站以及运输需求为约束，构建基于路网协调性的货运专线运输组织优化模型。以唐包线为案例对构建的模型求解，得到车站及区间能力均衡利用，同时路网协调性更高的货运专线运输方案，验证了模型有效性。

4.3.1　路网协调性

铁路运输路网协调性的既有研究成果，主要是从铁路运输路网车站和区间出发进行能力协调，体现为车站设备作业能力与邻接线路能力之间的科学匹配。事实上，在铁路运输系统中，判断各子系统间是否相互协调，首先需要明确系统整体应呈现出何种状态，哪种或哪些状态是理想的协调状态。既有研究成果是在一定程度上围绕系统实际状态，通过考虑运输子系统实际状态间的差值、比值对系统协调情况进行分析，得到系统实际状态间协调程度优劣，但均未明确地结合系统应处于的理想协调状态来量化协调性，有可能导致系统状态在处于某种较低水平时，也依然得到较高协调度的结果发生。由此考虑采用"距离协调度"模型，以弥补这一不足，对路网协调性进行量化分析。

距离协调度模型属于协调度模型的一种，该模型认为当系统处于理想协调状态时，整个系统的协调性将达到最佳，因此，模型引入了"欧氏距离"公式，以度量系统实际状态与理想状态间的距离。与其他协调度模型相比，距离协调度模型意义更为直观，而且也体现了协调的本质，并具有很强的灵活性。

既有研究成果对铁路车站与区间的最佳能力负荷基本进行了总结，认为能力负荷基于80%上下浮动时，达到最大能力负荷，可将此视为铁路运输系统应处于的理想协调状态，即运输网络理想协调状态。在对货运专线进行运输组织优化时，如果能缩小优化后路网协调状态与运输网络理想协调状态间的距离，就会从整体上提高路网协调性。

结合货运专线运输系统，可以将系统分为由车站组成的点系统和由区间组成的线系统，以能力利用率表现各子系统在某种运输组织方案下的状态，采用距离协调度模型量化货运专线路网协调性。

$\overline{S}_i$为以欧式距离公式，度量车站与车站衔接线路上的相邻区间于某运输组织方案下，实际状态与理想状态间的距离并消除量纲；C_i为系统距离协调度，则以距离协调度模型量化的货运专线路网协调性公式如公式（4.1）、公式（4.2）所示。

$$\overline{S}_i = \sqrt{\frac{(\beta_i - \beta_i')^2 + \sum_j (\alpha_{ij} - \alpha_{ij}')^2 + \sum_j (\alpha_{ji} - \alpha_{ji}')^2}{S_i^2 + \sum_j S_{ij}^2 + \sum_j S_{ji}^2}} \quad (4.1)$$

$$C_i = \left(\sqrt{1 - \overline{S}_i}\right)^k \quad (4.2)$$

式中，i、j为车站，α_{ij}为区间(i,j)的能力利用率，β_i为车站i能力利用率；α_{ij}'为区间能力利用率理想值，β_i'为车站能力利用率理想值；S_i、S_{ij}为车站i和区间(i,j)所处实际状态与理想值之间的最大可能距离；$\overline{S}_i$为系统实际状态与理想状态间的距离；C_i为系统协调度；k为调节系数。当C_i值越大，则系统协调程度越高。

4.3.2 基于路网协调性的货运专线运输组织优化模型

4.3.2.1 模型假设

为了使模型构建更符合实际并便于提高模型计算效率，进行以下假设：

（1）研究范围为重载列车运输组织优化，模型中车站和线路能力仅考虑通行重载列车的能力，即实际通过能力扣除一定系数，不包含旅客和其他普速列车。

（2）重载列车货运专线中，装车站发出列车仅考虑单元式小列 5 000 t 和大列 10 000 t，针对具有相同去向的单元式小列，对其可在组合站组成组合式大列，且最多由 2 列单元式小列组成。

（3）在重载列车货运专线装车端，各区段内往往存在多个装车站，致使区段内各区间通过能力相同但实际通过列车数量会有所差别，为了提高模型效率，仅对装车端衔接两个以上区段的车站与其相邻区间进行能力协调性分析。

4.3.2.2 模型参数及变量

定义整个重载列车货运专线路网为 $G=(N,A)$，其中 N 为路网中车站集合，A 为车站间弧段集合，$(i,j) \in A$；设 s,t 分别为装车站和卸车站，则 (s,t) 为路网中装卸站集合；设 K 为路网中开行重载列车种类集合，$k \in K$；C 为路网中组合站集合，$c \in C$，n_c 为组合站组合能力（列）；m_{ct} 为组合站 c 去往卸车站 t 的列车进行组合数量（列）；d_k 为不同种类重载列车运输能力（车）；w_k 为不同种类重载列车运输量（吨）；D_{st} 为装卸站 (s,t) 间的实际运输车数（车）；b_i 为车站 i 的通过能力（列）；β_i 为车站 i 的能力利用率，β_i' 为车站 i 的理想能力利用率；b_{ij} 为区间 (i,j) 的通过能力（列）；α_{ij} 为区间 (i,j) 的能力利用率，α_{ij}' 为区间 (i,j) 的理想能力利用率；l_{ij} 为区间 (i,j) 的里程（千米）；t_{ij} 为区间 (i,j) 的运行时间（分钟，min）；t_c 为单元式小列组合站的组合时间（分钟，min）；ε_k 为开行不同种类列车的单位能耗[千瓦小时每吨千米，kW·h/(t·km)]。

定义决策变量：

f_{st}^k 为 (s,t) 间开行的第 k 类重载列车整列数量；

x_{ij}^{st} 为 (s,t) 间开行的列车是否经过区间 (i,j) 的 0-1 变量。

4.3.2.3 目标函数

基于路网协调性构建货运专线货物运输组织优化模型，对货物运输组织方案进行优化，构建模型不仅需要考虑运输成本与效率，同时需要兼顾路网协调性，因此模型的目标函数由 3 部分构成：

1. 路网协调度

采用距离协调度模型，以量化路网中的车站、区间能力利用状态与理想协调状态间距离，当距离越小时，路网协调度越大，路网协调性越好。

$$\text{Max} Z_1 = \sum_i \left(\sqrt{1 - \frac{(\beta_i - \beta_i')^2 + \sum_j (\alpha_{ij} - \alpha_{ij}')^2 + \sum_j (\alpha_{ji} - \alpha_{ji}')^2}{S_i^2 + \sum_j S_{ij}^2 + \sum_j S_{ji}^2}} \right)^k \quad (4.3)$$

其中：

$$\alpha_{ij} = \frac{\sum_{st} \sum_k x_{ij}^{st} f_{st}^k}{b_{ij}} \quad (4.4)$$

$$\beta_i = \frac{\sum_{st} \sum_k \sum_j x_{ji}^{st} f_{st}^k}{b_i} \quad (4.5)$$

2. 运输时间成本

考虑开行重载列车所花费的运输时间应尽可能少，以提高运输效率。

$$\text{Min} Z_2 = \sum_{k \in K} \sum_{(s,t)} \sum_{(i,j) \in A} x_{ij}^{st} f_{st}^k t_{ij} + \sum_{(s,t)} \sum_{i \in N} m_{ct} t_c \quad (4.6)$$

3. 运输能耗成本

在重载货运专线中，多开行大列能有效减少列车对线路和车站的占用，缓解路网能力紧张状况。但过多开行大列，将导致能耗增大。因此对列车运输组织方案进行优化时，也需进一步考虑列车的能耗成本，以便协调不同种类重载列车开行数量。

$$\text{Min} Z_3 = \sum_{k \in K} \sum_{(s,t)} \sum_{(i,j) \in A} x_{ij}^{st} f_{st}^k l_{ij} \varepsilon_k w_k \quad (4.7)$$

构建模型的多目标函数由公式（4.3）至公式（4.7）组成。针对多目标函数问题求解，一般方法是将多目标函数转化为单目标函数：

（1）对公式（4.3）至公式（4.7）构成的多目标函数，考虑采用权重系数法，通过为 Z_1、Z_2 和 Z_3 3 个目标函数分别赋予不同的权重 λ_1、λ_2 和 λ_3，将多目标求解变换为单目标求解。考虑 3 个目标函数几乎具有同等的重要程度，但根据各目标函数表达含义可知，三者数量级相差较大。因此根据目标函数间的数量级差异来确定权重系数，将多目标函数转换为新的单目标函数。

（2）目标函数 Z_1 是协调度，优化求解需要求取最大值，目标函数 Z_2、Z_3 是运输成本和能耗，优化求解需要求取最小值。因此在新的单目标函数中，考虑将目标函数 Z_1 的系数 λ_1 取负值，λ_2、λ_3 取正值，新的目标函数设置求取最小值，以简化模型求解。基于以上处理，形成的单目标函数 Z 如公式（4.8）所示。

$$\min Z = \lambda_1 Z_1 + \lambda_2 Z_2 + \lambda_3 Z_3 \tag{4.8}$$

其中，$\lambda_1 < 0, \lambda_2、\lambda_3 > 0$。

4.3.2.4 约束条件

货运专线运输既要满足运输过程中不超过车站区间通过能力、组合站组合能力的限制，同时在运输目的上也要满足运输需求。为了使模型描述问题与求解结果更加合理，对模型进行如下约束：

1. 车流不可拆分约束

货运专线运输组织需满足普速铁路运输组织基本原则，即车流不可拆分原则。在铁路运输中，具有相同起终点的运输需求，将被视为一个不可拆分的整体，在路网中仅能选择一条路线进行运输。

$$\sum_j x_{ij}^{st} \leq 1, \forall (i,j) \in A; \forall (s,t) \tag{4.9}$$

2. 流量守恒约束

对货运专线的运输组织，运输中途经的任一车站，进出车站列车数量应该相等。

$$\sum_j x_{ij}^{st} - \sum_j x_{ji}^{st} = \begin{cases} 1 & i = s \\ 0 & i \neq s, i \neq t \\ -1 & i = t \end{cases} \forall (s,t) \tag{4.10}$$

3. 车站及区间通过能力约束

为了保证列车在线路中开行的安全和畅通、列车开行方案具有可行性，在线路中任一车站和区间上通行的列车数量都不能超过其能力限制。

$$\sum_{k \in K(s,t)} \sum x_{ij}^{st} f_{st}^k \leq b_{ij}, \forall (s,t); \forall (i,j) \in A \tag{4.11}$$

$$\sum_{k\in K(s,t)}\sum_i x_{ij}^{st} f_{st}^k \leq b_j, \forall (s,t); \forall (i,j)\in A, i\in N \qquad (4.12)$$

4. 组合站组合约束

当装车站不同但卸车站相同的单元式小列经过同一组合站时，即有 $x_{ic}^{st}=x_{i'c}^{s't}=1$，而且 f_{st}^0 和 $f_{s't}^0$ 都大于 0。考虑在组合站进行列车组合，进行组合的列车数量 m_{ct}，并且组合站组合列车数不能超过其能力限制。

$$m_{ct}=f_{st}^0+f_{s't}^0 \qquad (4.13)$$

$$\sum_t m_{ct} \leq n_c \qquad (4.14)$$

其中，$\forall c\in C; \forall (s,t)$。

5. 运输需求约束

装卸站 (s,t) 之间所开行的各类重载列车运输货物总量，需要满足该 (s,t) 之间的运输需求。

$$\sum_{k\in K} f_{st}^k d_k \geq D_{st}, \forall (s,t) \qquad (4.15)$$

4.3.3 唐包线运输组织优化

4.3.3.1 唐包线货运专线

唐包线主要承担着我国"西煤东运"煤炭运输任务，其主体线路网如图 4-1 所示。左端区域主要为装车端，装车端围绕煤矿产区聚集了大量装车站，并且存在多条煤炭运输线路，整体形成路网结构。装载煤炭的大量重载列车需经过呼鄂线、包西线等到达唐包线主干线，然后运往卸车站。线路中主要开行的重载列车种类为单元式 5 000 t 重载列车、单元式 10 000 t 重载列车、组合式 10 000 t 重载列车，其中组合式重载列车由两列单元式重载小列于组合站组合而成。在实际运输中，唐包线存在部分线路运输能力紧张，部分线路运输能力闲置现象，导致运输网络协调性不足。

基于 2022 年 9 月 15 日唐包线现场作业数据，各装车站与卸车站间实际运输车数如表 4-1 所示。

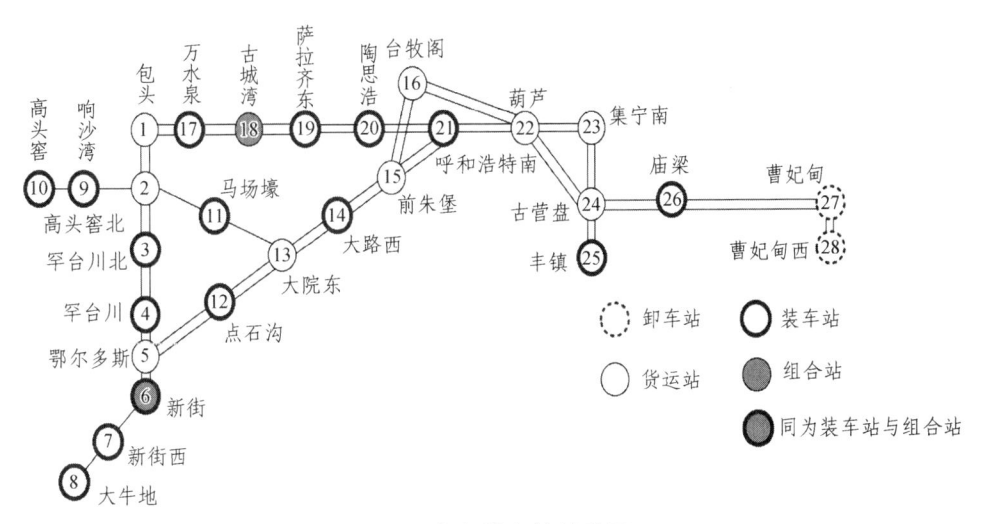

图 4-1 唐包线主体线路网

表 4-1 唐包线各发到站间需求车数

发站	到站	需求车数/车	发站	到站	需求车数/车
万水泉	曹妃甸西	210	点石沟	曹妃甸西	210
丰镇	曹妃甸	50	罕台川	曹妃甸西	102
呼和浩特南	曹妃甸西	840	罕台川北	曹妃甸西	312
大牛地	曹妃甸西	525	萨拉齐东	曹妃甸西	105
大路西	曹妃甸	53	陶思浩	曹妃甸西	105
庙梁	曹妃甸西	105	马场壕	曹妃甸西	210
新街	曹妃甸西	102	高头窑	曹妃甸西	105
新街西	曹妃甸西	105	高头窑北	曹妃甸西	105

大列和小列采取相同运行速度，唐包线各区间里程如表 4-2 所。

表 4-2 唐包线上各区间里程

起点	终点	区间里程/km	起点	终点	区间里程/km
大牛地	新街西	54.0	台阁牧	葫芦	149.3
新街西	新街	14.0	前珠堡	呼和浩特南	15.0
新街	鄂尔多斯	32.3	包头	万水泉	8.7
鄂尔多斯	罕台川	39.5	万水泉	古城湾	15.18
罕台川	罕台川北	10.9	古城湾	萨拉齐东	38.2

续表

起点	终点	区间里程/km	起点	终点	区间里程/km
罕台川北	响沙湾	20.8	萨拉齐东	陶思浩	35.1
响沙湾	包头	59.6	陶思浩	呼和浩特南	58.4
高头窑北	响沙湾	37.2	呼和浩特南	葫芦	169.6
高头窑	高头窑北	5.7	葫芦	集宁南	8.0
响沙湾	马场壕	58.0	葫芦	古营盘	13.2
马场壕	大院东	43.3	集宁南	古营盘	6.3
鄂尔多斯	点石沟	64.0	丰镇	古营盘	82.3
点石沟	大院东	53.6	古营盘	庙梁	22.9
大院东	大路西	16.2	庙梁	曹妃甸	594.0
大路西	前珠堡	71.7	曹妃甸	曹妃甸西	50.0
前珠堡	台阁牧	13.6			

以图定列车对数近似得到各区段通过能力如表 4-3 所示，实际计算中将扣除一定系数。

表 4-3　各区段通过能力

线路	区段	区段通过能力/列
新上	新街—大牛地	18
包西	鄂尔多斯—新街	44
包西	包头—鄂尔多斯	51
响四	响沙湾—吴四圪堵	18
呼鄂	台阁牧—鄂尔多斯	25
唐包	呼和浩特南—包头西	81
唐包	葫芦—呼和浩特南	112
唐包	友谊水库—葫芦	92
京包	古店—集宁南	31
京包	集宁南—呼和浩特	7

4.3.3.2　运输组织方案优化结果

利用 GUROBI 编程，对唐包线重载列车运输组织方案进行优化，并将同时考虑路网协调性、运输时间、运输能耗的优化后运输组织方案与未考虑路网协调性的优化前方案进行对比，得到表 4-4～表 4-7，以验证模型可行性和优化效果。

表 4-4 优化前后运行径路

发到站		优化前运行路径	优化后运行路径
发站	到站		
罕台川北	曹妃甸西	3-2-1-17-18-19-20-21-22-24-26-27-28	3-2-11-13-14-15-16-22-24-26-27-28
罕台川	曹妃甸西	4-3-2-1-17-18-19-20-21-22-24-26-27-28	4-3-2-11-13-14-15-21-22-24-26-27-28
新街	曹妃甸西	6-5-4-3-2-1-17-18-19-20-21-22-24-26-27-28	6-5-4-3-2-1-17-18-19-20-21-22-23-24-26-27-28
新街西	曹妃甸西	7-6-5-4-3-2-1-17-18-20-21-22-24-26-27-28	7-6-5-12-13-14-1-21-22-24-26-27-28
大牛地	曹妃甸西	8-7-6-5-12-13-14-15-16-22-24-26-27-28	8-7-6-5-4-3-2-1-17-18-19-20-21-22-24-26-27-28
高头窑北	曹妃甸西	9-2-1-17-18-19-20-21-22-24-26-27-28	9-2-1-17-18-19-20-21-22-24-26-27-28
高头窑	曹妃甸西	10-9-2-1-17-18-19-20-21-22-24-26-27-28	10-9-2-1-17-18-19-20-21-22-24-26-27-28
马场壕	曹妃甸西	11-13-14-15-21-22-24-26-27-28	11-13-14-15-21-22-24-26-27-28
点石沟	曹妃甸西	12-13-14-15-16-22-24-26-27-28	12-13-14-15-16-22-24-26-27-28
大路西	曹妃甸	14-15-16-22-24-26-27	14-15-21-22-24-26-27
万水泉	曹妃甸西	17-18-19-20-21-22-24-26-27-28	17-18-19-20-21-22-24-26-27-28
丰镇	曹妃甸	25-24-26-27	25-24-26-27
萨拉齐东	曹妃甸西	19-20-21-22-24-26-27-28	19-20-21-22-24-26-27-28
陶思浩	曹妃甸西	20-21-22-24-26-27-28	20-21-22-24-26-27-28
呼和浩特南	曹妃甸西	21-22-24-26-27-28	21-22-24-26-27-28
庙梁	曹妃甸西	26-27-28	26-27-28

表 4-5　优化前后大小列开行列数

发到站		优化前		优化后	
发站	到站	大列	小列	大列	小列
罕台川北	曹妃甸西	3	0	3	0
罕台川	曹妃甸西	1	0	1	0
新街	曹妃甸西	1	0	0	2
新街西	曹妃甸西	1	0	1	0
大牛地	曹妃甸西	5	0	5	0
高头窑北	曹妃甸西	1	0	1	0
高头窑	曹妃甸西	1	0	1	0
马场壕	曹妃甸西	2	0	2	0
点石沟	曹妃甸西	2	0	2	0
大路西	曹妃甸	0	1	0	1
万水泉	曹妃甸西	2	0	2	0
丰镇	曹妃甸	0	1	0	1
萨拉齐东	曹妃甸西	1	0	1	0
陶思浩	曹妃甸西	1	0	1	0
呼和浩特南	曹妃甸西	8	0	8	0
庙梁	曹妃甸西	1	0	1	0

表 4-6　优化前后运输时间、运输能耗、协调度对比

优化前后对比	优化前	优化后
运输时间/min	31 423	33 322
运输能耗/(kW·h)	5 719 016	5 716 106
协调度	3.33	3.73

表 4-7　优化前后部分区间能力利用率对比

区间		能力利用率	
		优化前	优化后
大牛地	新街西	0.694	0.694
新街西	新街	0.833	0.833
新街	鄂尔多斯	0.398	0.455

续表

区间		能力利用率	
		优化前	优化后
鄂尔多斯	罕台川	0.098	0.343
罕台川	罕台川北	0.147	0.392
罕台川北	响沙湾	0.294	0.539
响沙湾	包头	0.392	0.441
高头窑北	响沙湾	0.278	0.278
高头窑	高头窑北	0.139	0.139
响沙湾	马场壕	0.000	0.556
马场壕	大院东	0.278	0.833
鄂尔多斯	点石沟	0.500	0.100
点石沟	大院东	0.700	0.300
大院东	大路西	0.900	0.900
大路西	前珠堡	1.000	1.000
前珠堡	台阁牧	1.000	0.500
台阁牧	葫芦	1.000	0.500
前珠堡	呼和浩特南	0.000	0.500
包头	万水泉	0.247	0.278
万水泉	古城湾	0.312	0.344
古城湾	萨拉齐东	0.309	0.340
萨拉齐东	陶思浩	0.340	0.370
陶思浩	呼和浩特南	0.370	0.401
呼和浩特南	葫芦	0.446	0.580
葫芦	集宁南	0.000	0.714
葫芦	古营盘	0.815	0.788

（1）结合表4-4分析，优化后方案有效地平衡了唐包线的线路能力利用。优化后方案将原来经唐包线去往曹妃甸西的列车，一部分改为经呼鄂线，减轻了唐包线主线路的运输压力，如优化前从罕台川、罕台川北出发经唐包线去往曹妃甸西的列车，均改为经马场壕再从呼鄂线去往曹妃甸西；新街西出

099

发列车经唐包线改为经呼鄂线去往曹妃甸西。优化后方案将原新街出发列车直接经葫芦、古营盘，改为经葫芦、集宁南、古营盘去往曹妃甸西，有效利用起葫芦至集宁南的线路能力。原大路西出发列车经台阁牧改为经呼和浩特南去往曹妃甸，原罕台川出发列车经呼和浩特南改为经台阁牧。这样的变动有效平衡了葫芦至古营盘区间、葫芦至集宁南区间与京包线上的运输能力。

（2）结合表4-5分析，优化前大列30列，小列2列，共32列；优化后大列29列，小列4列，共33列。优化后方案在新街出发列车中将一大列替换为两小列。从表4-6的结果可以分析出，这一变动导致线路中小列数量增加，运输总时间出现一定程度的增加，但由于大列数量的减少，使得运输能耗也有一定下降。为控制整体运输总时间不出现大幅度增长，列车数量在优化前后没有发生较大变动。

（3）结合表4-6、表4-7分析，优化前运输能力被闲置的区间，优化后能力利用率有所上升，如葫芦至集宁南、马场壕至大院东等。部分能力紧张的区间优化后能力有所下降，如前珠堡至台阁牧、葫芦至古营盘。唐包线上装车端原能力利用率不足0.4的车站区间，有近50%在优化后能力得到有效利用。装车端原能力利用率超0.8的车站区间，有50%在优化后得到有效缓解。为了利用部分闲置车站区间能力以及控制调整部分能力紧张车站区间，优化后部分列车"绕路"是不可避免的，这导致开行列车的总体运输时间有所增加，对比运输前增加了6%左右，但是通过协调列车开行数量，使得运输能耗略有下降，整体路网能力利用率提升了13%，运输协调度提升了12%。

（4）结合表4-4至表4-7从整体上看，优化后唐包线整体线路上车站和区间大多得到有效利用，且利用情况更为均衡。从能力利用率看，优化后线路整体基本协调，近50%的车站和区间能力利用率控制在了0.4~0.8区间内，比优化前提升了30%，整体协调度也有所上升，向运输路网的理想协调状态靠近。

（5）结合表4-8分析，模型中涉及多个目标函数的不同权重系数，其取值对模型求解所得运输方案也会产生一定影响。当路网协调度权重增加时，运输时间有所增长，但运输能耗下降；运输能耗权重增加时，运输时间增长，但路网协调度会增加。由此可以看出路网协调性与运输能耗，一方变化会引起另一方正向变化，但都会引起运输时间反向变化。运输能耗的减少，会增加路网中小列的数量，对于部分能力利用还不够充分的车站区间，能力利用率增加使协调度上升，但路网中列车数量增加的同时导致了运输时间的增加；

协调度的增加同理。三者由此引起了表 4-8 中权重变化导致的运输方案变化。

表 4-8 不同指标权重与运输方案对比

权重对比			运输方案对比		
λ_1	λ_2	λ_3	协调度	运输时间/min	运输能耗/（kW·h）
0.5	0.25	0.25	3.91	37 990	5 536 873
0.25	0.5	0.25	3.48	31 491	5 728 967
0.25	0.25	0.5	3.58	37 586	5 476 565
0.33	0.33	0.33	3.73	33 322	5 716 106

4.3.3.3 结　论

（1）在借鉴其他研究成果基础上，考虑系统实际状态与理想状态间的距离，选择了"距离协调度"模型作为衡量路网协调性的方法，构建了运输时间和运输能耗最低、路网协调性最优的重载列车运输组织优化模型。

（2）以唐包线为案例，对模型进行验证，并进行优化前后对比分析，优化后由于"绕路"情况发生，使得运输时间有所增加，但运输能耗有所下降，路网整体运输能力利用率以及路网协调度均有所增加，路网的能力利用更为均衡，能力闲置和能力紧张的车站区间均得到了改善，线路整体更为协调，证明了模型有效性。

（3）唐包线案例中关于通过能力相关数据多基于推算，与实际情况存在一定出入，计算结果仅作参考；除此以外，模型和案例仅基于既有运输状况进行优化分析，未深入探讨在路网运输状况得到改善后如何进一步利用提升运输能力问题，对此有待于进一步深入研究。

第 5 章　基于多品种网络流理论的铁路货运专线运量配置分析及方法

本章主要内容是运用多品种网络流理论解决铁路运输领域中一些问题。首先介绍了多品种网络流基础理论，然后分别介绍了多品种网络流理论在高铁车站以及编组站应用中既有的研究成果，在此基础上，给出了多品种网络流理论针对铁路货运专线的运量配置分析及方法，并以唐包线为例进行了实际案例的具体运用和分析。

5.1 多品种网络流理论

针对现实的网络应用以及实际的网络流状态，按照网络流属性，可以将网络分为单品种流网络和多品种流网络两类。

（1）所谓单品种流网络是指网络中流的种类或者流量构成等不做具体划分，即把流量视作一个整体量值来进行网络应用或者网络优化等工作。如图 5-1 所示即属于单品种流网络。

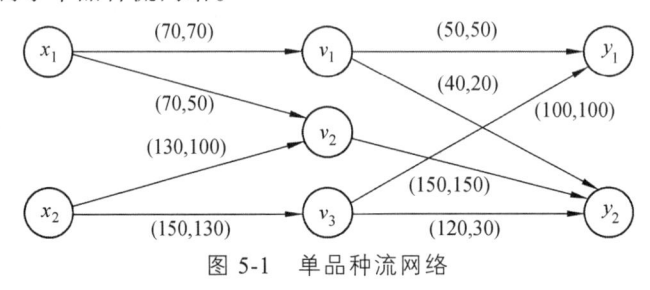

图 5-1　单品种流网络

（2）所谓多品种流网络即是根据实际问题的需要，把网络图中流的种类或者流量的构成等进行具体划分，甚至针对划分出种类的流量，还需要进一步把网络的其他属性如容量、流代价等进行相应的具体划分，然后再进行网络应用、网络优化等工作来解决涉及的问题。通俗一点说就是将网络中的流量甚至其他属性如容量、代价等，按照实际情况划分出流种类各自的分量。

图 5-2 所示即属于多品种流网络，图 5-2 分别给出了运送能力和运送代价，即边的容量、代价。其中，x_1 生产 I 和 III 两种产品，数量分别为 7 t 和 4 t；x_2

生产Ⅱ和Ⅲ两种产品，数量分别为 5 t 和 7 t；x_3 生产Ⅰ和Ⅱ两种产品，数量分别为 6 t 和 3 t。y_1、y_2、y_3 为 3 个需求地，y_1 需要Ⅰ和Ⅲ两种产品，需求量分别为 6 t 和 7 t；y_2 需要Ⅱ和Ⅲ两种产品，需求量分别为 3 t 和 9 t；y_3 需要Ⅰ和Ⅱ两种产品，需求量分别为 7 t 和 8 t。

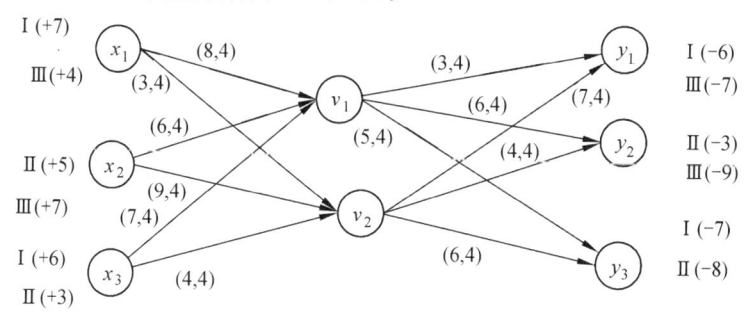

图 5-2 多品种流网络

传统的网络应用问题都是针对单品种流网络来进行的，但在实际领域中，经常出现的是多品种网络流问题。尤其在交通运输领域，多品种流现象普遍存在，这就需要针对交通运输领域的多品种流网络问题进行应用基础理论研究，从而为解决实际交通运输网络相关问题提供应用基础。

5.1.1 多品种网络流理论

多品种网络流理论是在运输、物流和供应链管理以及其他领域应用广泛的一种数学理论，可以用来解决多个品种（或类型）的物资在网络中的分配问题，可以帮助优化资源分配、提高系统效率和降低成本，对于诸多领域具有重要意义。因此，有必要对多品种网络流理论进行介绍，以便更好地解决实际问题。

5.1.1.1 多品种流网络描述

给定网络 $G = (V, E, C, F, W, X, Y)$，其中 $V=(v_1,v_2,\cdots,v_n)$，$E=(e_1,e_2,\cdots,e_m)$。对顶点集合 V 取定两个非空子集 X、Y，X 为只发出流量的顶点集合，Y 为只接收流量的顶点集合，且 $X \cap Y=\emptyset$，把 X 中的顶点 x_i 称为网络 G 的源，Y 中的顶点 y_i 称为网络 G 的汇。针对边 e_i 赋予两个非负的整数参数 c_{ij}、f_{ij}，分别为边 (v_i,v_j) 的容量、流量。设顶点 $v_i \notin X$、Y，即 v_i 为中间点，用 $f^+(v_i)$ 表示顶点 v_i 发出的流量之和，$f^-(v_i)$ 表示顶点 v_i 接收的流量之和。设 k 为多品种流中的第 k 个品种流，其中 $k=1,2,\cdots,q$。f_{ijk} 为第 k 个品种流在边 (v_i,v_j) 上的流量，$f^+(v_{ik})$

表示顶点 v_i 发出第 k 个品种流的流量之和，$f^-(v_{ik})$ 表示顶点 v_i 接收第 k 个品种流的流量之和。

由于多品种网络流理论是基于网络图来解决问题，而网络图又是在图的基础上，附加了若干表示现实意义的一些属性参数，参数形式的不同，刻画现实问题以及解决问题的内容和方法就会不同。研究多品种网络流理论的目的，就是如何利用多品种网络图来解决现实问题，根据网络图参数的不同，网络就有不同的应用。

研究网络流优化问题有一定的现实意义，例如交通系统中的车流、金融系统中的现金流、控制系统中的信息流、供水系统中的水流等。针对这些系统，有时需要考虑在既定的网络图中能通过的最大流量是多少，这就产生了网络图的最大流问题；有时需要考虑在满足成本最低的前提下，使网络图承载一定的流量，这就产生了网络图的最小代价流问题；有时也需要考虑在满足成本最低的前提下，使网络图通过的流量达到最大，这就产生了网络图的最小代价最大流问题。

5.1.1.2 基本性质

针对一般运输网络的网络流分布，需要满足一定的条件，即对运输网络的流量进行分配时，需遵从以下两个性质：

1. 容量约束条件

所有品种的流量之和须小于该边的容量，即

$$0 \leqslant \sum_{k=1}^{q} f_{ijk} \leqslant c_{ij} \tag{5.1}$$

2. 流量守恒条件

所有中间点 v_i 都要遵从流量守恒条件，即在保证所有品种的总流量守恒的同时，也要保证每一个品种的分流量守恒，即

$$\sum_{k=1}^{q} f^+(v_{ik}) = \sum_{k=1}^{q} f^-(v_{ik}) \qquad f^+(v_{ik}) = f^-(v_{ik}) \tag{5.2}$$

5.1.2 多品种流网络分类

先给定单一品种流的网络 $G = (V, E, C, F, W, X, Y)$，其中顶点集合 $V=(v_1,v_2,\cdots,v_n)$，边 $E=(e_1,e_2,\cdots,e_m)$。对集合 V 取定两个非空子集 X 和 Y，X 为

只发出流量的顶点集合，Y 为只接收流量的顶点集合，且 $X \cap Y = \phi$，把 X 中的顶点 x 称为网络 G 的源，Y 中的顶点 y 称为网络 G 的汇。针对边(v_i,v_j)赋予 3 个非负的整数参数 c_{ij}、f_{ij}、w_{ij}，分别为容量、流量、代价。设顶点 $v_i \notin X, Y$，即 v_i 为转运点，用 $f^+(v_i)$ 表示顶点 v_i 发出的流量之和，$f^-(v_i)$ 表示顶点 v_i 接收的流量之和。设分配目标流的流值为 A，f_A 为流值为 A 的网络流，即 $\mathrm{Val} f = A$。

以上给出的网络描述，是针对单一品种流的，在实际的网络中，多品种流现象普遍存在。根据多品种流网络的特点，可以将多品种流网络分为以下几类：

首先设 r 为 q 个多品种中的第 r 个品种，其中 $r=1,2,\cdots,q$。f_{ijr} 为第 r 个品种在边 (v_i,v_j) 上的流量，$f^+(v_{ir})$ 表示顶点 v_i 发出第 r 个品种的流量，$f^-(v_{ir})$ 表示顶点 v_i 接收第 r 个品种的流量。此外，所有类型的多品种流网络都要遵从 5.1.1 中提到的容量约束条件和流量守恒条件。

1. 容量无差异运送代价无差异的多品种流网络

针对容量无差异运送代价无差异的多品种流网络，即 c_{ij} 为所有品种在边 (v_i,v_j) 上的容量，w_{ij} 为所有品种在边 (v_i,v_j) 上的运送代价，其参数示意图如图 5-3 所示。

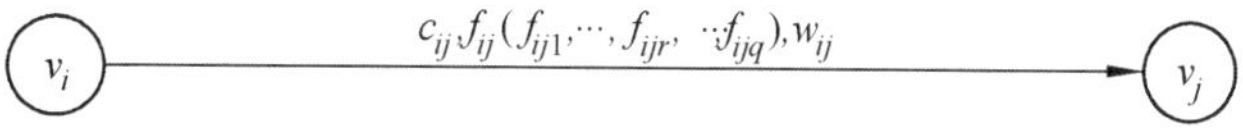

$$v_i \xrightarrow{c_{ij},f_{ij}(f_{ij1},\cdots,f_{ijr},\cdots f_{ijq}),w_{ij}} v_j$$

图 5-3 容量无差异运送代价无差异多品种流网络参数示意图

其最小代价流分配的线性规划模型如式（5.3）所示。

$$\min\ z = \sum_{i,j=1}^{n} \sum_{r=1}^{q} f_{ijr} w_{ij}$$

$$\mathrm{s.t.} \begin{cases} 0 \leqslant \sum_{r=1}^{q} f_{ijr} \leqslant c_{ij} & \text{（容量约束条件）} \\ \sum_{r=1}^{q} f^+(v_{ir}) = \sum_{k=1}^{q} f^-(v_{ir}) & \text{（总流量守恒条件）} \\ f^+(v_{ir}) = f^-(v_{ir}) & \text{（品种分流量守恒条件）} \\ f_{ij} = \sum_{r=1}^{q} f_{ijr} & \text{（边流量等于分量之和）} \\ \sum_{i=1}^{n} f^+(x_i) = \sum_{i=1}^{n} f^-(y_i) \leqslant A & \text{（目标流限制条件）} \\ i,j=1,2\cdots n, r=1,2\cdots q \end{cases} \quad (5.3)$$

2. 容量有差异运送代价无差异的多品种流网络

针对容量有差异运送代价无差异的多品种流网络，即 c_{ijr} 为第 r 个品种在边 (v_i,v_j) 上的容量，w_{ij} 为所有品种在边 (v_i,v_j) 上的运送代价，其参数如图 5-4 所示。

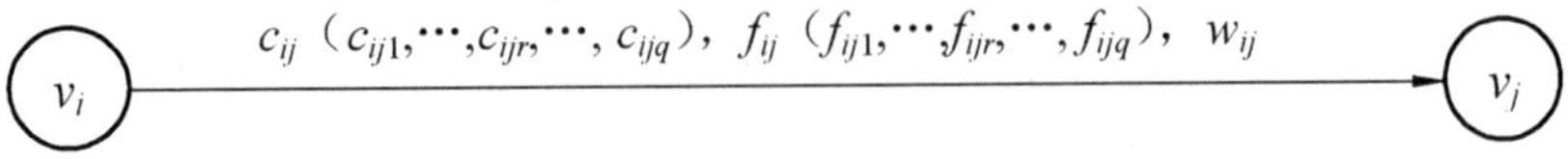

$$v_i \xrightarrow{c_{ij}(c_{ij1},\cdots,c_{ijr},\cdots,c_{ijq}),\ f_{ij}(f_{ij1},\cdots,f_{ijr},\cdots,f_{ijq}),\ w_{ij}} v_j$$

图 5-4 容量有差异运送代价无差异多品种流网络参数示意图

除遵从容量约束和流量守恒条件外，还需遵从分品种的流量要小于对应分品种的容量，即 $0 \leq f_{ijr} \leq c_{ijr}$；所有品种的容量之和等于该边的容量，即 $\sum_{r=1}^{q} c_{ijr} = c_{ij}$。其最小代价流分配的线性规划模型如式（5.4）所示。

$$\min\ z = \sum_{i,j=1}^{n}\sum_{r=1}^{q} f_{ijr} w_{ij}$$

$$\text{s.t.} \begin{cases} 0 \leq \sum_{r=1}^{q} f_{ijr} \leq c_{ij} & \text{（容量约束条件）} \\ 0 \leq f_{ijr} \leq c_{ijr} & \text{（分品种容量约束条件）} \\ \sum_{r=1}^{q} c_{ijr} = c_{ij} & \text{（分品种容量守恒条件）} \\ \sum_{r=1}^{q} f^{+}(v_{ir}) = \sum_{k=1}^{q} f^{-}(v_{ir}) & \text{（总流量守恒条件）} \\ f^{+}(v_{ir}) = f^{-}(v_{ir}) & \text{（品种分流量守恒条件）} \\ f_{ij} = \sum_{r=1}^{q} f_{ijr} & \text{（分品种流量守恒条件）} \\ \sum_{i=1}^{n} f^{+}(x_i) = \sum_{i=1}^{n} f^{-}(y_i) \leq A & \text{（目标流限制条件）} \\ i,j = 1,2\cdots n, r = 1,2\cdots q \end{cases} \quad (5.4)$$

3. 容量无差异运送代价有差异的多品种流网络

针对容量无差异运送代价有差异的多品种流网络，即 c_{ij} 为所有品种在边 (v_i,v_j) 上的容量，w_{ijr} 为第 r 个品种在边 (v_i,v_j) 上的运送代价，其参数示意图如图 5-5 所示。

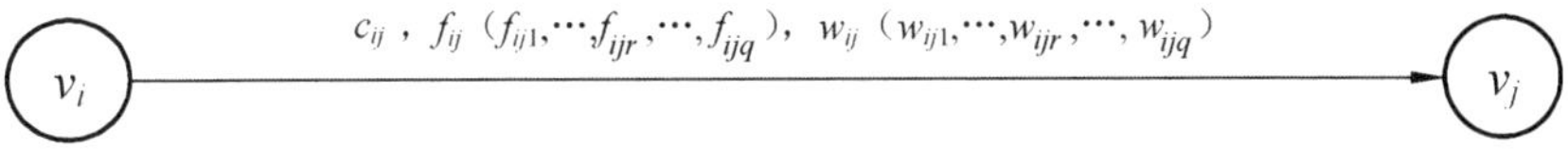

$$v_i \xrightarrow{c_{ij},\ f_{ij}\ (f_{ij1},\cdots,f_{ijr},\cdots,f_{ijq}),\ w_{ij}\ (w_{ij1},\cdots,w_{ijr},\cdots,w_{ijq})} v_j$$

图 5-5　容量无差异运送代价有差异多品种流网络参数示意图

其最小代价流分配的线性规划模型如式（5.5）所示。

$$\min\ z = \sum \sum_{r=1}^{q} f_{ijr} w_{ijr}$$

$$\text{s.t.} \begin{cases} 0 \leqslant \sum_{r=1}^{q} f_{ijr} \leqslant c_{ij} & \text{（容量约束条件）} \\ \sum_{r=1}^{q} f^{+}(v_{ir}) = \sum_{k=1}^{q} f^{-}(v_{ir}) & \text{（总流量守恒条件）} \\ f^{+}(v_{ir}) = f^{-}(v_{ir}) & \text{（品种分流量守恒条件）} \\ f_{ij} = \sum_{r=1}^{q} f_{ijr} & \text{（边流量等于分量之和）} \\ \sum f^{+}(x_i) = \sum f^{-}(y_i) \leqslant A & \text{（目标流限制条件）} \end{cases} \quad (5.5)$$

4. 容量有差异运送代价有差异的多品种流网络

针对容量有差异运送代价有差异的多品种流网络，即 c_{ijr} 为第 r 个品种在边 (v_i,v_j) 上的容量，w_{ijr} 为第 r 个品种在边 (v_i,v_j) 上的运送代价，其参数示意图如图 5-6 所示。

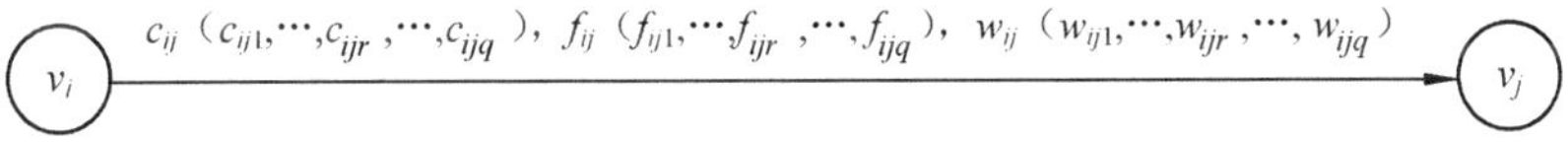

$$v_i \xrightarrow{c_{ij}\ (c_{ij1},\cdots,c_{ijr},\cdots,c_{ijq}),\ f_{ij}\ (f_{ij1},\cdots,f_{ijr},\cdots,f_{ijq}),\ w_{ij}\ (w_{ij1},\cdots,w_{ijr},\cdots,w_{ijq})} v_j$$

图 5-6　容量有差异运送代价有差异多品种流网络参数示意图

除遵从一般的容量约束和流量守恒条件外，还需要遵从分品种的流量要小于对应分品种的容量，即 $0 \leqslant f_{ijr} \leqslant c_{ijr}$；所有品种的容量之和等于该边的容量，即 $\sum_{r=1}^{q} c_{ijr} = c_{ij}$。其最小代价流分配的线性规划模型如式（5.6）所示。

$$\min\ z = \sum_{r=1}^{q}\sum f_{ijr}w_{ijr}$$

$$\text{s.t.}\begin{cases} 0 \leqslant \sum_{r=1}^{q} f_{ijr} \leqslant c_{ij} & \text{（容量与流量约束条件）} \\ 0 \leqslant f_{ijr} \leqslant c_{ijr} & \text{（分品种流量约束条件）} \\ \sum_{r=1}^{q} c_{ijr} = c_{ij} & \text{（分品种容量守恒条件）} \\ \sum_{r=1}^{q} f^{+}(v_{ir}) = \sum_{k=1}^{q} f^{-}(v_{ir}) & \text{（总流量守恒条件）} \\ f^{+}(v_{ir}) = f^{-}(v_{ir}) & \text{（分品种顶点流量守恒条件）} \\ f_{ij} = \sum_{r=1}^{q} f_{ijr} & \text{（边流量守恒条件）} \\ \sum f^{+}(x_{i}) = \sum f^{-}(y_{i}) \leqslant A & \text{（目标流限制条件）} \end{cases} \quad (5.6)$$

5.1.3　多品种流网络复合参数及复合指标确定

针对单一品种流网络的最小代价流算法，主流思想是运用 Ford-Fulkerson 算法，其主要思路是通过构造增流网络，通过在增流网络中寻找关于代价的代数和最低的路径，然后再针对此路径所对应原网络中的增流链来进行流量调整。而针对各种类型的多品种流网络，再通过构造增流网络的方式来进行流量分配，势必会造成网络结构变得庞大而且复杂，同时计算过程更为烦琐，所以直接利用 Ford-Fulkerson 算法可行但不是比较优化的方法。

据此，本小节将在借鉴连续最短路算法和 Ford-Fulkerson 算法的基础上，将多品种流网络图中边的属性设计为复合参数的形式，再针对流量分配构建复合指标。下面将介绍各种类型多品种流网络的复合参数及复合指标的确定：

1. 复合参数确定

（1）针对容量无差异运送代价无差异的多品种流网络，边(v_i, v_j)的复合参数形式为$[c_{ij}, f_{ij}(f_{ij1}, \cdots, f_{ijr}, \cdots, f_{ijq}), w_{ij}]$，其中$f_{ij}(f_{ij1}, \cdots, f_{ijr}, \cdots, f_{ijq})$表示边$(v_i, v_j)$的总流量$f_{ij}$中，每个品种的分流量各为多少。

（2）针对容量有差异运送代价无差异的多品种流网络，边(v_i, v_j)的复合参数形式为$[c_{ij}(c_{ij1}, \cdots, c_{ijr}, \cdots, c_{ijq}), f_{ij}(f_{ij1}, \cdots, f_{ijr}, \cdots, f_{ijq}), w_{ij}]$，其中$c_{ij}(c_{ij1}, \cdots, c_{ijr}, \cdots, c_{ijq})$表示$e(v_i, v_j)$的总容量$c_{ij}$中，每个品种的分容量各为多少，$f_{ij}(f_{ij1}, \cdots, f_{ijr}, \cdots, f_{ijq})$

表示 $e(v_i,v_j)$ 的总流量 f_{ij} 中，每个品种的分流量各为多少。

（3）针对容量无差异运送代价有差异的多品种流网络，边(v_i,v_j)的复合参数形式为$[c_{ij},f_{ij}(f_{ij1},\cdots,f_{ijr},\cdots,f_{ijq}),(w_{ij1},\cdots,w_{ijr},\cdots,w_{ijq})]$，其中$f_{ij}(f_{ij1},\cdots,f_{ijr},\cdots,f_{ijq})$表示边$(v_i,v_j)$的总流量$f_{ij}$中，每个品种的分流量为多少；$(w_{ij1},\cdots,w_{ijr},\cdots,w_{ijq})$表示每个品种在边$(v_i,v_j)$上的运送代价。

（4）针对容量有差异运送代价有差异的多品种流网络，边属性的复合参数形式设定为$[c_{ij}(c_{ij1},...,c_{ijr},...,c_{ijq}),f_{ij}(f_{ij1},...,f_{ijr},...,f_{ijq}),w_{ij}(w_{ij1},...,w_{ijr},...,w_{ijq})]$。

2. 复合指标确定

在连续最短路算法中，顶点v_j的标号指标为$[l(v_j),v_i]$，其中$l(v_j)$表示从起点经过顶点v_i到顶点v_j关于代价的最短路长度，v_i表示v_j的前一个顶点。在Ford-Fulkerson算法中，针对流量调整，顶点v_j的指标为$(u,$边的方向$,\delta)$，其中u表示被标识点v_j的前一个顶点；边的方向通过"+"或"−"来标识是前向边还是后向边；δ表示流量的调整量。针对多品种流网络，既要考虑最短路指标和流量调整指标，还要考虑不同种类的多品种流网络问题。

（1）针对容量无差异运送代价无差异和容量有差异运送代价无差异的两种多品种流网络，其复合指标形式设定为$[l(v_j),v_i,$边的方向$]|[\lambda(\lambda_1,\cdots,\lambda_r,\cdots,\lambda_p)]$。其中$l(v_j)$表示第$r$个品种从起点经过前一个顶点$v_i$到顶点$v_j$，关于运送代价最低的最短路长度；$v_i$表示顶点$v_j$的前一个顶点；"边的方向"表明边$(v_i,v_j)$是前向边还是后向边，即$(v_i,v_j)$的流量是增加还是减少；$\lambda$表示在关于运送代价最低的当前链路中，针对总流量$f_{ij}$的调整量；$\lambda_r$表示在当前链路中，针对第$r$个品种分流量$f_{ijr}$的最大可能调整量。

（2）针对容量无差异运送代价有差异和容量有差异运送代价有差异的两种多品种流网络，其复合指标形式设定为$[\cdots,(l^r(v_j),v_i,$边的方向$,\delta_r),\cdots]|(m,\delta)$。其中$l^r(v_j)$表示第$r$个品种从起点经过前一个顶点$v_i$到顶点$v_j$，关于运送代价最低的最短路长度；$v_i$表示顶点$v_j$的前一个顶点；"边的方向"表明边$(v_i,v_j)$是前向边还是后向边，即$(v_i,v_j)$的流量是增加还是减少；$\delta_r$表示关于第$r$个品种最短路所对应的第$r$个品种的流量调整量；$m$表示在所有品种的最短路径中，其中路径长度最小所对应的品种，即有$l^m(v_j)=\min\{(l^1(v_j),\cdots,l^r(v_j)\cdots,l^q(v_j)\}$；$\delta$表示第$m$品种的流量调整量，即有$\delta=\delta_m$。

5.1.4 多品种网络流理论运用示例

基于以上分析，本节以容量有差异运送代价有差异的多品种流网络为例，介绍其算法设计、步骤，并引入示例解决容量有差异而且运送代价也有差异的多品种流网络最小代价流分配问题。

5.1.4.1 算法设计

1. 复合参数

在单一品种流网络中，边 (v_i,v_j) 的属性参数为 (c_{ij},f_{ij},w_{ij})。针对容量有差异而且运送代价也有差异的多品种流网络，需要把边 (v_i,v_j) 的属性设计为复合参数形式。

基于上一节多品种流网络的特性分析，边属性的复合参数形式设定如下 $[c_{ij}(c_{ij1},...,c_{ijr},...,c_{ijq}), f_{ij}(f_{ij1},...,f_{ijr},...,f_{ijq}), w_{ij}(w_{ij1},...,w_{ijr},...,w_{ijq})]$。

2. 复合指标

在连续最短路算法中，顶点 v_j 的指标为 $[l(v_j),v_i]$，其中 $l(v_j)$ 表示从源经过顶点 v_i 到顶点 v_j 关于代价的最短路长度，v_i 表示 v_j 前一个顶点。在 Ford-Fulkerson 算法中，针对流量调整，顶点 v_j 指标为 $(u,$边的方向$,\delta)$，其中 u 表示被标识点 v_j 前一个顶点；边的方向通过"+"或"−"来标识是前向边还是后向边；δ 表示流量的调整量。

针对容量有差异而且运送代价也有差异的多品种流网络，既要考虑最短路指标和流量调整指标，还要考虑多品种容量有差异以及运送代价也有差异的问题，所以构建复合指标的形式为 $[...,(l^r(v_j),v_i,$边的方向$,\delta_r,...)]|(m,\delta)$，其中 $l^r(v_j)$ 表示第 r 个品种从源经过前一个顶点 v_i 到顶点 v_j 关于运送代价的最短路长度；v_i 表示顶点 v_j 前一个顶点；"边的方向"表明边 (v_i,v_j) 是前向边还是后向边，即 (v_i,v_j) 流量是应该增加还是应该减少；δ_r 表示关于第 r 个品种最短路所对应的流量调整量；m 表示在所有品种的最短路径中，其路径长度最小所对应的品种；δ 表示第 m 品种的流量调整量，即有 $\delta=\delta_m$。

3. 算法规则

（1）最短路寻找规则。

规则 1：若边 (v_i,v_j) 为前向边且 $f_{ij}<c_{ij}$ 时，该边能够成为增流链中总流量只能增加的边，判断各品种是否可增流的方法为：

- $f_{ijr} \geq c_{ijr}$，第 r 品种流量不能增加；
- $f_{ijr} < c_{ijr}$，第 r 品种流量可以增加，此时需要计算第 r 品种最短路径的长度 $l(v_j) = \min\{l(v_j), l(v_i)+W_{ij}\}$ $l(v_j)=\min\{l(v_j), l(v_i)+W_{ij}\}$ 及该路径的调整量 δ_r。

规则 2：若边 (v_i, v_j) 为后向边且 $f_{ij}>0$ 时，该边能够成为增流链中总流量只能减小的边，判断各品种是否可增流的方法为：

- $f_{ijr}=0$，第 r 品种流量不能减小；
- $f_{ijr}>0$，第 r 品种流量可以减小，此时需要计算第 r 品种最短路径的长度 $l(v_j) = \min\{l(v_j), l(v_i)-W_{ij}\}$ $l(v_j)=\min\{l(v_j), l(v_i)-W_{ij}\}$ 及该路径的调整量 δ_r。

（2）调整量确定规则。

规则 3：若边 (v_i, v_j) 为前向边且第 r 品种可增流，确定调整量的规则如下：

$$\begin{cases} v_i \in X, \ v_j \in V : \delta_r = \min\{c_{ijr} - f_{ijr}, s_{ir}^r, \delta_r\} \\ v_i \in X, \ v_j \in Y : \delta_r = \min\{c_{ijr} - f_{ijr}, s_{ir}^r, t_{jr}^r, \delta_r\} \\ v_i \in V, \ v_j \in V : \delta_r = \min\{c_{ijr} - f_{ijr}, \delta_r\} \\ v_i \in V, \ v_j \in Y : \delta_r = \min\{c_{ijr} - f_{ijr}, t_{jr}^r, \delta_r\} \\ i = 1,2,...,n; j = 1,2,...,n; r = 1,2,...,q \end{cases} \quad (5.7)$$

规则 4：若边 (v_i, v_j) 为后向边且第 r 品种可增流，确定调整量的规则如下（但此时 v_i 不能属于源集合）：

$$\begin{cases} v_i \in V, \ v_j \in V : \delta_r = \min\{f_{ij}, f_{ijr}, \delta_r\} \\ i = 1,2,...,n; j = 1,2,...,n; r = 1,2,...,q \end{cases} \quad (5.8)$$

（3）调整流量规则。

规则 5：若 (v_i, v_j) 为前向边，其复合参数的数值需要修改为 $[c_{ij}(c_{ij1},...,c_{ijr},...,c_{ijq}), f_{ij}+\delta(f_{ij1}+\delta_1,...,f_{ijr}+\delta_r,...,f_{ijq}+\delta_q), w_{ij}(w_{ij1},...,w_{ijr},...,w_{ijq})]$；

规则 6：若 (v_i, v_j) 为后向边，其复合参数的数值需要修改为 $[c_{ij}(c_{ij1},...,c_{ijr},...,c_{ijq}), f_{ij}+\delta(f_{ij1}-\delta_1,...,f_{ijr}-\delta_r,...,f_{ijq}-\delta_q), w_{ij}(w_{ij1},...,w_{ijr},...,w_{ijq})]$。

针对本算法过程，需要说明的是：应首先将所有源 x_i 检查完之后再检查非源的顶点，而对于 x_i 检查顺序不影响结果。在计算边 (v_i, v_j) 的 δ_r 时，找出点 v_i 复合指标中第 r 品种的 δ_r，作为计算 v_j 点复合指标的 δ_r 限制。另外，在每次循环的流量调整后，将源的剩余量 $s_i^r = s_i^r - f^+(x_{ir})$ 和汇的剩余量 $t_j^r = t_j^r - f^-(y_{jr})$ 进行计算后直接反映在状态图中。

5.1.4.2 算法步骤

1. 初始化过程

第一步：设源 $X=\{x_1,...,x_i,...,x_n\}$，中间点 $V=\{v_1,...,v_i,...,v_n\}$，汇 $Y=\{y_1,...,y_i,...,y_n\}$。设源 x_i 具有第 r 品种的数量为 s_i^r，汇 y_i 需要第 r 品种的数量为 t_i^r。设 $\delta_r=+\infty$。设集合 $S=\varnothing$，集合 $T=\{x_1,...,x_i,...,x_n,v_1,...,v_i,...,v_n,y_1,...,y_i,...,y_n\}$。

第二步：对容量有差异并且运送代价有差异的多品种流网络，在平凡流基础上，利用给出的容量、代价，把边的属性设为复合参数形式，即 $[c_{ij}(c_{ij1},...,c_{ijr},...,c_{ijq}),f_{ij}(f_{ij1},...,f_{ijr},...,f_{ijq}),w_{ij}(w_{ij1},...,w_{ijr},...,w_{ijq})]$，此时初始的流量均为 $0\{0,...,0,...,0\}$，即 Valf = 0。

第三步：设 $l^r(x_i)=0$，初始化各源 x_i 复合指标 $[(0,0,+,+\infty),...,(0,0,+,+\infty),...,(0,0,+,+\infty)]|(0,+\infty)$ 及其余顶点复合指标 $[(+\infty,0,0,+\infty),...,(+\infty,0,0,+\infty),...,(+\infty,0,0,+\infty)]|(0,+\infty)$。

2. 寻找代价最低的增流链过程

第四步：选择源 x_i 进行检查，将源 x_i 复合指标标上*，表示该顶点已被检查，同时设集合 $S=\{x_i\}$，$x_i\notin T$。

第五步：若 x_i 与其他顶点没有直接连线，其他顶点的复合指标保持不变；若有直接连线，则根据规则 1、2 计算其他顶点复合指标的数值，方法如下：

（1）若 $f_{ij}=c_{ij}$。

此时总流量不能增加，即边 (x_i,v_j) 不能成为增流链中的边，即关于任何品种流的最短路不能经过该边，需要保持顶点 v_j 的复合指标不变。

（2）若 $f_{ij}<c_{ij}$。

此时总流量可以增加，即边 (x_i,v_j) 可以成为增流链中的边，但针对第 r 品种流的最短路是否能够经过该边，需要如下判断：

① $f_{ijr}=c_{ijr}$。此时第 r 品种流量不能增加，则第 r 品种的最短路就不能经过该边，顶点 v_j 的复合指标的第 r 项保持不变。

② $f_{ijr}<c_{ijr}$。此时第 r 品种流量可以增加，则第 r 品种的最短路可以经过该边，复合指标中各指标计算如下：

设 $l^r(v_j)=\min\{l^r(v_j),l^r(x_i)+W_{ijr}\}$，有：

• 若 $l^r(v_j)$ 值来自第一项 $l^r(v_j)$，则 v_j 复合指标中第一项第 r 个子指标组保持不变。

● 若$l^r(v_j)$值来自第二项$l^r(x_i)+W_{ijr}$：当$v_j \in V$时，$\delta_r = \min\{c_{ijr}-f_{ijr},s_{ir},\delta_r\}$；当$v_j \in Y$，且$s_i^r=0$或$t_j^r=0$时，顶点$v_j$复合指标中第一复合项第$r$个子指标组保持不变，否则$\delta_r = \min\{c_{ijr}-f_{ijr},s_{ir},t_{jr},\delta_r\}$，此时将顶点$v_j$复合指标中第一复合项第$r$个子指标组修改为$[l^r(v_j),x_i,+,\delta_r]$。计算$v_j$复合指标的第二项，即计算$(m,\delta)$：$l^m(v_j)=\min\{[l^1(v_j)],…,[l^r(v_j)],…,[l^q(v_j)]\}, \delta=\{\delta_m, A-Valf\}$，则其为目前所计算出的$(m,\delta)$。

第六步：计算$l^m(v_j)^* = \min\{[l^m(v_j)]$，其中$j=1,2,…,n; v_j \notin S\}$。将$v_j$标上*，表示$v_j$已被检查，设集合$S=\{x_i,…,v_j\}, v_j \notin T$。当$v_j \in Y$时，转第九步。

第七步：从顶点v_j出发，求其他顶点v_k的复合指标。若顶点v_j与顶点v_k没有直接连线，顶点v_k的复合指标保持不变，否则则根据规则1、2计算顶点v_k的复合指标值，方法如下：

（1）(v_j,v_k)为前向边。

① 若$f_{jk}=c_{jk}$。此时总流量不能增加，即边(x_i,v_j)不能成为增流链中的边，即关于任何品种流的最短路不能经过该边，需要保持顶点v_j的复合指标不变。

② 若$f_{jk}<c_{jk}$。此时总流量可以增加，即边(x_i,v_j)可以成为增流链中的边，但针对第r品种流的最短路是否能够经过该边，需要如下判断：

a. $f_{jkr}=c_{jkr}$。此时第r品种流量不能增加，则第r品种的最短路就不能经过该边，顶点v_k的复合指标的第r项保持不变。

b. $f_{jkr}<c_{jkr}$。此时第r品种流量可以增加，则第r品种最短路可以经过该边。根据规则3计算复合指标中的各个项，方法如下：

设$l^r(v_k) = \min\{l^r(v_k), l^r(v_j)+W_{jkr}\}$，有：

● 如果$l^r(v_k)$值来自第一项$l^r(v_k)$，那么顶点v_k复合指标中第一复合项关于第r品种的第r个子指标组保持不变。

● 如果$l^r(v_k)$值来自第二项$l^r(v_j)+W_{jkr}$：当$v_k \in V$时，$\delta_r = \min\{c_{ijr}-f_{ijr},\delta_r\}$；当$v_k \in Y$，且$t_k^r=0$时，顶点$v_k$复合指标中第一复合项第$r$个子指标组保持不变，否则$\delta_r = \min\{c_{ijr}-f_{ijr},t_{jr}^r,\delta_r\}$，此时将顶点$v_j$复合指标中第一复合项第$r$个子指标组修改为$[l^r(v_k),v_j,+,\delta_r]$。计算$v_k$复合指标的第二项指标，即$(m,\delta)$：$l^m(v_k)=\min\{[l^1(v_k)],…,[l^r(v_k)],…,[l^q(v_k)]\}, \delta=\{\delta_m, A-Valf\}$，则修改顶点$v_k$复合指标中的第二复合项指标为目前所计算出的$(m,\delta)$。

（2）(v_j, v_k) 为后向边。

① 若 $f_{jk}=0$。此时总流量不能减少，即边 (v_j, v_k) 不能成为增流链中的边，即关于任何品种流的最短路不能经过该边，需要保持顶点 v_k 的复合指标不变。

② 若 $f_{jk}>0$。此时总流量可以减少，即边 (x_i, v_j) 可以成为增流链中的边，但针对第 r 品种流的最短路是否能够经过该边，需要如下判断：

a. $f_{jkr}=0$。此时第 r 品种流量不能减少，则第 r 品种的最短路就不能经过该边，顶点 v_k 的复合指标的第 r 项保持不变。

b. $f_{jkr}>0$。此时第 r 品种流量可以减少，则第 r 品种最短路可以经过该边。根据规则 4 计算复合指标中的各个指标，方法如下：

设 $l^r(v_k) = \min\{l^r(v_k), l^r(v_j) - W_{jkr}\}$，有：

- 如果 $l^r(v_k)$ 值来自第一项 $l^r(v_k)$，那么顶点 v_k 复合指标中第一复合项关于第 r 品种的第 r 个子指标组保持不变。
- 如果 $l^r(v_k)$ 值来自第二项 $l^r(v_j) - W_{jkr}$，且 $v_k \in V$ 时 $\delta_r = \min\{c_{ijr} - f_{ijr}, \delta_r\}$，此时，将顶点 v_k 复合指标中第一复合项第 r 个子指标组修改为 $[l^r(v_k), v_j, -, \delta_r]$。计算 v_k 复合指标的第二项指标，即计算 (m, δ)：$l^m(v_k) = \min\{[l^1(v_k)],...,[l^r(v_k)],...,[l^q(v_k)]\}$，$\delta = \{\delta_m, A - \text{Valf}\}$，则修改顶点 v_k 复合指标中的第二复合项指标为目前所计算出的 (m, δ)。

第八步：针对顶点 v_k，计算 $l^m(v_k)^* = \min\{l^m(v_k)$；其中 $j=1,2,\cdots,n$；$v_k \notin S\}$。将顶点 v_k 复合指标标上*，表示顶点 v_k 已被检查或将要被检查，设集合 $S=\{x_i, \cdots, v_k\}$，$v_k \notin T$。当 $v_k \in V$ 时，另 $v_j = v_k$，转第七步；当 $v_k \in Y$ 时，转第九步。

3. 流量调整过程

第九步：当 $y_i \subseteq S$ 时，说明已找到关于品种 m 的运送代价最短路，此时自汇 y_i 逆向追踪，沿着每个顶点复合指标中第一项第 m 个子指标组的 v_i，即可得出关于品种 m 的最短路，路长为 $l^m(y_i)$，流量调整量为 δ。按照规则 5、规则 6 修改复合参数的数值，从而将最短路中前向边的复合参数修改为 $[c_{ij}(c_{ij1},...,c_{ijr},...,c_{ijq}), f_{ij} + \delta(f_{ij1}+\delta_1,...,f_{ijr}+\delta_r,...,f_{ijq}+\delta_q), w_{ij}(w_{ij1},...,w_{ijr},...,w_{ijq})]$，将后向边的复合参数修改为

$[c_{ij}(c_{ij1},...,c_{ijr},...,c_{ijq}), f_{ij} + \delta(f_{ij1}-\delta_1,...,f_{ijr}-\delta_r,...,f_{ijq}-\delta_q), w_{ij}(w_{ij1},...,w_{ijr},...,w_{ijq})]$。

同时，计算所有源的剩余量 $s_i^r = s_i^r - f^+(x_{ir})$ 和汇的剩余量 $t_j^r = t_j^r - f^-(y_{jr})$。

第十步：转到第三步，反复进行，直到找不到关于运送代价最低的增流链为止。

5.1.4.3 算法示例

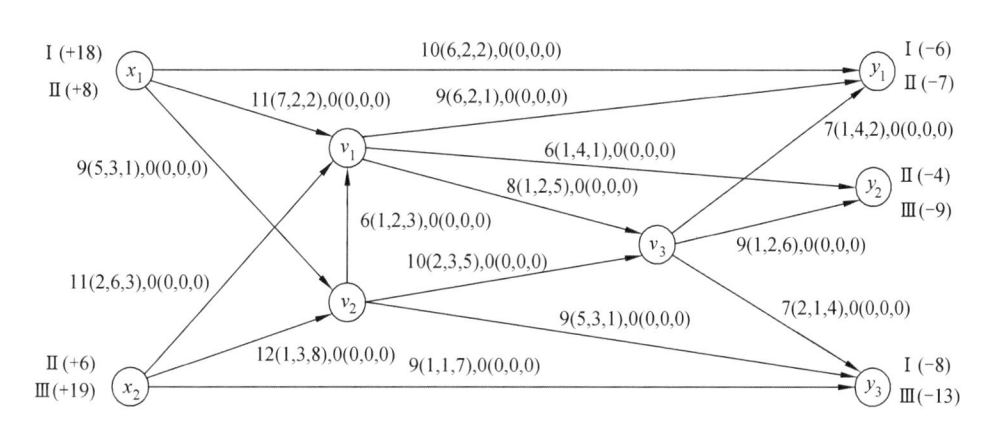

假设某网络如图 5-7 所示，图中边分别给出了各品种运送容量的限制和实际运送量，即边的各品种容量、流量（零流）。可以看出，x_1、x_2 为两个供应地，x_1 有 Ⅰ、Ⅱ 两种产品，供应量分别为 18 t 和 8 t；x_2 有 Ⅱ、Ⅲ 两种产品，供应量分别为 6 t 和 19 t。y_1、y_2、y_3 为 3 个需求地，y_1 需要 Ⅰ、Ⅱ 两种产品，需求量分别为 6 t 和 7 t；y_2 需要 Ⅱ、Ⅲ 两种产品，需求量分别为 4 t 和 9 t；y_3 需要 Ⅰ、Ⅲ 两种产品，需求量分别为 8 t 和 13 t。另外，每个品种在每个阶段的运送代价如表 5-1 所示，两者均按照品种序号排序，即容量限制为 $(c_Ⅰ, c_Ⅱ, c_Ⅲ)$，若该边不能运送某品种，则容量限制设定为 0，否则为非零的正常数；运送代价为 $(w_Ⅰ, w_Ⅱ, w_Ⅲ)$，如果不能运送某品种，运送代价设定为 $+\infty$。现在需要设计的方案是，在满足总运送代价最少的前提下，将尽可能多的产品运送到需求地。

图 5-7 多品种网络图

表 5-1 不同品种流的不同运送代价

始点	终点					
	v_1	v_2	v_3	y_1	y_2	y_3
x_1	$(3,8,+\infty)$	$(6,4,+\infty)$	—	$(23,18 +\infty)$	—	—
x_2	$(+\infty,6,9)$	$(+\infty,7,8)$	—	—	—	$(+\infty,14,16)$
v_1	—	—	$(4,5,8)$	$(9,8,+\infty)$	$(+\infty,6,5)$	—
v_2	$(8,7,8)$	—	$(9,8,6)$	—	—	$(7,+\infty,9)$
v_3	—	—	—	$(6,4,+\infty)$	$(+\infty,8,5)$	$(5,+\infty,6)$

最小代价最大流是最小代价流的一种情况，即最小代价最大流的目标流是最大流的流值，只需将本节算法中第 m 品种的流量调整量 $\delta=\{\delta m, A\text{-Valf}\}$ 的 A-Valf 去掉即可。

通过以上算法步骤对此多品种网络进行求解，最终的最小代价最大流分配结果如图 5-8 所示。

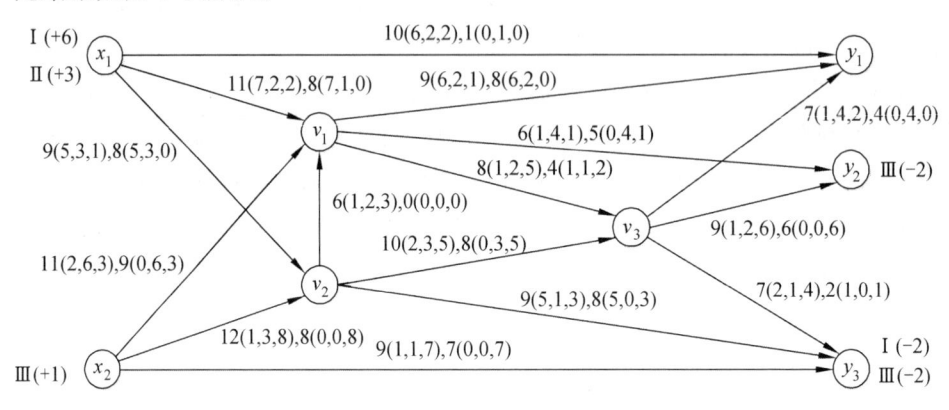

图 5-8 多品种流的最小代价最大流最终分布状态图

可以看出源 x_1 剩余量较多，起点 x_2 仅剩余少量品种Ⅲ，终点 y_1 需求全部满足，y_2 和 y_3 需求没有满足。该示例的最后方案以及各个品种的具体方案汇总如表 5-2 所示。

表 5-2 最小代价最大流具体分配方案

发送点	品种 Ⅰ	品种 Ⅱ	品种 Ⅲ	源发出量	接收点	品种 Ⅰ	品种 Ⅱ	品种 Ⅲ	汇接收量
x_1	12	5	—	17	y_1	6	7	—	13
x_2	—	6	18	24	y_2	—	4	7	11
					y_3	6	—	11	17
品种分量∑	13	11	18	—	品种分量∑	13	11	18	—
发出总量∑		41		41	发出总量∑		41		41
运送代价 W	品种Ⅰ代价 $W_Ⅰ$			$W_Ⅰ=7\times3+5\times6+6\times9+1\times4+5\times7+1\times5=149$			
	品种Ⅱ代价 $W_Ⅱ$			$W_Ⅱ=7\times3+1\times8+3\times4+6\times6+2\times8+4\times6+1\times5+3\times8+4\times4=159$			
	品种Ⅲ代价 $W_Ⅲ$			$W_Ⅲ=3\times9+8\times8+7\times16+1\times5+2\times8+5\times6+3\times9+6\times5+1\times6=317$			
	总代价 W			$W=W_Ⅰ+W_Ⅱ+W_Ⅲ=625$			

5.2 多品种网络流理论在高速铁路车站通过能力推算应用

针对具有动车运用所且能够接发终到始发动车的高铁客运枢纽站，通过能力研究主要针对咽喉以及到发线进行单独计算，再核定出高铁客运枢纽站能力。为了解决偏差和准确性问题，又利用通过能力评估和能力利用率等方法进行修正。有的研究成果按照不同层次的计算方法把车站通过能力分为理论能力、实际和有效能力、可用能力等，但没有把动车所以及列车运转模式等进行综合考虑。有的研究成果进行指标评价，或者通过仿真模拟通过能力，没有形成通过能力的具体计算。现场对车站通过能力的核算基本是基于经验公式和查定进行，会出现偏差较大的问题。为了解决传统方法存在的问题，有必要从多品种流网络视角研究更为精确可靠、合理可行的通过能力计算方法。

在网络图流分配中有容量约束条件和流量守恒条件的理论，车站相邻道岔组之间以及到发线的通过能力均符合容量约束条件，车站行车进路占用以及平行进路的互斥问题也符合流量守恒条件。另外，针对高铁客运枢纽站通过能力计算是针对整个车站的站场进行最大承载能力的核算，所以利用网络流模式进行高铁客运枢纽站通过能力推算有其可行性。

基于列车在到发线时间占用不尽相同的特点，将到发线时间占用相同以及列车运转模式结合起来进行种类归类，将归类的每种列车运转模式界定为多品种。再将列车进路占用时间、相邻道岔组之间通过时间以及到发线作业时间等转换为网络图节点之间的时间占用，构建符合高铁客运枢纽站基本形态的多品种流网络。基于高铁客运枢纽站行车形态的分析，对多品种流网络进行特别约定，核算出多品种流网络中边的容量参数。最后利用网络流预推方法以及构建的模型推算出网络最大流，该最大流即为网络能够承载的能力，即高铁客运枢纽站通过能力。

5.2.1 符合高速铁路车站基本形态的多品种流网络图构建

在实际的运输网络应用中，普遍出现了多品种流问题，基于前期多品种流网络的理论研究成果，构建具有高速铁路车站基本特质的多品种流网络。

5.2.1.1 高速铁路车站多品种流网络图结构的约定

为了利用多品种流网络对高速铁路车站通过能力进行计算，基于高速铁路车站基本特点以及行车组织的基本形态，需要针对网络图做出相关约定。

约定 1：为了体现高速铁路车站的线路连接关系，设定网络图节点的关联边数量只能有 2 条或者 3 条。

约定 2：为了体现车流进出高速铁路车站，设定 x_i 表示前方进出车站的分界点，y_i 表示后方进出车站的分界点。

约定 3：为了体现车流进出动车所，设定 d_i 表示动车所和车站的分界点。

约定 4：为了体现车站停车线是车流聚散的空间，设定网络图节点之间有 2 条平行边的表示车站停车线，用节点 A_i 和节点 B_i 分别表示车站停车线的左侧分界点和右侧分界点，即网络流从网络图两侧汇集到节点 A_i 和节点 B_i 之间，也可以从节点 A_i 和节点 B_i 之间往网络图两侧疏散。

约定 5：为了体现车站道岔是网络图线路连接的分界点，设定 v_i 表示进出车站停车线前方方位的道岔点，设定 u_i 表示进出车站停车线后方方位的道岔点。

约定 6：针对车站停车线左侧分界点 A_i 做一个 A 截面，针对车站停车线右侧分界点 B_i 做一个 B 截面。

约定 7：针对车站停车线区域做一个流汇集的 C 截面。

基于以上约定，构建一个具有高铁车站基本形态的网络图，如图 5-9 所示。这个网络图是完备图，即任意两点之间都能有路径联通。（鉴于空间所限，图中不进行参数标注）

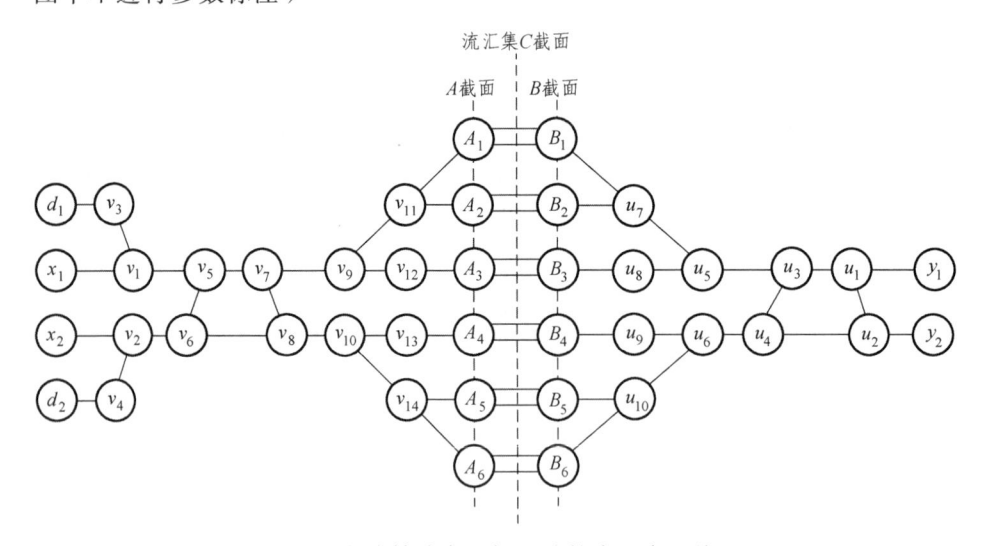

图 5-9 高速铁路客运枢纽站基本形态网络图

基于以上的约定和分析，从图 5-9 可知，图左侧至 A 截面之间以及图右侧至 B 截面之间，已经被简化为单品种流网络，A 截面和 B 截面之间为多品种流网络。

给定车站有 m 条到发线即 C 截面有 m 条边。设定 x_i 表示站场图左侧进出车站第 i 个分界点，形成点集 $X=\{\cdots,x_i,\cdots\}$；y_i 表示站场图右侧进出车站第 i 个分界点，形成点集 $Y=\{\cdots,y_i,\cdots\}$。d_i 表示动车所和车站的第 i 个分界点，形成点集 $D=\{\cdots,d_i,\cdots\}$。设定节点 A_i 和节点 B_i 分别表示第 i 条到发线在站场图的左侧分界点和右侧分界点，分别形成点集 $A=\{\cdots,A_i,\cdots\}$ 和 $B=\{\cdots,B_i,\cdots\}$，把站场网络图左右咽喉区分别称为 A 咽喉区和 B 咽喉区。设定 A 咽喉区和 B 咽喉区的道岔组分别用 v_i、u_i 表示，将进出站信号机视为道岔组，即进出站信号机与进出站方向最外侧道岔之间视为咽喉。

5.2.1.2 针对网络图的流状态约定

基于上述约定以及高速铁路车站行车的特点，针对网络图节点设定节点纵截线，进行如下约定：

约定 8：节点纵截线所有左侧边流的流动方向必须一致，所有右侧边流的流动方向也必须一致。

约定 9：节点纵截线所有左侧边与所有右侧边流的流动方向必须一致，即流要么从所有左侧边流入节点纵截线，再从节点纵截线所有右侧边流出；或者要么从所有右侧边流入节点纵截线，再从节点纵截线所有左侧边流出。

针对以上两个约定则会出现 4 种流的流动方向，如图 5-10 所示（箭头表示流在所在边的流动方向）。

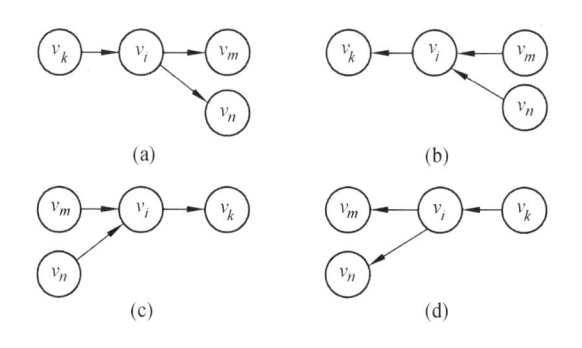

图 5-10 流的流动方向

5.2.2 多品种网络流理论对高速铁路车站通过能力推算方法

5.2.2.1 进路数据集算法

将站场图抽象成站场网络图后，在遵从实际行车组织基础上，基于站场网络图中点线坐标的衔接关系以及行车进路生成规则，生成进路数据集。分别针对 A 咽喉区和 B 咽喉区依次选择进出站方向的点（包括动车所和车站分界点）与到发线左右两侧点作为起点或终点，再基于站场网络图点线坐标衔接关系及行车进路规则，推出进出站进路。

（1）选择车站左侧点集 X 中进站方向的点 x_i 以及点集 D 中的点 d_i 作为路径起点，再选择到发线左侧点集 A 中的点 A_i 作为路径终点，基于站场网络图中点线坐标的衔接关系以及行车进路生成规则，推出 A 咽喉区每一个进站分界点和每一条到发线之间的进站进路。

（2）选择到发线左侧点集 A 中的点 A_i 作为路径起点，再选择车站左侧点集 X 中出站方向的点 x_i 以及点集 D 中的点 d_i 作为路径终点，基于站场网络图中点线坐标的衔接关系以及行车进路生成规则，推出 A 咽喉区每一条到发线和每一个出站分界点之间的出站进路。

（3）B 咽喉区的进出站进路推断与 A 咽喉区雷同。

生成的进路数据集 L_{pass} 构成以表 5-3 的形式列出。为了选择占用咽喉资源尽可能少的进路，将进路数据集中于每一个起点至终点之间的进路，按照进路咽喉数量 K_j 递增排序，再将每条进站进路中的咽喉按照进站顺序排列，每条出站进路中的咽喉按照出站顺序排列。

表 5-3　进路数据集 L_{pass}

咽喉区	进路类别	进路起点	进路终点	进路数量 n	进路编号 j	进路咽喉	咽喉数量 K_j
A 咽喉区	进站进路	x_i 或 d_i	A_i	…	…	…，(v_i, v_j)，…	…
	出站进路	A_i	x_i 或 d_i	…	…	…，(v_i, v_j)，…	…
B 咽喉区	进站进路	y_i 或 d_i	B_i	…	…	…，(v_i, v_j)，…	…
	出站进路	B_i	y_i 或 d_i	…	…	…，(v_i, v_j)，…	…

5.2.2.2 咽喉区域网络参数构建

给定时间周期 H，默认为 24 h，转换为分钟单位周期 $T=60 \times H$。动车组列车咽喉占用时间主要由接（发）车进路准备时间 Δt_1、到发线最大停车间隔时间Δt_2及区间列车间隔Δt_3。

针对动车组列车咽喉占用时间主要由进路准备时间、列车通过咽喉时间以及区间列车间隔决定，这三类时间对于所有通过咽喉区的动车组列车没有过大差异，由此可以将每列动车组列车占用咽喉时间简化为相等。

根据车站站场工程图纸以及信号设备平面布置图，查定每个咽喉距离，再依据《铁路技术管理规程》（高速铁路部分）查定动车组列车进出站速度，计算动车组列车通过咽喉时间；根据相关的高速铁路行车组织细则以及能力查定报告，查定接（发）车进路准备时间和区间列车间隔时间，最后得出每个咽喉的时间占用。取T/t_{ij}的整数作为时间周期H内咽喉通过的最大列车数即边的容量，即有公式（5.9），同时将以上参数通过表5-4形式列出，其中若$\Delta t_1 < \Delta t_2$，则$\Delta t = \Delta t_2$，否则$\Delta t = \Delta t_1 + \Delta t_2$。

$$c_{ij} = \text{INT}(T/t_{ij}) \tag{5.9}$$

表5-4 咽喉参数

网络图咽喉边	咽喉距离/km	进出站列车速度/(km·h^{-1})	咽喉通过时间/min	进路准备时间/min	区间间隔时间/min	咽喉时间占用/min	边容量	边流量
(v_i, v_j)	l_{ij}	v	$\Delta t_{ij} = l/v \times 60$	Δt_1	Δt_2	$t_{ij} = \Delta t_{ij} + \Delta t$	$c_{ij} = \text{INT}(T/t_{ij})$	f_{ij}

基于以上分析，咽喉区域网络的边有如下规则：设定咽喉区域网络中边的容量、流量、时间占用为单品种流参数，如图5-11所示，其中f_{ij}为边(v_i, v_j)的流量，有$0 \leq f_{ij} \leq c_{ij}$。

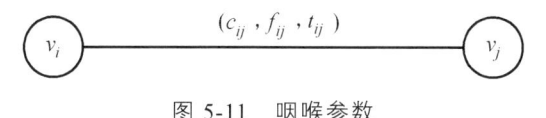

图5-11 咽喉参数

5.2.2.3 到发线区域网络参数构建

鉴于高铁枢纽站动车组列车通过咽喉方式以及到发线停留时间的不同，对动车组列车类别归类为表5-5第1-3列的形式。再根据列车运行图、车站股道运用图、车站能力查定报告等，查定出到发线停留时间、接（发）车进路准备时间、到发线停车间隔时间，得出到发线时间占用，将这些参数通过表5-5第4-8列形式列出，其中到发线时间占用取值中的Δt按照现场规则取定，即如果$\Delta t_1<\Delta t_3$，$\Delta t=\Delta t_3$，否则$\Delta t=\Delta t_1+\Delta t_3$。

表 5-5　动车组列车运行方式归类及相关参数

动车组列车类别	通过咽喉方式类别	说明	进站数量	到发线停留时间/min	接（发）车进路准备时间/min	到发线停车间隔时间/min	到发线时间占用/min
始发动车组列车Ⅰ	出动车所非折返	出动车所和出发的咽喉不同	$Q_{Ⅰ1}$	$\Delta t_Ⅰ$	Δt_1	Δt_3	$t_Ⅰ=\Delta t_Ⅰ+\Delta t$
	出动车所折返	出动车所和出发的咽喉相同	$Q_{Ⅰ2}$				
终到动车组列车Ⅱ	非折返去动车所	进站和去动车所的咽喉不同	$Q_{Ⅱ1}$	$\Delta t_Ⅱ$			$t_Ⅱ=\Delta t_Ⅱ+\Delta t$
	折返去动车所	进站和去动车所的咽喉相同	$Q_{Ⅱ2}$				
中转动车组列车Ⅲ	非折返	进站和出站的咽喉不同	$Q_{Ⅲ1}$	$\Delta t_{Ⅲ1}$			$t_{Ⅲ1}=\Delta t_{Ⅲ1}+\Delta t$
	折返	进站和出站的咽喉相同	$Q_{Ⅲ2}$	$\Delta t_{Ⅲ2}$			$t_{Ⅲ2}=\Delta t_{Ⅲ2}+\Delta t$

为了表述方便，将表 5-5 中通过咽喉方式类别称为 6 类动车组列车，即网络图有 6 种品种流。

1. 单条到发线参数确定

针对到发线节点 A_i 和节点 B_i 之间的线路，设定 $f_{Ⅰ1}$、$f_{Ⅰ2}$、$f_{Ⅱ1}$、$f_{Ⅱ2}$、$f_{Ⅲ1}$、$f_{Ⅲ2}$ 分别表示 6 类动车组列车数量，c_{ij} 表示该到发线最大能力，在时间周期 T 内可有 $f_{Ⅰ1}\times t_Ⅰ+f_{Ⅰ2}\times t_Ⅰ+f_{Ⅱ1}\times t_Ⅱ+f_{Ⅱ2}\times t_Ⅱ+f_{Ⅲ1}\times t_{Ⅲ1}+f_{Ⅲ2}\times t_{Ⅲ2}\leq T$ 以及 $f_{Ⅰ1}+f_{Ⅰ2}+$

$f_{Ⅱ1}+f_{Ⅱ2}+f_{Ⅲ1}+f_{Ⅲ2} \leqslant c_{ij}$。由于查定的时间占用为最低限，实际行车组织中这些时间会高于查定的时间占用；另外，为防止 6 类动车组列车在能力组合时发生数值"溢出"，采用 6 类动车组列车的最大到发线时间占用作为计算基准，即有公式（5.10）。

$$t_{AB}=\max\{t_Ⅰ,t_Ⅱ,t_{Ⅲ1},t_{Ⅲ2}\} \tag{5.10}$$

时间周期 T 内单条到发线接收列车能力 c_{AB} 取 T/t_{AB} 的整数，即有公式（5.11）。

$$c_{AB}=\text{INT}(T/t_{AB}) \tag{5.11}$$

基于以上分析，针对到发线区域网络节点 A_i 和节点 B_i 之间对应的到发线做出如下规则：设定到发线区域网络中边的参数为复合参数，其中三组参数依次表示到发线能力、6 类动车组列车量以及对应的时间占用，取值均为正整数或 0，如图 5-12 所示。

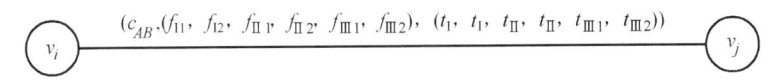

图 5-12 到发线参数

2. 所有到发线参数确定

由于研究不涉及单条到发线接发不同类别动车组列车的行车方案问题，即不考虑公式 $f_{Ⅰ1}\times t_Ⅰ+f_{Ⅰ2}\times t_Ⅰ+f_{Ⅱ1}\times t_Ⅱ+f_{Ⅱ2}\times t_Ⅱ+f_{Ⅲ1}\times t_{Ⅲ1}+f_{Ⅲ2}\times t_{Ⅲ2} \leqslant T$ 中 6 类动车组列车数量。在遵从咽喉与到发线、咽喉与咽喉之间互相关联和制约关系以及行车进路生成规则基础上，基于公式（5.10）确定的咽喉能力以及公式（5.11）确定的单条到发线能力限制，确定最多能有多少动车组列车进出所有到发线，所以可以从 A 截面、B 截面、C 截面的角度研究车站理论通过能力问题。

设定第 i 条到发线节点 A_i 接收最大流量为 $f(A_i)$，A 截面接收最大流量 Q_A，则有公式（5.12）：

$$Q_A = \sum_{i=1}^{m} f(A_i) \tag{5.12}$$

设定第 i 条到发线节点 B_i 接收最大流量为 $f(B_i)$，B 截面接收最大流量 Q_B，则有公式（5.13）：

$$Q_B = \sum_{i=1}^{m} f(B_i) \tag{5.13}$$

针对整个到发线的 C 截面接收最大流量 Q_C，则有公式（5.14）：

$$Q_C = Q_A + Q_B \tag{5.14}$$

由此可知 Q_C 即为高铁枢纽车站的理论通过能力，结合表 5-5 归类的 6 类动车组列车可有公式（5.15）：

$$Q_{\text{I}1} + Q_{\text{I}2} + Q_{\text{II}1} + Q_{\text{II}2} + Q_{\text{III}1} + Q_{\text{III}2} = Q_C \tag{5.15}$$

鉴于网络图流预推是在不考虑流分布状态下，基于网络流理论推算网络图能够通过的最大流是多少即确定网络图能力，由此采用流预推方法推算公式（5.12）及公式（5.13）的 $f(A_i)$ 和 $f(B_i)$ 值。

5.2.2.4 网络图最大流推算的流预推过程

由于咽喉与到发线之间以及咽喉与咽喉之间存在相互关联相互制约的关系，所以进出到发线通过咽喉区的顺序不同，将会导致咽喉通过能力以及车站通过能力的结果不尽相同。尽管通过咽喉区的顺序不同，但必须保证以下原则：

（1）"有进才有出，有出必有进"的行车原则。

（2）进入到发线进路的流量、到发线剩余能力以及流出到发线进路的流量三者之间平衡的原则。

（3）交叉进路中共用咽喉进出流量"相互制衡"的原则。

据此通过表 5-6 的形式列出了 8 种进出到发线咽喉先后顺序的不同状态。

表 5-6　进出到发线的咽喉先后顺序状态

A 咽喉优先进到发线	B 咽喉优先进到发线
A 咽喉进 A 咽喉出 B 咽喉出 $+B$ 咽喉进 A 咽喉出 B 咽喉出	B 咽喉进 A 咽喉出 B 咽喉出 $+A$ 咽喉进 A 咽喉出 B 咽喉出
A 咽喉进 A 咽喉出 B 咽喉出 $+B$ 咽喉进 B 咽喉出 A 咽喉出	B 咽喉进 A 咽喉出 B 咽喉出 $+A$ 咽喉进 B 咽喉出 A 咽喉出
A 咽喉进 B 咽喉出 A 咽喉出 $+B$ 咽喉进 A 咽喉出 B 咽喉出	B 咽喉进 B 咽喉出 A 咽喉出 $+A$ 咽喉进 A 咽喉出 B 咽喉出
A 咽喉进 B 咽喉出 A 咽喉出 $+B$ 咽喉进 B 咽喉出 A 咽喉出	B 咽喉进 B 咽喉出 A 咽喉出 $+A$ 咽喉进 B 咽喉出 A 咽喉出

1. 参数查定及初始化过程

（1）根据前文咽喉区域网络参数的规则，查定距离参数和时间参数，计算咽喉通过时间Δt_{ij}，再利用公式（5.9）计算咽喉区域边的容量 c_{ij} 值，设定流量初始值f_{ij}=0，形成表5-4内容的数据集。

（2）根据前文到发线区域网络参数的规则，查定 6 类动车组列车的时间参数并计算出到发线时间占用，形成表5-5内容的数据集。利用公式（5.10）选取计算基准，利用公式（5.11）计算单条到发线接收列车数最大能力c_{AB}值，再针对到发线设定$c_{[i]}$=c_{AB}，流量初始值$f_{[i]}$=0，其中i=1，…，m。

（3）设定流进入到发线进路的流量调整量为 l_c，流出到发线进路的流量调整量为 l_g。如果流进入到发线进路与流出到发线进路为交叉进路，设定 l_p 为交叉进路中所有共用咽喉的最小剩余能力。再设定流进入到发线进路与流出到发线进路的最终调整量为 l_q。

（4）设定通过 A 咽喉流入 A 截面的流量总量为 Q_A，其中通过 A 咽喉流出到发线的量为 Q_{AA}，通过 B 咽喉流出到发线的量为 Q_{AB}。设定通过 B 咽喉流入 B 截面的流量总量为 Q_B，其中通过 A 咽喉流出到发线的量为 Q_{BA}，通过 B 咽喉流出到发线的量为 Q_{BB}。通过 A 咽喉流入 A 截面但无法流出的量为 Q_{AD}，通过 B 咽喉流入 B 截面但无法流出的量为 Q_{BD}。

2. 流量预推过程

尽管行车中涉及进路之间交叉以及敌对进路等现象，但在能力计算上均体现为"能力消耗"，另外，流预推时流入到发线的流同时又从同一个咽喉区流出，会出现"能力对冲"问题，所以算法中需要建立"能力消耗"以及"能力对冲"相对应的推算公式。鉴于表5-6每种状态的流预推过程相同，以"A 咽喉优先进到发线"的"A 咽喉进 A 咽喉出 B 咽喉出+B 咽喉进 A 咽喉出 B 咽喉出"为例说明流预推算法过程。

（1）"A 咽喉进 A 咽喉出 B 咽喉出"流预推算法。

① 如果 A 咽喉存在还没有被选定过的进站方向点 x_i，选定该点作为进站进路起点，否则转到"B 咽喉进 A 咽喉出 B 咽喉出"的子过程。

② 如果存在 $c_{[i]}-f_{[i]}$>0 的到发线，选定 A_i 作为进站进路终点，否则转到第①步。

③ 按照行车进路规则，推断 x_i 和 A_i 之间的进站进路；如果不存在进路，转到第②步。

④ 根据第③步推断的进站进路，针对该进路中所有边选择 l_c=min{…，$c_{ij} - f_{ij}$，…}。如果 l_c=0，转到第②步，否则使 l_q=min{l_c, $c_{[i]} - f_{[i]}$}。

⑤ 如果 A 咽喉存在还没有被选定过的出站方向点 x_i，选定该点作为出站进路终点，否则转到第⑪步。

⑥ 按照行车进路规则，推断 A_i 和 x_i 之间的出站进路；如果不存在进路，转到第⑤步。

⑦ 根据第⑥步推断的出站进路，针对该进路中所有边选择 $l_g=\min\{\cdots, c_{ij}-f_{ij}, \cdots\}$；如果 $l_g=0$，转到第⑤步。

⑧ 根据第③步推断的进站进路和第⑥步推断的出站进路，判定两个进路是否为交叉进路。如果不是交叉进路，使 $l_q=\min\{l_q, l_g\}$；如果是交叉进路，针对两条进路中所有的共用咽喉选取最小的剩余能力 $l_p=\min\{\cdots, c_{ij}-f_{ij}, \cdots\}$，使 $l_q=\min\{l_q, \text{INT}(l_p/2)\}$。

⑨ 针对进站进路、出站进路中所有咽喉以及第 i 个到发线进行流量调整，即所有咽喉流量调整为 $f_{ij}=f_{ij}+l_q$ 和第 i 个到发线流量调整为 $f_{[i]}=f_{[i]}+l_q$。通过 A 咽喉流入 A 截面流量总量 $Q_A=Q_A+l_q$，其中通过 A 咽喉流出到发线的量 $Q_{AA}=Q_{AA}+l_q$。

⑩ 如果存在 $l_c-l_q>0$，转到第⑤步，否则转到第①步。

⑪ 如果 B 咽喉存在还没有被选定过的出站方向点 y_i，选定该点作为出站进路终点，否则转到第①步。

⑫ 按照行车进路生成规则，推断 A_i 和 y_i 之间的出站进路；如果不存在进路，转到第⑪步。

⑬ 根据第⑫步推断的出站进路，针对该进路中所有边选择 $l_g=\min\{\cdots, c_{ij}-f_{ij}, \cdots\}$；如果 $l_g=0$，转到第⑪步，否则使 $l_q=\min\{l_q, l_g\}$。

⑭ 针对进站进路、出站进路中所有咽喉以及第 i 个到发线进行流量调整，即所有咽喉流量调整为 $f_{ij}=f_{ij}+l_q$ 和第 i 个到发线流量调整为 $f_{[i]}=f_{[i]}+l_q$。通过 A 咽喉流入 A 截面流量总量 $Q_A=Q_A+l_q$，其中通过 B 咽喉流出到发线的量 $Q_{AB}=Q_{AB}+l_q$。

⑮ 如果仍然存在 $l_c-l_q>0$，转到第⑪步，否则转到第①步。

（2）"B 咽喉进 A 咽喉出 B 咽喉出"流预推算法。

该过程和上一过程思路相同，鉴于篇幅所限，不再赘述。最后同样得出通过 B 咽喉流入 B 截面流量总量 Q_B，其中通过 A 咽喉流出到发线的量 Q_{BA}，通过 B 咽喉流出到发线的量 Q_{BB}。

利用两个算法进行流预推有可能出现剩余进站能力问题，所谓剩余进站能力，即通过上一过程推算后，存在通过进站进路可以流入到发线但无法流出的能力。推断进路以及确定进路流量的思路和上一过程相同，差别是不再寻找出站进路，最后可以得出通过 A 咽喉只能流入 A 截面的量 Q_{AD}，通过 B 咽喉只能流入 B 截面的量 Q_{BD}。

3. 能力核算过程

通过以上过程推算后有可能出现剩余进站能力问题。所谓剩余进站能力，即通过上一过程推算后，存在通过进站进路可以流入到发线但无法流出的能力。针对通过 A 咽喉流入 A 截面但无法流出的量设定为 Q_{AD}，针对通过 B 咽喉流入 B 截面但无法流出的量设定为 Q_{BD}。以图 5-13 形式列出流进出的分布状态。

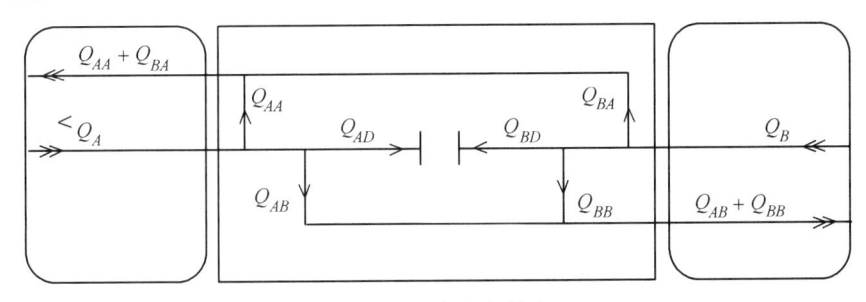

图 5-13 流分布状态

根据流预推过程结果以及图 5-13 所示，可以得出咽喉以及车站的理论通过能力。仍然"A 咽喉进 A 咽喉出 B 咽喉出+B 咽喉进 A 咽喉出 B 咽喉出"为例，通过表 5-7 的方式列出。

表 5-7 咽喉以及车站理论通过能力

\multicolumn{4}{c|}{A 咽喉进 A 咽喉出 B 咽喉出}	\multicolumn{4}{c}{B 咽喉进 A 咽喉出 B 咽喉出}
A 咽喉进最大列车数	通过 A 咽喉出列车数	通过 B 咽喉出列车数	A 咽喉只能进列车数	B 咽喉进最大列车数	通过 A 咽喉出列车数	通过 B 咽喉出列车数	B 咽喉只能进列车数
Q_A	Q_{AA}	Q_{AB}	Q_{AD}	Q_B	Q_{BA}	Q_{BB}	Q_{BD}
A 咽喉进站能力（列）	\multicolumn{3}{c|}{Q_A}	B 咽喉进站能力（列）	\multicolumn{3}{c}{Q_B}
A 咽喉出站能力（列）	\multicolumn{3}{c|}{$Q_{AA}+Q_{BA}$}	B 咽喉出站能力（列）	\multicolumn{3}{c}{$Q_{AB}+Q_{BB}$}
A 咽喉通过能力 C_A（列）	\multicolumn{3}{c|}{$Q_A - Q_{AD}+Q_{AA}+Q_{BA}$}	B 咽喉通过能力 C_B（列）	\multicolumn{3}{c}{$Q_B - Q_{BD}+Q_{AB}+Q_{BB}$}
\multicolumn{8}{c}{车站通过能力 $Q(C)=(Q_A - Q_{AD})+(Q_B - Q_{BD})=Q_{AA}+Q_{AB}+Q_{BA}+Q_{BB}$（对）}

鉴于研究内容的人工计算量大以及计算过程复杂等原因，基于研究思路和研究方法开发了"高铁站通过能力计算及行车组织优化系统"，利用该系统进行推算、计算数据的同时，也可以验证研究思路和研究方法是否具有可行性。

5.2.3 深圳北站站改前后理论通过能力推算分析

深圳北站是具有一定规模的高铁枢纽站，站改前有 $m=20$ 条到发线和具有动 A 线和动 B 线的 1 个动车所，北咽喉有广州方向，南咽喉有厦门和香港方向。深圳北站站改前站场示意图如图 5-14 所示，同时构建 A 截面、B 截面、C 截面。

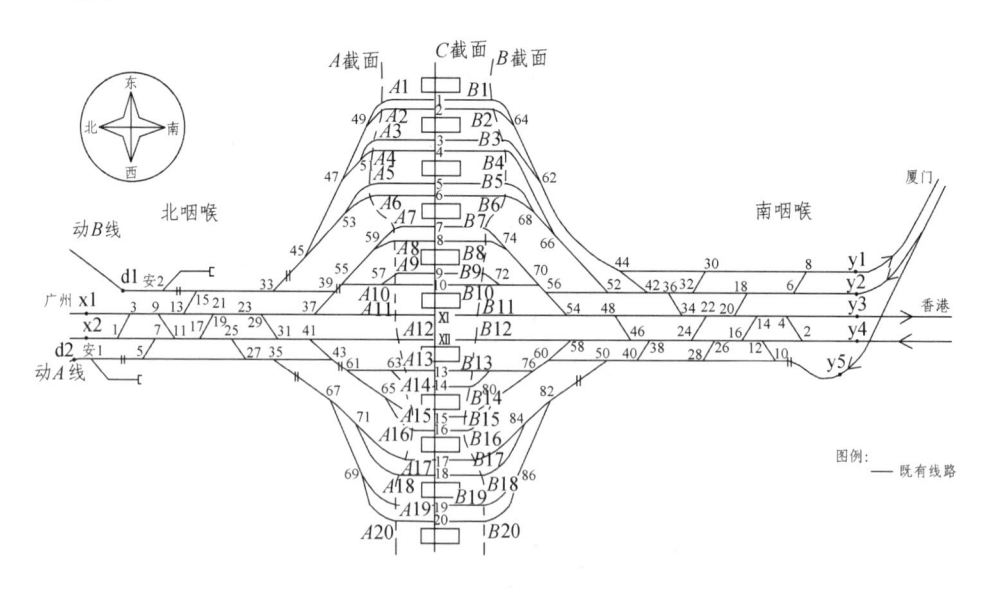

图 5-14 深圳北站站改前站场示意图

基于深圳北站站改前站场图抽象的站场网络图，利用生成进路数据集 L_{pass} 算法生成进路数据集的过程如图 5-15 所示。

为了提高深圳北站接发能力，于 2019 年 11 月开始进行赣深方向新线引入以及第二动车所的建设。深圳北站站改后站场示意图如图 5-16 所示。

基于深圳北站站改后站场图抽象的站场网络图，利用生成进路数据集 L_{pass} 算法生成进路数据集的过程如图 5-17 所示。

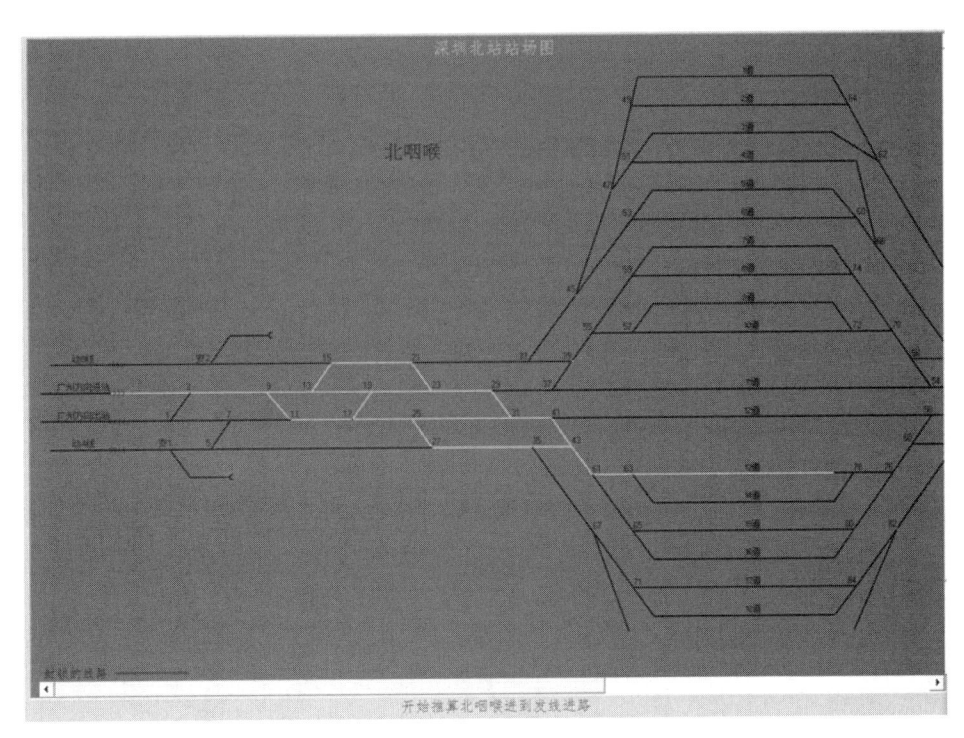

图 5-15　站改前生成进路数据集的过程

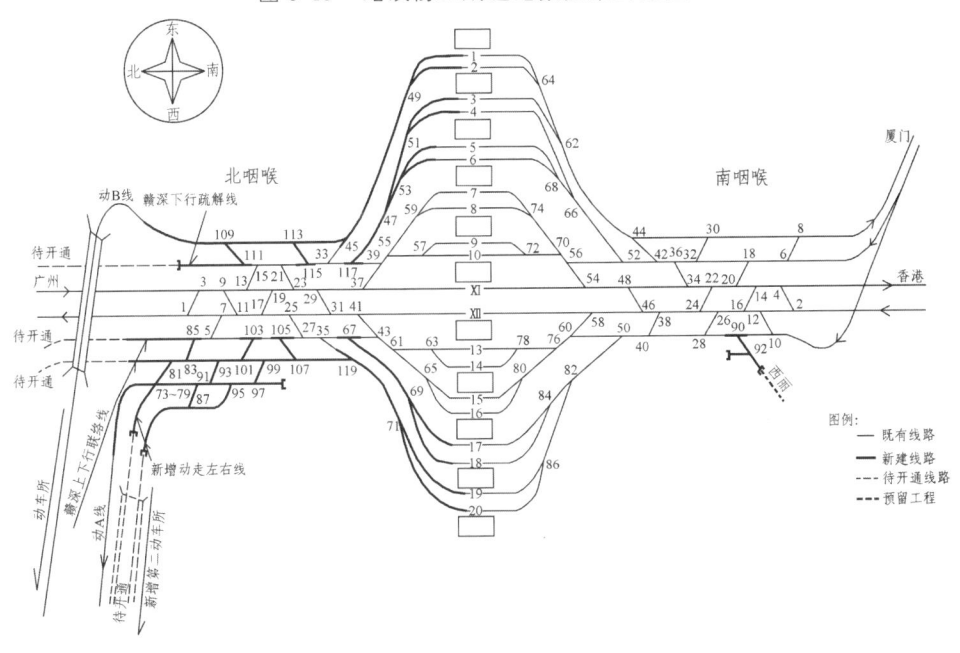

图 5-16　深圳北站站改后站场示意图

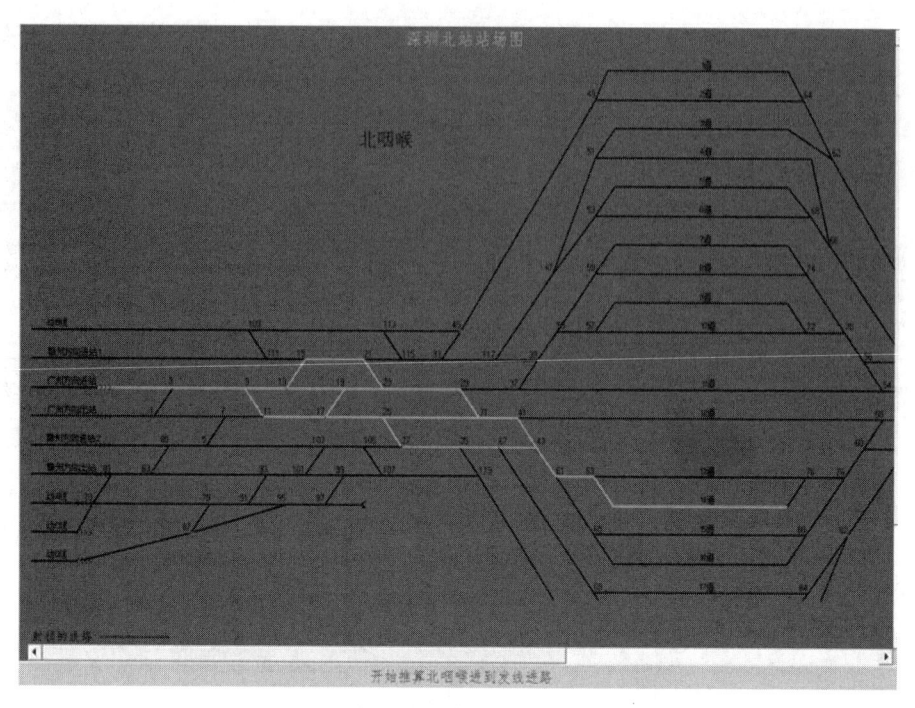

图 5-17 站改后生成进路数据集的过程

1. 时间占用参数确定及咽喉能力推算

将天窗时间以及深圳北站运行图的最早最晚接发车时间结合起来综合考虑,这里取 $H=18$ h,即有 $T=60×18=1\,080$ min。根据深圳北站站场工程图纸、深圳北站信号设备平面布置图、《铁路技术管理规程》(高速铁路部分)、《广铁集团高速铁路行车组织细则》《深圳北站能力查定报告》等,查定规定进出站车速 $v=40$ km/h、进出站信号机与进出站方向最外侧道岔之间以及每个咽喉的距离 l_{ij},得出动车组列车的行驶时间 $\Delta t_{ij}=l/v×60$ min。查定的接(发)车进路准备时间 $\Delta t_1=5$ min、区间列车间隔 $\Delta t_2=5$ min、到发线停车间隔 $\Delta t_3=8$ min。可以得出表 5-5 所述的数据集如表 5-8 所示。

表 5-8 深圳北站动车到发线时间占用参数

动车组列车类别	6类动车组列车进站总数量	到发线停留时间/min	接(发)车进路准备时间/min	到发线停车间隔/min	到发线时间占用/min
始发动车组列车 I	Q_{11}	$\Delta t_1=20$	$\Delta t_1=5$	$\Delta t_3=8$	$t_1=\Delta t_1+\Delta t_1+\Delta t_3=33$
	Q_{12}				

续表

动车组列车类别	6类动车组列车进站总数量	到发线停留时间/min	接（发）车进路准备时间/min	到发线停车间隔/min	到发线时间占用/min
终到动车组列车Ⅱ	$Q_{Ⅱ1}$	$\Delta t_{Ⅱ}=18$	$\Delta t_1=5$	$\Delta t_3=8$	$t_{Ⅱ}=\Delta t_{Ⅱ}+\Delta t_1+\Delta t_3=31$
	$Q_{Ⅱ2}$				
中转动车组列车Ⅲ	$Q_{Ⅲ1}$	$\Delta t_{Ⅲ1}=5$			$t_{Ⅲ1}=\Delta t_{Ⅲ1}+\Delta t_1+\Delta t_3=18$
	$Q_{Ⅲ2}$	$\Delta t_{Ⅲ2}=20$			$t_{Ⅲ2}=\Delta t_{Ⅲ2}+\Delta t_1+\Delta t_3=33$

基于咽喉区域网络参数构建，站改前的咽喉能力计算结果如图 5-18 所示。

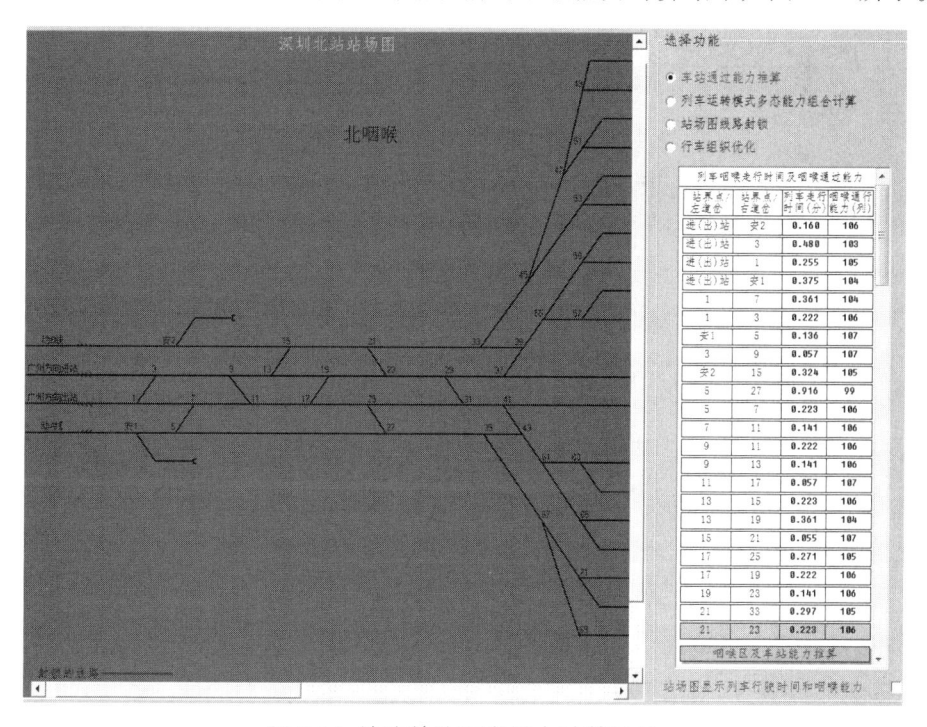

图 5-18 站改前的咽喉能力计算结果

基于咽喉区域网络参数构建，站改后的咽喉能力计算结果如图 5-19 所示。

2. 深圳北站理论通过能力推算

利用《高铁站通过能力计算及行车组织优化系统》中基于研究思路和方法形成的功能，针对站改前及站改后分别推算出表 5-7 所示 8 种多态理论通过能力。

（1）深圳北站站改前多态理论通过能力及图示结果如图 5-20 和图 5-21 所示。

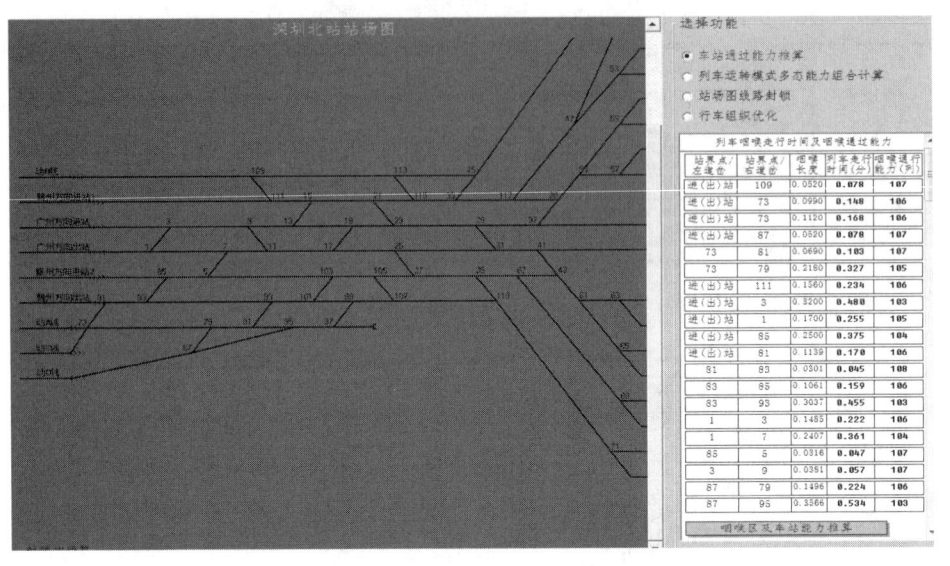

图 5-19 站改后的咽喉能力计算结果

先北咽喉进北咽喉出南咽喉出 再南咽喉进北咽喉出南咽喉出				先南咽喉进北咽喉出南咽喉出 再北咽喉进北咽喉出南咽喉出			
北咽喉进站能力/列	272	南咽喉进站能力/列	190	北咽喉进站能力/列	168	南咽喉进站能力/列	250
北咽喉出站能力/列	416	南咽喉出站能力/列	0	北咽喉出站能力/列	415	南咽喉出站能力/列	3
北咽喉通过能力/列	642	南咽喉通过能力/列	190	北咽喉通过能力/列	583	南咽喉通过能力/列	253
车站通过能力/对	416	受限于咽喉区通过能力		车站通过能力/对	418	受限于咽喉区通过能力	

先北咽喉进北咽喉出南咽喉出 再南咽喉进南咽喉出北咽喉出				先南咽喉进北咽喉出南咽喉出 再北咽喉进南咽喉出北咽喉出			
北咽喉进站能力/列	272	南咽喉进站能力/列	190	北咽喉进站能力/列	330	南咽喉进站能力/列	250
北咽喉出站能力/列	226	南咽喉出站能力/列	190	北咽喉出站能力/列	289	南咽喉出站能力/列	171
北咽喉通过能力/列	452	南咽喉通过能力/列	380	北咽喉通过能力/列	499	南咽喉通过能力/列	421
车站通过能力/对	416	受限于咽喉区通过能力		车站通过能力/对	460	受限于咽喉区通过能力	

先北咽喉进南咽喉出北咽喉出 再南咽喉进北咽喉出南咽喉出				先南咽喉进南咽喉出北咽喉出 再北咽喉进北咽喉出南咽喉出			
北咽喉进站能力/列	312	南咽喉进站能力/列	145	北咽喉进站能力/列	224	南咽喉进站能力/列	250
北咽喉出站能力/列	145	南咽喉出站能力/列	312	北咽喉出站能力/列	213	南咽喉出站能力/列	250
北咽喉通过能力/列	457	南咽喉通过能力/列	457	北咽喉通过能力/列	426	南咽喉通过能力/列	500
车站通过能力/对	457	受限于咽喉区通过能力		车站通过能力/对	463	受限于咽喉区通过能力	

先北咽喉进南咽喉出北咽喉出 再南咽喉进南咽喉出北咽喉出				先南咽喉进南咽喉出北咽喉出 再北咽喉进南咽喉出北咽喉出			
北咽喉进站能力/列	312	南咽喉进站能力/列	145	北咽喉进站能力/列	214	南咽喉进站能力/列	250
北咽喉出站能力/列	0	南咽喉出站能力/列	457	北咽喉出站能力/列	0	南咽喉出站能力/列	464
北咽喉通过能力/列	312	南咽喉通过能力/列	602	北咽喉通过能力/列	214	南咽喉通过能力/列	714
车站通过能力/对	457	受限于咽喉区通过能力		车站通过能力/对	464	受限于咽喉区通过能力	

图 5-20 深圳北站站改前多态理论通过能力结果

咽喉及车站能力图示

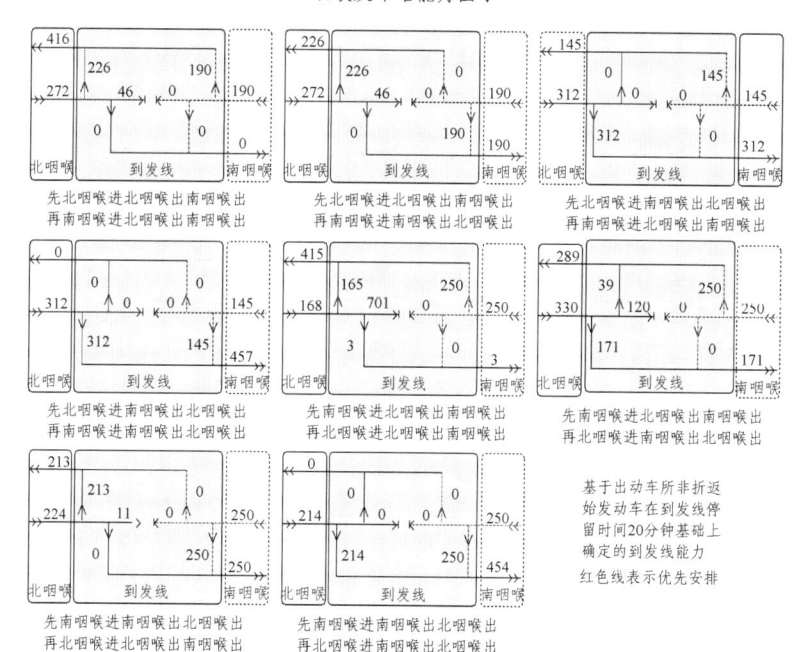

图 5-21 深圳北站站改前多态通过能力分布状态

（2）站改后多态理论通过能力结果及图示结果如图 5-22 和图 5-23 所示。

先北咽喉进北咽喉出南咽喉出
再南咽喉进北咽喉出南咽喉出

北咽喉进站能力/列	750	南咽喉进站能力/列	162
北咽喉出站能力/列	568	南咽喉出站能力/列	0
北咽喉通过能力/列	974	南咽喉通过能力/列	162
车站通过能力/对	568	受限于咽喉区通过能力	

先北咽喉进南咽喉出北咽喉出
再南咽喉进南咽喉出北咽喉出

北咽喉进站能力/列	750	南咽喉进站能力/列	162
北咽喉出站能力/列	406	南咽喉出站能力/列	162
北咽喉通过能力/列	812	南咽喉通过能力/列	324
车站通过能力/对	568	受限于咽喉区通过能力	

先北咽喉进南咽喉出北咽喉出
再南咽喉进北咽喉出南咽喉出

北咽喉进站能力/列	750	南咽喉进站能力/列	162
北咽喉出站能力/列	162	南咽喉出站能力/列	406
北咽喉通过能力/列	568	南咽喉通过能力/列	568
车站通过能力/对	568	受限于咽喉区通过能力	

先北咽喉进南咽喉出北咽喉出
再北咽喉进南咽喉出北咽喉出

北咽喉进站能力/列	750	南咽喉进站能力/列	162
北咽喉出站能力/列	0	南咽喉出站能力/列	568
北咽喉通过能力/列	406	南咽喉通过能力/列	730
车站通过能力/对	568	受限于咽喉区通过能力	

先南咽喉进北咽喉出南咽喉出
再北咽喉进北咽喉出南咽喉出

北咽喉进站能力/列	958	南咽喉进站能力/列	250
北咽喉出站能力/列	507	南咽喉出站能力/列	0
北咽喉通过能力/列	764	南咽喉通过能力/列	250
车站通过能力/对	507	受限于咽喉区通过能力	

先南咽喉进北咽喉出南咽喉出
再北咽喉进南咽喉出北咽喉出

北咽喉进站能力/列	997	南咽喉进站能力/列	250
北咽喉出站能力/列	320	南咽喉出站能力/列	223
北咽喉通过能力/列	613	南咽喉通过能力/列	473
车站通过能力/对	543	受限于咽喉区通过能力	

先南咽喉进南咽喉出北咽喉出
再北咽喉进北咽喉出南咽喉出

北咽喉进站能力/列	958	南咽喉进站能力/列	250
北咽喉出站能力/列	259	南咽喉出站能力/列	250
北咽喉通过能力/列	518	南咽喉通过能力/列	500
车站通过能力/对	509	受限于咽喉区通过能力	

先南咽喉进南咽喉出北咽喉出
再北咽喉进南咽喉出北咽喉出

北咽喉进站能力/列	958	南咽喉进站能力/列	250
北咽喉出站能力/列	0	南咽喉出站能力/列	509
北咽喉通过能力/列	259	南咽喉通过能力/列	759
车站通过能力/对	509	受限于咽喉区通过能力	

图 5-22 深圳北站站改后多态理论通过能力结果

133

咽喉及车站能力图示

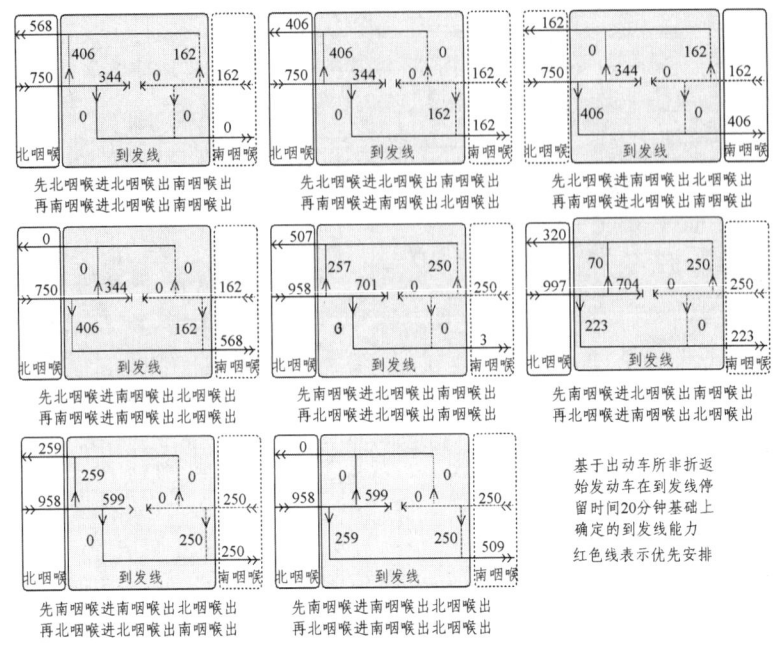

图 5-23　深圳北站站改后多态通过能力分布状态

可以对比看出，数据分布非"极端"的才是符合行车组织的可行情况。另外，无论站改前及站改后通过能力的数据分布合理与否，两者之间的同一种状态都互相对应。

3. 深圳北站站改前后通过能力影响分析

深圳北站站改主要对站场北咽喉进行，南咽喉的站场布局与站改前大致相同，所以车站站改通过能力变化主要由北咽喉引起。北咽喉站改后原有广州方向行车线不变，增加赣州方向 3 条行车线，同时增加深圳第二动车所，这将导致北咽喉通过能力增加，也必然会导致车站通过能力增加，由于咽喉区与咽喉区之间通行能力的互相关联和互相制约关系，也会导致南咽喉通过能力发生变化。

咽喉进站能力和出站能力的大小决定了咽喉和车站通过能力的大小，但数据出现"极端分布"和"极端不均衡"的状态属于不符合车站行车的常态，根据图 5-20 至图 5-23 进站能力和出站能力的数据进行对比，选取 4 种数据分布"非极端相对均衡"的状态进行站改前后通过能力的影响分析。4 种状态分别为"北咽喉进北咽喉出南咽喉出+南咽喉进南咽喉出北咽喉出""北咽喉进南咽喉出北咽喉出+南咽喉进北咽喉出南咽喉出""南咽喉进北咽喉出南咽喉出+北咽喉进南咽喉出北咽喉出""南咽喉进南咽喉出北咽喉出+北咽喉进北咽喉出南咽喉出",将4种状态分别记作 A、B、C、D 状态,如表5-9所示。

表5-9 深圳北站站改前后通过能力影响对比

状态	区域	站改前通过能力	站改后通过能力	变化量	变化程度
A 状态	北咽喉	$Q_A-Q_{AD}+Q_{AA}+Q_{BA}=272-46+226+0=452$(列)	$Q_A-Q_{AD}+Q_{AA}+Q_{BA}=750-344+406+0=812$(列)	812-452=360	79.646%
	南咽喉	$Q_B-Q_{BD}+Q_{AB}+Q_{BB}=190-0+0+190=380$(列)	$Q_B-Q_{BD}+Q_{AB}+Q_{BB}=162-0+0+162=324$(列)	324-380=-56	-14.737%
	车站	$Q(C)=(Q_A-Q_{AD})+(Q_B-Q_{BD})=Q_{AA}+Q_{AB}+Q_{BA}+Q_{BB}=416$(对)	$Q(C)=(Q_A-Q_{AD})+(Q_B-Q_{BD})=Q_{AA}+Q_{AB}+Q_{BA}+Q_{BB}=568$(对)	568-416=152	36.538%
B 状态	北咽喉	$Q_A-Q_{AD}+Q_{AA}+Q_{BA}=312-0+0+145=457$(列)	$Q_A-Q_{AD}+Q_{AA}+Q_{BA}=750-344+0+162=568$(列)	568-457=111	24.289%
	南咽喉	$Q_B-Q_{BD}+Q_{AB}+Q_{BB}=145-0+312+0=457$(列)	$Q_B-Q_{BD}+Q_{AB}+Q_{BB}=406-0+0+406=568$(列)	567-457=111	24.289%
	车站	$Q(C)=(Q_A-Q_{AD})+(Q_B-Q_{BD})=Q_{AA}+Q_{AB}+Q_{BA}+Q_{BB}=457$(对)	$Q(C)=(Q_A-Q_{AD})+(Q_B-Q_{BD})=Q_{AA}+Q_{AB}+Q_{BA}+Q_{BB}=568$(对)	568-457=111	24.289%
C 状态	北咽喉	$Q_A-Q_{AD}+Q_{AA}+Q_{BA}=330-120+39+250=499$(列)	$Q_A-Q_{AD}+Q_{AA}+Q_{BA}=997-704+70+250=613$(列)	613-499=114	22.846%
	南咽喉	$Q_B-Q_{BD}+Q_{AB}+Q_{BB}=250-0+171+0=421$(列)	$Q_B-Q_{BD}+Q_{AB}+Q_{BB}=223-0+0+223=473$(列)	473-421=52	12.352%
	车站	$Q(C)=(Q_A-Q_{AD})+(Q_B-Q_{BD})=Q_{AA}+Q_{AB}+Q_{BA}+Q_{BB}=460$(对)	$Q(C)=(Q_A-Q_{AD})+(Q_B-Q_{BD})=Q_{AA}+Q_{AB}+Q_{BA}+Q_{BB}=543$(对)	543-460=83	18.043%
D 状态	北咽喉	$Q_A-Q_{AD}+Q_{AA}+Q_{BA}=224-11+213+0=426$(列)	$Q_A-Q_{AD}+Q_{AA}+Q_{BA}=958-599+259+0=518$(列)	518-426=92	21.596%
	南咽喉	$Q_B-Q_{BD}+Q_{AB}+Q_{BB}=250-0+0+250=500$(列)	$Q_B-Q_{BD}+Q_{AB}+Q_{BB}=250-0+250+0=500$(列)	500-500=0	0.000%
	车站	$Q(C)=(Q_A-Q_{AD})+(Q_B-Q_{BD})=Q_{AA}+Q_{AB}+Q_{BA}+Q_{BB}=463$(对)	$Q(C)=(Q_A-Q_{AD})+(Q_B-Q_{BD})=Q_{AA}+Q_{AB}+Q_{BA}+Q_{BB}=509$(对)	509-463=46	9.935%

针对以上4种可行状态的通过能力分析总结如下：

（1）站改前每种状态的车站通过能力受限于咽喉通过能力，但站改后每种状态的车站通过能力受限于到发线接发能力，为未来车站通过能力扩展提供了方向。

（2）站改前每种状态的车站通过能力变动幅度比较小，站改后有2种状态的咽喉通过能力变动幅度较大，其余两种状态的咽喉通过能力变化幅度较小。

（3）站改前车站通过能力最低为416对，最高为463对，范围相差463-416=47（对），但有3种状态的通过能力都集中在460对附近，可以推断深圳北站站改前通过能力约为460对。

（4）站改后车站通过能力分两种情况，北咽喉区优先顺序时，有两种状态为568对，结果相同，可以推断通过能力大约为568对；南咽喉区优先顺序时，通过能力最高为543对，最低为509对。

（5）针对同一种状态下，站改后北咽喉通过能力的变化量以及变化程度，较站改前的差异变化较大，南咽喉变化较小。

（6）站改后北咽喉区优先顺序时，咽喉通过能力和车站通过能力增加幅度都在24%以上，甚至A状态下达到了79%；南咽喉区优先顺序时，车站通过能力增幅保持在20%以下。

（7）站改后的A状态下，南咽喉的通过能力没有增加反而减小，是因为受到发线能力的影响，北咽喉站改后通过能力大幅度增加，由北咽喉优先进入占用了较多到发线资源，从而使得南咽喉的通过能力减小。

（8）站改前限制车站通过能力的部分主要在咽喉区域，到发线通过能力仍有剩余。站改后限制车站通过能力主要集中在双向行车咽喉以及到发线9-14道两部分，为未来提高深圳北站通过能力明确了方向。

4. 结　论

将多品种流思想引入通过能力计算，不仅可以计算车站站改的通过能力，还可以为车站日常作业封闭哪些到发线、计算车站剩余通过能力以及优化车站行车作业等提供参考。研究方法的最大特点是，能够推算出8种主要不同状态下高铁枢纽站理论通过能力的具体数值，将通过能力数据分布"非极端相对均衡"的形态作为符合行车组织的可行方案，从而为行车组织优化等提供可靠和实用的依据，也可以为车站改造期间的行车组织优化提供决策支撑。在本研究基础上，后期需要研究在行车组织优化代价最小前提下，如何为站改施工企业提供可供借鉴的分区域、分阶段、分线路的施工方案。以及在高铁枢纽车站站改施工期间，如何将受影响动车组列车调整优化到其他到发线实现接发动车，形成新的行车组织方案。

5.3 多品种网络流理论在编组站的应用

编组站是铁路运输网的重要组成部分，主要负责车流的改编作业，其自身的工作效率对整个路网的运输效率有重要影响，如何合理安排与进行编组站的车流组织工作，是铁路运输亟待解决的问题。本节将介绍多品种网络流理论在编组站的应用，主要包括运用多品种网络流对单向编组站和双向编组站的作业优化问题。首先对多品种流方法在编组站的适用性进行分析。

5.3.1 多品种流方法与编组站问题的结合

作为我国运输行业骨干的铁路系统，长期以来的运能与运量有着突出的矛盾，因此需要深入研究铁路系统的运输效率问题，寻找能够提高运能的关键。以铁路货运网为基础，以铁路车站为节点，利用有向边表示列车的编组去向，可以构建铁路运输网，铁路运输网的流量就是区间内运行的列车。针对编组站就是铁路运输网中的一个节点，根据复杂网络的概念，可知对于作为"列车制造工厂"的某一个编组站来说，其节点的出入度是一定的，也就是其可以接收和编发的列车方向是一定的，但是"输出流量"和"输入流量"一般是不同的，也就是说其出入强度是不同的。

经过计算可知，编组站的出入度、出入强度的平均值是远高于铁路运输网整体的出入度、出入强度平均值的，也就是说编组站承担的业务量远高于全路平均水平，那么有必要对铁路货运网的关键节点——编组站进行强度变化的研究。

对于某个编组站而言，其入强度是由与其相关的其他车站决定的到达列车数，但是其出强度是通过编组站车流组织内部规律以及解编计划确定的出发列车的数量，而且运能不仅仅与列车数量相关，同样与列车的编成辆数相关，也就是说编组站接收来自不同节点的列车，每列列车中还包含着去往不同节点的车辆，需要在编组站重新"梳理"，经过"到、解、集、编、发"重新编组成为新的出发列车。但是出发列车的编组计划是在编组站中确定的，会影响发出的总车辆数，那么仅仅将编组站看作一个只有出入强度的节点是不够的，其本身的作业流程也可以抽象为以车辆作为流量的编组站网络，以便研究优化解编作业，提高编组站作业效率，在出强度已定的情况下，向区间发出更多的车辆。

因为编组站的出入度包含多个车流组号，那么编组站网络的解编作业过程实际就是图与网络中的多品种流问题。为了使所有出发列车在正点的基础上满轴发出，并且尽可能充分利用调机和到发线能力，需要结合作业过程中的实际问题，建立模型，重点考虑如何将解编计划的作业流程表现在抽象的编组站网络中，用多品种流方法解决编组站的解编计划问题。将一些复杂问题用网络的形式直观地刻画出来，把实际铁路运输中出现的车流接续问题、多个去向的车流、到发线容车数以及到发场股道运用等条件作为模型的约束条件，设置复合指标和复合参数，利用多品种流方法求出模型的最优解或较优解，最终为阶段计划的优化编制提供理论依据。

5.3.2 多品种流与编组站网络流的联系

编组站本身就是一个典型的网络体系结构，可以将编组站抽象成一个网络图，这也是本小节为何将多品种流方法运用到解编作业优化问题的原因。解编作业跟调机密切相关，因此某些节点也是调机工作状态改变的时间点。本小节的编组站网络暂不考虑取送车作业以及旅客列车作业与货物列车的冲突。

1. 编组站网络的边与节点分析

首先，多品种流问题是基于网络图存在的，是在传统的最小费用流问题上的延伸。那么依据编组站作业流程构造网络时，边和节点所代表的含义需要根据解编作业的过程来赋予定义，由于受到接续时间、出发列车满轴等因素的影响，多品种流网络的节点间的边、代价、流量、复合指标等都是处于动态变化的。因为若当前存在某一出发列车不能满轴正点发出，此时要对解编顺序进行调整，解编作业相关节点的时间参数也发生变化，即改编车流的走行路径不变，但是列车作业的时间发生了变化。

在一般网络中，节点表示对象，是两条或两条以上边的连接点以及边的端点，因此编组站网络中的节点可以看作改编车流在不同作业阶段的开始或结束作业的时间点。编组站网络中的实质就是改编车流通过相应节点所进行的分流和汇合工作。给出节点确定规则以及节点间边所代表的工作阶段，充分考虑实际作业过程中的条件限制，并将这些条件限制体现在编组站网络中。

边表示对象与对象间的关系，表示满足接续条件的车流某个时间段正在进行的某项作业，因此，编组站网络中的边也就是车流可以在网络中通行的路径，表示编组站解编工作中的作业流程。

2. 编组站网络流的多品种分析

多品种流问题中的多品种指的是两节点间需要或能够运送商品种类大于1，对编组站网络而言，到达编组站的改编列车包含多个组号的车流，编成的出发列车中也可能包含多个组号的车流，则编组站网络中的多品种是指车流组号的集合，同一编组站表示不同车流内容的车流组号不能重复。按照车流的性质，将全站车流去向的集合记为 $R = \{1, 2, \cdots, r\}$，r 为该编组站编组去向总数。

3. 编组站网络流来源分析

无论是在传统网络还是多品种流网络中，源都是只能发出的资源，不能接收流量的节点集合，那么确定编组站网络的源必须先确定解编作业的车流来源。

本小节重点是确定对解编计划有较大影响的车流来源，因此以调车场现车、到达场待解列车和本阶段陆续到达的到达解体列车作为本小节的车流来源进行研究。

那么本阶段开始时调车线上的存车用 dd_0 表示，此时车辆已经分解在调车线上。$SD = \{dd_1, \cdots, dd_{k'}\}$ 表示上阶段的待解列车，通过连接的相关边来区别上阶段待解列车此时正在进行的作业，节点的顺序为到达时刻的先后顺序，k' 为上阶段待解列车的数量。同理有 $TD = \{dd_{k'+1}, \cdots, dd_{n'}\}$，表示本阶段的到达解体列车。因此编组站网络的源为 $X = DD = \{dd_0, dd_1, \cdots, dd_{k'}, \cdots, dd_{n'}\} = \{dd_0, SD, TD\}$，那么 dd_n 表示其中的任意到达解体列车，此时共有 n' 列待解列车，令 $N_{dd}{}^n$ 为 dd_n 的编成辆数，$N_{dd}{}^{nr}$ 为 dd_n 中 r 去向的车辆数，$R(dd_n)$ 为到达解体列车中的车流方向集合。

4. 编组站网络流去向分析

同理，汇是只能接收资源的节点的集合。要确定编组站网络的汇，也就是确定源所发出的车流在编组站完成整个解编过程后的编组内容，因为直通列车及部分改编列车等其车列不包含源所发出的车流，因此编组站网络的汇只考虑自编始发列车，即 $Y = CF = \{cf_1, \cdots, cf_m \mid m = 1, 2, \cdots, m'\}$，$cfm$ 的编成辆数就是从源到节点 jxm 增流链的总调整量，同理 $Ncfm$ 为 cfm 的编成辆数，$Ncfmr$ 为 cfm 中 r 去向的车辆数，$R(cfm)$ 为车流去向集合，即本阶段的自编始发

列车有 m' 列，编号顺序按照运行图出发时间排列车。

5.3.3 基于多品种网络流方法的单向编组站阶段计划解编作业优化

考虑编组站的复杂性，本小节以单向编组站网络作为研究对象来解决编组站阶段计划的解编作业优化问题。以正点满轴为基础，以向区间发出的车辆数最多以及出发列车完成出发作业时间最早为目标，将最小费用流中的多品种与编组站车流组号联系，以多品种流方法为基础着手研究解编计划。

5.3.3.1 基于多品种流的单向编组站网络构造

编组站到达解体列车通常包含不同方向的车流，这些车列在驼峰进行解体后分解为一些单去向的车组在调车场分类集结，成为出发列车的车流来源；编组调机将调车场的待编车辆按照编组计划的要求编组成为最终的出发列车，这整个过程实际就是不同方向的车流在编组站网络的分配过程。因为双向编组站涉及的车场、股道及折角车流等问题较多，抽象后的网络太过复杂，因此本小节主要研究单向编组站抽象为网络后的解编作业优化问题，双向编组站网络构建将在下一节中详细介绍。

1. 基于多品种流的单向纵列式编组站网络构建过程

设单向纵列式编组站网络为 $G = (V, E, C, F, W, X, Y)$，根据图 5-24 所示的编组站完整的作业子过程之间的串联关系，选取相应的节点，以便连接节点的边能够表示解编过程中的作业。先构造单向纵列式编组站网络，在此基础上向构造单向编组站网络扩展。

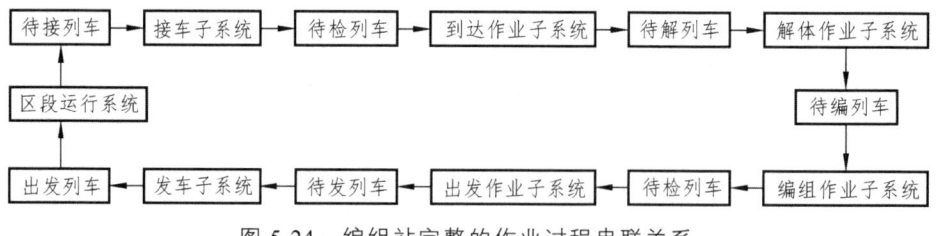

图 5-24 编组站完整的作业过程串联关系

（1）确定单向纵列式编组站网络的节点。

依据到达场、调车场和出发场以及重要的作业设备选取相应的节点，确定源、汇和转运点，车流来源和车流去向已知，只需确定转运点即可。因为车场布局不同，所涉及的车场数不同，解编作业涉及的某些作业也有所区别，节点的设置需要因地制宜。因此以单向纵列式三级三场编组站为例,确定其节点,以便能够得出单向编组站在选取节点时应遵循的一般规则。

虽然本小节主要研究的是解编作业的优化问题,但是由于网络图中节点指标的相关性以及解编作业时间的不确定性,在抽象网络时,不能只考虑完成解编作业的时间。单向纵列式编组站需要考虑的作业流程包括到达技术作业、解体作业、集结作业、编组作业及出发技术作业。

此外,由于编组站车流的特殊性,待解列车属于潜在车流来源,必须分解为调车场现车才能被编组作业直接利用,由编组作业前的集结过程可知,编成正点满轴要求的出发列车的车流是需要经过多次调整的,一般其车流来自多个源点,且其车流不是分开运送到出发列车抽象的汇点的,而是先解体完成的车流在调车线等待,先到等待后到,通过集结过程,再由编组调机编成一个整体,此后已经不涉及车流的调整,都是一整列车的技术作业。也就是说在编组站网络,车流先"化整为零",再"积少成多"编成整体。

那么令编组站网络 $G = \{G_1, G_2\}$,其中编组站多品种流网络 G_1 是列车到达车站到解体完毕开始集结的作业过程抽象而成的网络,涉及不同方向车流的选编问题,而编组站一般网络 G_2 是集结完成至出发列车发车的作业流程抽象的网络,此时没有某一个方向车流的调整,只涉及作业的时间问题,因此编组作业以后的工作过程不需获知具体的车流信息,只考虑与调机运用和到发线运用的协同问题即可。编组站网络也必须遵守流量守恒原则和容量约束条件。

假设单向纵列式编组站有两台驼峰调机,两台峰尾调机,两条牵出线,解体方案为双推单溜,则其他的节点集合为 BD、FD、TS、FX、JT、JX、BW、BC、FC。以下具体解释节点集合的含义以及确定集合中的节点数,网络中每个节点都通过赋予复合指标而蕴含时间、编组去向和车数等信息。

① 到达场相关的节点集合为 BD、FD。

其中,$BD = \{bd_1, \cdots, bd_f \mid f = 1, 2, \cdots, f'\}$ 是到达解体列车接入到达场股道开始进行到达技术作业的状态,且到达场股道数为 f' 条,此时到达列车占用到达场股道不仅有时间与空间约束,还要根据不同股道的有效长度计算边的容量限制,同理有 $FD = \{fd_1, \cdots, fd_f \mid f = 1, 2, \cdots, f'\}$,表示完成到达技术作业等待解体调机连挂牵引的状态。节点 bd_i 与节点 fd_i 一一对应,此时对应下标相同,表示所在的到达场股道。

② 驼峰相关的转运点包括 TS、FX。

TS、FX 是为了表示驼峰双推单溜的解体方案而设置的特殊顶点,

$TS = \{ts_1, ts_2\}$，其集合包含的节点数为编组站的推送线数量，因为单向纵列式编组站的解体没有牵出作业，因此用来表示驼峰调机连挂完成待解列车的状态，同理 $FX = \{fx\}$ 表示开始溜放作业，集合中只有一个节点，以便于表示溜放作业的时间不能冲突。

③ 调车场的节点集合包括 JT、JX、BW。

若将调车线抽象为节点，根据调车线运用计划，会导致每个完成溜放作业的待解列车会对应多个调车线抽象而成节点，而由于出发列车车流来源的情况不同，多个调车线节点又对应一个待编的列车，会导致网络图过于复杂，因此直接设置节点集合 $JT = \{jt_1, \cdots, jt_n\}$ 表示已经按照调车线运用计划完成溜放作业的待解列车对应的车流，因为存在 dd_n 某些方向的车流没有编入本阶段的出发列车，而成为本阶段末的站存车的情况，而且本小节分配完流量之后要根据调车场还未使用的车流继续寻找增流链，因此本小节就将节点 jt_n 视为可以存储车流的源点。那么节点 jt_n 和 dd_0 是编组站网络的直接车流来源，在编组站网络中也用红色表示。

$JX = \{jx_1, \cdots, jx_m \mid m = 1, 2, \cdots, m'\}$，节点数与出发列车（自编始发列车）一一对应，是一个特殊的顶点，可以接收流量可以发出流量，是解体作业的汇，也是编组作业的源，即节点 jx_m 为中间点。表示完成集结过程，可以根据与其有直接连线的节点 jt_n 得到对应出发列车的车流来源。

BW 表示编组完成等待迁往出发场的车辆状态，此时的输出车流为出发车列，节点数等于编组站牵出线的数量，因此此时 $BW = \{bw_1, bw_2\}$。

④ 出发场的转运点集合有 BC、FC。

其中 BC 表示完成转线的车列在出发场股道开始出发技术作业的车辆状态，$BC = \{bc_1, \cdots, bc_h \mid h = 1, 2, \cdots, h'\}$，$h'$ 为出发场股道数；同理 $FC = \{fc_1, \cdots, fc_h \mid h = 1, 2, \cdots, h'\}$ 表示车列完成出发技术作业，其节点 BC、FC 下标一一对应，取值一致。

综上所述，不同节点的下标取值范围不同，只有表示同一种设备的相关节点的才相同，其余节点的下标取值根据具体的实际作业确定。

单向纵列式编组站网络的节点分布如图 5-25 所示，根据集合 TS 的节点数可知，此编组站有两条推送线。网络的车流来源位于到达场和调车场，处于不同车场，因此对节点划分颜色。其中红色节点代表车流来源，包括作为潜在车流来源的到解列车和能够作为直接车流来源的调车场车流；紫色节点代表中间点 JX，绿色节点表示出发列车，其节点设置如图 5-25 所示。

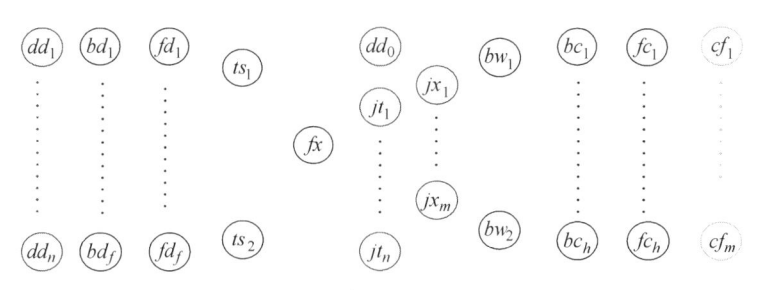

图 5-25 单向纵列式编组站网络节点设置

在寻找增流链时，编组站网络以出发列车接续车流集结完成为界，分为编组站多品种流网络 G_1 和编组站一般网络 G_2。有 $G=\{G_1,G_2\}$，其中 G_1 包含的节点集合为 DD、BD、FD、TS、FX、JT、JX，G_2 包含的节点集合为 JX、BW、BC、FC、CF，那么网络 G_1 和 G_2 由节点 jx_m 联系为一个整体。

（2）确定单向纵列式编组站网络的边。

编组站网络中的边表示满足接续条件的车流某个时间段正在进行的某项作业，根据接续时间及车流方向等约束条件建立相邻节点间联系，没有用弧连接的相邻节点表示不满足约束条件。因为编组站作业顺序已经被规定，因此编组站网络是运送路径有限制的多品种流网络，通过代价最小路径确定作业最早开始或结束时间。在编组站网络中用红色箭头表示单机走行，作为列车开始解编作业前必需的紧前作业。

本小节主要研究的是解编作业与到发线、调机的协同优化，由于篇幅有限，只是在分析到发线占用时间上简单涉及了接车进路和发车进路。参考图 5-24、图 5-25 以及协同优化条件，得出单向纵列式编组站网络边的汇总表 5-10。

表 5-10 单向纵列式编组站网络的边

编号	边	含义	备注
1	(dd_n, bd_f)	表示 dd_n 可以接入到达场 f 股道，适用于本阶段还未开始到达技术作业的所有待解列车	最终只能是映射关系，即一列到达列车只能接入一条到发线
2	(bd_f, fd_f)	进行到达技术作业	一一对应，且节点下标取值一样
3	(dd_k, fd_f)	上阶段待解车列在本阶段开始时已经在进行到达技术作业	映射关系，表示列车在到达场 f 股道作业

续表

编号	边	含义	备注
4	(jt_n, fd_f) →	完成溜放作业后，调机单机走行到到达场准备连挂待解车列	映射关系，此时可能包括整备时间等调机固定作业时间
5	$(fd_f, ts_{1/2})$ →	解体调机在到达场，连挂 f 股道的待解列车	可能存在先后占用同一到达场股道、同一推送线的待解列车
6	$(ts_{1/2}, fx)$ →	推峰作业	整个编组站网络共有两条边，都经过节点 fx，存在占用冲突问题
7	(fx, jt_n) →	溜放作业，包括驼峰间隔时间	边数等于待解列车数
8	(jt_n, fx) ⇢	表示必须先解列车完成溜放作业后，后解列车才能开始	虚工作，表示溜放作业时间不能冲突
9	(dd_0, jx_m) →	表示本阶段开始时的调车场现车编入出发列车 cf_m	特殊边，代价为 0，最终由调整量得到的配流方案确定边数
10	(jt_n, jx_m) →	表示 dd_n 解体后的车流编入出发列车 cf_m	存在多条边
11	$(jx_m, bw_{1/2})$ →	表示完成集结的 cf_m 在对应牵出线完成连挂作业	映射，表示待编列车一次只能占用一条牵出线
12	$(bw_{1/2}, bc_h)$ →	转线作业，将编组完成的车列牵入出发场第 h 股道	可能存在先后占用同一牵出线、同一出发场股道的待发列车
13	$(bc_h, bw_{1/2})$ ⇢	表示开始转线作业的前提是先编组的列车已经转线完毕	虚工作，表示转线作业时间不能冲突
14	(bc_h, jx_m) →	完成转线作业的编组调机单机走行到调车场入口	映射，表示一列待编列车只能占用一个编组调机
15	(bc_h, fc_h) →	表示出发技术作业	一一对应，且下标取值一致
16	(fc_h, cf_m) →	表示列车等待发出的状态	一列出发列车对应一个节点 fc_h

解编作业在编组站网络中的作业流程已经确定，也就是说节点集合与节点集合之间的关系已经确定，因此基于编组站网络的解编作业流程图如图 5-26 所示：

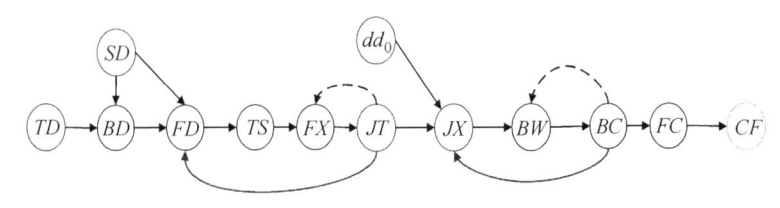

图 5-26 基于编组站网络的解编作业流程

解体作业在编组站网络中表示为 $FD—TS—FX—JT—FD$（假设阶段一开始调机就可以开始工作），那么对节点 FD 来说，存在两个表示紧前工作的节点"v_i"，表示其开始解体的必要条件是完成到达技术作业和解体调机空闲。

同理，编组作业顺序为 $JX—BW—BC—JX$（假设阶段一开始调机就可以开始工作），对节点 JX 来说，存在多个节点"v_i"，表示其开始编组的条件是节点 JX 必须接收一定的流量以及编组调机空闲。

2. 构造单向编组站网络

以单向纵列式编组站网络为基础，确定其他单向编组站网络的构造规则。单向编组站是指上下行方向的改编车流共用一套调车设备进行解体和编组的编组站，站内所有改编作业只在一个系统内进行，解体车列的驼峰只朝一个方向。根据车场布局不同，可有横列式、纵列式以及混合式编组站。

（1）单向横列式编组站网络分析。

因为车场布置不同，横列式比纵列式调车场增加一个将车列迁往推送线的过程，由单向纵列式编组站网络可知，节点的设置和边的含义是根据作业流程确定的，因此单向横列式编组站网络需要在单向纵列式网络的基础上进行略微的调整，设置表示牵出作业的节点。

那么，在双推单溜的解体方案下，单向横列式编组站网络节点集合与纵列式编组站网络一致，依旧为 DD、BD、FD、TS、FX、JT、JX、BW、BC、FC、CF，每个集合包含节点数的确定规则也一致，因为解体作业时，到达场和调车场纵向横列布置，其解体作业增加了牵出作业的过程，因此节点集合 TS 表示到达场出口咽喉区的最外方警冲标，为方便计算车列的牵出作业时间而设置的转运点。那么边（fd_f, $ts_{1/2}$）表示驼峰调机连挂待解车列，并将车列迁往推送线，表示连挂作业和牵出作业，而在纵列式编组站网络中，边（fd_f, $ts_{1/2}$）只表示连挂作业。

因为单向横列式编组站的解编作业量不大，当采用单推单溜的解体方案时，则节点 TS 的集合变为 $TS = \{ts\}$，那么整个解体作业的过程时间都不能发生冲突。

由此，可发现单向横列式编组站网络与纵列式网络节点集合的设置一致，边的关系也一致，只是在表示解体作业时相关边代表的作业过程有细微不同。

（2）单向混合式编组站网络分析。

单向混合式编组站的上、下行出发场横列在共用的调车场两端，也就是说其在集结之前的作业流程与单向纵列式编组站一样。即到达场、调车场相关节点与单向纵列式编组站一致，但是在编组完成进行转线作业时，需要区分待发列车的去向，以确定接入的出发场。

也就是说在双推单溜解体方案下，单向编组站的到达场、调车场节点设置都是一致的，节点间边的含义与纵列式一致，但是在设置出发场节点时就必须根据出发列车的去向接入出发场，在抽象网络时原理没有区别，但是节点 BC 下标的设置要可以分辨上、下行出发场，在确认接入的出发场股道时，其约束条件增加了上、下行出发场。

（3）单向编组站网络构造规则。

将单向纵列式编组站网络节点和边的设置一般化，得到单向编组站网络的构造规则，实际上也适用于双向编组站网络，但是这些规则对于设置双向编组站网络是远远不够的。对双向编组站来说，设置的重点主要是作业流程在网络中如何体现，如何简化网络，以及如何用多品种流方法解决双向编组站解编作业模型问题，此问题将在下一节中详细介绍。

构造单向编组站网络的一般规则如下所示：

① 解编作业的车流来源即为编组站网络中发出流量的源。

② 自编始发列车为编组站网络中接收流量的汇。

③ 因为编组站车流的特殊性，待解列车属于潜在车流来源，必须分解为调车场现车才能被编组作业直接利用，因此表示完成集结过程的节点既是源也是汇，是解体作业过程的汇，是编组作业过程的源。

④ 根据编组站站型以及解编方案等，来确定需要考虑的作业流程。

⑤ 根据作业流程来设置节点，在单向编组站中到发线、推送线代表的节点数等于其股道数。

⑥ 只有表示同一种设备的相关节点下标的才相同，其余节点的取值根据具体的实际作业确定。

⑦ 解编作业的流程一般是固定的，站型和解编方案一旦确定，其对应表示边的作业也就确定。也就是说节点集合与节点集合之间的关系是确定的，只是需要确定节点集合中具体的节点，以及对于一个节点存在与多个待解列车相关的时间参数时，应该如何确定计算顺序的问题。因为作业流程已经确定，所以一般是根据已经确定的解编计划，计算与其对应的解编作业相关的所有节点的复合指标即可，在计算时还需考虑与在此之前的作业是否存在时间上的冲突。

5.3.3.2 基于多品种流方法的单向编组站网络的复合参数与复合指标设置

单向编组站的网络节点设置基本一致，与单向纵列式编组站网络有极大的相似性，因此以单向纵列式编组站为例，根据编组站网络车流的特点以及解编作业需要蕴含的信息，参考多品种流方法，确定编组站网络的复合指标和复合参数。

当一个节点与两个及以上的节点建立联系时，那么就需要考虑其占用时间的冲突问题，比如溜放作业冲突、转线作业冲突等，存在冲突的相关节点间的弧不能同时存在。本小节将调机运用约束与编组站网络结合，作为确定解编作业的开始时间的紧前工作。根据编组站网络中解编作业的时间参数，确定占用到发线的时间区间，确定到发线运用计划。综合考虑"到、解、编、发"过程中的影响因素，得出优化后的时间，进一步确定接续关系。

1. 编组站网络性质

根据约束条件对编组站网络的性质进行分析，首先，因为股道运用计划以及出发列车编组内容的约束，编组站网络实际是运送路径限制的多品种流网络。其次，出发列车必须满轴的要求实际就是编组站一般网络 G_2 中边（jx_m，$bw_{1/2}$）的流量必须在一定区间内，且对于流量有需求的边，必须先满足其流量需求。而节点 jx_m 和 $bw_{1/2}$ 是映射关系，一个节点 jx_m 只能对应一个 $bw_{1/2}$，也就是说将边（jx_m，$bw_{1/2}$）的流量需求处理为节点 jx_m 接收的车流不仅方向有限制，且流量也有需求。同样，到发线、调车线等相关股道，有其对应的最大容车数，属于容量有限制，并且根据编组计划的要求，不同出发列车能够接收的车流方向不同，也可将不能接收的方向对应的容量视为 0，即编组站网络是路径有限制、容量有限制且节点有流量需求的多品种流网络。

由于占用固定设备、调机的时间冲突，以及集结时间的不确定性，整个解编过程包含不确定的等待时间，且不能因为先到所以先调整，必须根据优先级别寻找增流链。因此不能通过最小代价来选择路径。因为阶段计划解编作业中时间约束是配流必须满足的条件之一，因此将编组站网络的代价定为时间，最小代价只是作为一个满足约束条件下的时间参数。

2. 赋权编组站网络的有向边复合参数

根据多品种流网络中已知的复合指标和复合参数，在其基础上进行扩展。那么，对编组站网络 G 从以下几个方面分析复合参数设置的原则。

（1）列车的编成辆数。

本小节考虑的出发列车满轴要求包括编成辆数、换长和计重 3 个指标，设编成的出发列车的轴重为 g_m，换长为 l_m，编成辆数为 $\delta_m = N_{cf}^m$。满轴要求中的轴重区间为 $[g_m^a, g_m^b]$，总长区间为 $[l_m^a, l_m^b]$，车辆数区间为 $[\delta_m^a, \delta_m^a]$。

可以将满轴条件作为节点 jx_m 的流量需求体现在网络中，但是因为不同车种、方向的车辆其计重换长不一致，会导致临近满轴状态时出现误差，因此在配流确定增流链的调整量时，只以编成辆数作为粗略的满轴标准，检查其计重和换长。

（2）股道的最大容车数。

计算出到发线的换长及最大容车数，与股道抽象而成的节点相关的边在计算复合参数的容量时必须考虑最大容车数。

（3）不同方向车流的容量限制问题。

当进行编组作业时，根据编组计划的规定，不同的出发列车能够接收的车流方向有不同的规定，但是大部分均只能接收某一个或几个方向的车流，可以看作容量有限制的多品种流网络，也可以看作是某些方向的车流有路径限制，但是一个方向的车流对应一个容量的话，会使复合参数中存在大量 $c_{ijr}=0$，需要考虑简化复合参数。

当存在某条边不能通过某些方向的车流时，其 $c_{ijr}=0$，那么只需列出能够通过的车流的方向即可，将有 $c_{ij}(r)$，r 表示可以编组的去向。即当复合参数中出现 (r)，说明此边有路径限制，只有列出的方向才能通过车流。

（4）调车机车的单机走行。

因为车列的作业需要调机提供动力，解编作业等均涉及调机是否的空闲问题，调机只是作为相关作业所必需的紧前工作，因此不需要考虑表示单机走行的红色有向边的容量、流量等，只用明确其作业的时间参数。

（5）来自源的车流状态分析。

对车流在编组站的 3 个状态进行分析，当列车还未解体时，其包含的车流作为一个整体进行作业。同理，当车流按照配流方案编成列车后，继续作为一个整体进行作业，那么当待解车列 dd_n 解体成为调车场车流时，直接根据配流方案得到的从源 dd_n 到中间点 jx_m 的增流链，确定流量的分配，节点 jx_m 的时间参数随着流量的分配而更新，直到满足流量需求，那么按照最后的时间参数，通过编组调机将与其相关的调车场车流编组成出发车列。

那么，根据车辆在网络中的状态设置复合参数，若车辆为一个整体，则说明车流不分方向，其复合参数就有 $[c_{ij},f_{ij},w_{ij}]$。也就是说在溜放作业之前和完成集结过程后，车流都是一个整体，不可能再针对某个方向的车流进行调整。

比如待解列车是以整列形式到达编组站，不可能单独发出部分流量，在溜放作业后，车列才分解为不同方向的车流，之后来自不同到达列车的车流通过集结编组成一列出发列车。因此对于溜放过程（fx, jt_n）和集结过程（jt_n, jx_m），其流量要分方向，且因为调车线股道运用计划和出发列车编组内容的约束，在同一条边对于某些方向的流量有路径限制，但是本小节暂未抽象调车线，不能表示出调车线运用计划，因此对溜放过程有 $[c_{ij},f_{ij}(f_{ijr}),w_{ij}]$，对集结过程有 $[c_{ij}(r),f_{ij}(f_{ijr}),w_{ij}]$。特别的，对于表示单机走行的边，其复合参数只有时间代价 w_{ij}，以便计算完成单机走行的时间参数。

3. 设置编组站网络的节点复合指标

已知对于编组站网络而言，节点集合间关系确定，只是需要确定具体节点的接入情况，以及不同车辆或车组接入该节点的顺序。以待解车列进行的推峰作业为例，即对于 f 股道的待解列车来说，必定存在边 $(fd_f, ts_{1/2})$，但是究竟其下标应该如何取值，先解体哪列待解列车，通过哪条推送线进行推峰作业，需要结合其他待解列车的解体作业来确定，牵一发而动全身。因此设置复合指标时，不仅要根据复合参数，还要从以下几个方面考虑：

（1）源到节点 v_j 的最短路 $l(v_j)$。

其中 $l(v_j)$ 表示经过前一个顶点 v_i 到顶点 v_j 的当前最短路长度。编组站的不同待解列车的作业过程涉及时间与空间上的交错，同一个节点存在与多个列车相关的作业，对一个节点而言，在某个时间段，存在多个 $l(v_j)$。为使网络更加直观，添加上下标，以表明此作业是属于为待解列车解体的作业还是为出发列车发车的作业。比如对于还未解体的到达解体列车 dd_n，接下来一段时间内作业的目的是解体 dd_n，因此 $l(v_j)$ 增加上标变为 $l^n(v_j)$，与其对应作业的到达解体列车节点编号一致。同理，调车线上的车流来自多个待解车列，那么对于集结完成，待编组的车流而言，其接下来的作业就是为出发列车 cf_m 编组，因此增加下标变为 $l_m(v_j)$，与其需要编成的出发列车节点编号一致。

也就是说用节点的上下标来区分此时节点的复合指标对应的是哪列待解车列或出发列车的作业。但是为了行文方便，在不会造成误解的情况下，下文提到从源到节点的最短路时统一用 $l(v_j)$ 代替，称为时间参数。

但是这里需要特别注意的是调机的单机走行，作为结合调机运用计划的编组站网络，其表示完成单机走行时的节点处于解体作业阶段时，$l(v_j)$ 改写为 $l_{dj}{}^n(v_j)$，同理编组作业阶段则改写为 $l_{dj}{}^m(v_j)$，单独列出，以区分解编过程中的等待是等待调机空闲还是等待其他紧前作业完成。

（2）节点 v_j 经过的前一个节点 v_i。

因为编组站网络中的车流经过分解，然后来自不同源的车辆再集结编组成出发列车，要明确出发列车的编组内容。因此节点复合指标中需要标明经过的前一个节点。对源而言，其前一个节点为 $+\infty$。需要注意的是，某些节点存在两个及以上的 v_i，此时将所有 v_i 罗列出来，用逗号隔开。比如对于驼峰调机而言，为了表示溜放作业不能冲突，设置了边（jt_i, fx）的虚工作，在计算后解体列车 dd_n 的开始溜放时间 $l^n(fx)$ 时，其节点 fx 就有两个"v_i"，包括 $ts_{1/2}$、jt_i。

（3）当前增流链的最大可能调整量 $\lambda_m{}^n$。

对出发列车的车流而言，满足其编组内容的车流是通过增流链多次调整的，是来自不同到达列车的车流，因此对于编组站网络的整个配流过程，存在大量增流链，且增流链的源和汇可能来自不同列车，存在多种组合方案，那么通过上下指标，来区分这个最大可能调整量对应的含义。也就是说，结合复合参数中流量的设置，对于车辆的不同状态，最大可能调整量的表现形式不同。

$\lambda_m{}^n$ 为从 jt_n 到 jx_m 的最大可能调整量，$\lambda_m{}^{nr}$ 为从 jt_n 到 jx_m 的 r 去向的车流的最大可能调整量，随着编组作业的进行，节点 jt_n 中的车流编入不同的列车，能够分配的 jt_n 的 r 去向的车流调整量也在减少，$\lambda_m{}^n$ 的具体值在减小。因为编组站网络车流的特殊性，只有当车流完成溜放作业后，才有最大可能调整量 $\lambda_m{}^{nr}$，在未进行溜放作业时，其最大可调整量是一个整体，为到达列车的编成

辆数 λ^n；同理，在完成编组作业之后，其增流链只有一条，最大可调整量为出发列车的编成辆数 λ_m。同样对整个编组站网络，涉及某些表示调机单机走行的节点，没有连挂车列，没有涉及车流的调整量，其 $\lambda=0$，不需列出。因此有公式（5.16）。

$$\begin{cases} \lambda^n = \sum_{m=1}^{m'} \lambda_m^n \\ \lambda_m^n = \sum_{r=1}^{r'} \lambda_m^{nr} \\ \lambda_m = \sum_{n=0}^{n'} \lambda_m^n \end{cases} \quad (5.16)$$

（4）设备占用时间。

为确定调机运用计划、到发线运用计划，对节点 dd_n 和 cf_m 增加占用设备的时间区间 (bz, fz)，bz 为开始占用时所对应节点的时间参数 $l(v_j)$，fz 为占用结束对应节点的时间参数 $l(v_j)$。因为在编组站网络中已经考虑调机空闲单机走行的紧前工作，以及为避免不同调机牵引时的冲突，增加虚工作作为紧前工作，表明上一列车占用结束，因此调机的占用时间不需在复合指标列出。

综上所述，编组站网络节点的复合指标如公式（5.17）所示。

$$\begin{cases} [l^n(v_j), +\infty, \lambda^n](bz_n^f, fz_n^f) & v_j = \{SD, TD\} \\ [l^n(v_j), v_i, \lambda^n] & v_j = \{BD, FD, TS, FX\} \\ [l^n(v_j), v_i, \lambda^n(\lambda^{nr})] & v_j = \{dd_0, JT\} \\ [l_m(v_j), v_i, \lambda_m(\lambda_m^{nr})] & v_j = \{JX\} \\ [l_m(v_j), v_i, \lambda_m] & v_j \in \{BW, BC, FC\} \\ [l_m(v_j), v_i, \lambda_m](bz_m^h, fz_m^h) & v_j \in \{CF\} \\ [l_{dj}^{n/m}(v_j), v_i] & (v_i, v_j) \text{为单机走行} \\ n = 1, \cdots, n'; m = 1, \cdots m'; r = 1, \cdots, r' \end{cases} \quad (5.17)$$

其中，源的前一节点"v_i"设为$+\infty$。根据复合指标可知，对于转运点，它在不同时段一般存在多个复合指标，但是根据以下复合指标中 $l(v_j)$ 的计算规则，随着所有待解列车作业的进行，其节点的复合指标会被"更新"。

4. 复合指标中 $l(v_j)$ 的计算规则

作为分析解编作业相关时间参数的重要依据，为方便对到发线占用时间、解编作业时间的分析，基于编组站网络，给出复合指标中时间参数 $l(v_j)$ 的计算规则。

规则 1：对于上阶段到达的待解列车以及调车场现车，其 $l^n(dd_n)=T_0$；T_0 为本阶段开始时间，本阶段到达的到解列车的 $l^n(v_j)$ 为列车到达车站的时间 T_{dd}^n。出发列车 cf_m 的时间参数 $l_m(cf_m)$ 为运行图规定的发车时间 T_{cf}^m。

规则 2：相同节点的复合指标变化只能由小到大，若边 (v_i,v_j) 为前向边且 $f_{ij}<c_{ij}$，对于到达列车而言，在计算相关作业的节点指标时，始终有公式（5.18）。

$$l^n(v_j) = \max\{l^k(v_j), l^n(v_i)+W_{ij}\} \quad (k \leqslant n, dd_k、dd_n \in DD) \qquad （5.18）$$

一方面表示当两列及以上的列车相关作业经过同一点时，就存在时间占用的问题，则后作业的列车必须考虑先作业列车的时间。另一方面，当节点存在两个以上的"v_i"时，其开始作业的时间必须要等待所有的紧前作业完成。

① 当 $l^n(v_j) = \max\{l^k(v_j), l^n(v_i)+W_{ij}\}=l^n(v_i)+W_{ij}$ 时，说明此时正在进行的作业与前一列车的作业不存在冲突，开始作业的时间取决于后完成的紧前工作。

② 当 $l^n(v_j) = \max\{l^k(v_j), l^n(v_i)+W_{ij}\}=l^k(v_j)$ 时，说明当后作业的列车完成紧前作业可以开始此项作业时，先作业的列车作业还未完成，后作业列车需要等待。

规则 3：同理，对于出发列车对应的作业而言，有公式（5.19）。

$$l_m(v_j) = \max\{l_k(v_j), l_m(v_i)+W_{ij}\} \quad (k \leqslant n,\ cf_k、cf_m \in CF) \qquad （5.19）$$

规则 4：因为编组站作业涉及调机等的协同优化，节点存在多个 v_i，则计算其对应的所有 $l(v_i)+w_{ij}$，再根据规则 2、3 取值。

规则 5：对于表示虚工作和单机走行的节点，只需计算其 $l(v_j)$，不涉及流量的调整，只是为了表示紧前工作。若有两条边，其起始点完全相反，且其中一条为虚工作，则说明不同列车进行此作业时占用时间不能有冲突，虚工作为下一列车进行此工作的紧前工作。

规则 6：在计算 $l(v_j)$ 时，不能按照多品种流方法中的每次选择 $l(v_j)$ 最小的节点检查，而是根据增流链，直接计算此增流链中所有节点的复合指标。后调整的增流链的复合指标需要考虑与先调整的相关节点的时间冲突。

规则 7：计算得到的 $l(v_j)$ 只是考虑在约束条件下的最早开始作业时间。

5.3.4　基于多品种网络流方法的双向编组站配流

本小节将在前一节的基础上进行扩展研究，以设有交换场的双向三级七场纵列式编组站为研究对象，基于多品种流方法，将双向编组站的配流问题转化为多品种流网络的最小费用最大流问题。

5.3.4.1 多品种流方法与双向编组站的联系

编组站是铁路运输网的重要组成部分，主要负责车流的改编作业，其自身的工作效率对整个路网的运输效率有重要影响，如何合理的安排与进行编组站的车流组织工作，是铁路运输亟待解决的问题。要优化编组站的车流组织工作，首先需要解决的就是车站作业计划的优化，车站作业计划主要包括班计划、阶段计划和调车作业计划，其中阶段计划包含出发列车的配流、调机运用以及到发线运用 3 个主要内容。而出发列车的配流则是阶段计划编制的核心，它将直接影响整个编组站车流组织的效率。尤其是针对铁路双向编组站，相较于单向编组站而言，其衔接方向更多、车流量更大、车流种类非常复杂，且其折角车流的作业过程是一直以来的研究难点。因此，如何合理地进行出发列车的配流，成为铁路双向编组站车流组织优化的重点。

配流问题的关键是确定出发列车的编组内容以及具体的车流来源。双向编组站出发列车的车流来源有以下几部分：到达场的待解列车、本阶段陆续到达的列车、调车场分类线现存车、交换场等待转场车列以及待取回的本站作业车（货场、专用线）。在确定配流方案时，应综合考虑出发列车的编组要求、车流接续时间限制、站内各线路的占用情况、调车机车的使用情况等因素。

根据不同的配流特点，可以将配流问题划分为多个类别，如图 5-27 所示。

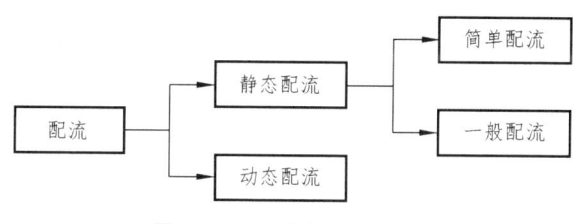

图 5-27 配流问题的分类

列车解体方案已经确定（即解体顺序既定）的配流问题称为"静态配流"，解体方案尚未确定的配流问题称为"动态配流"。其中，静态配流问题又可细分为简单配流和一般配流。在简单配流问题中，所有到达及出发列车只包含一个编组去向的车流，任一到达列车可以为任一出发列车提供车流，且总的车流量供需平衡。

而双向编组站的到达列车与出发列车往往包含两种及以上去向的车流，

且总的车流量供需也不平衡。对于这种一般配流问题，除了考虑简单配流问题的约束条件外，还需增加以下约束。① 编组去向约束：只有满足出发列车的编组去向要求的车流，才可能成为出发列车的车流来源。② 接续时间约束：只有满足解体完毕时刻早于出发列车开始编组时刻的车流，才可能成为出发列车的车流来源。③ 满轴约束：对于必须满轴开行的列车，其编组车数应等于满轴车数。我国规定，除摘挂列车、小运转列车、快运货物列车、快运零担列车等少数几种列车允许欠轴开行外，其他货物列车一般均须满轴开行。本小节主要研究解体方案尚未确定的动态配流问题，即确定到达列车的解体方案、出发列车的编组内容（编组去向和各去向车数）以及调车机车的运用方案。

车流在双向编组站内的技术作业过程，与网络图具有许多的相似性与共同点，故可根据双向编组站配流过程的特点，选取节点并构建边从而形成网络图，将车流在站内进行"到、解、集、编、发"等技术作业的过程抽象为一个网络图，使双向编组站的配流过程更加直观、清晰。那么双向编组站的配流问题，就转化为根据车流的不同去向，进行网络流分配的问题。其中，网络图中的流量即为车流量，容量则对应着到发线的容车数、出发列车的编成辆数等，代价即为技术作业及等待过程所花费的时间。因此，多品种流方法完全适合解决双向编组站的配流问题。

5.3.4.2 双向编组站配流过程网络图的构建

在根据车流的技术作业过程构造网络图时，首先需要确定的就是网络图的源点、汇点与转运点。我们选取车流技术作业的起止点以及特殊等待时间的起止点作为网络图的节点；再用边将有关联的节点连接起来，用边来表达相应的技术作业过程或等待过程。在网络图中，一部分的节点和边所构成的整体，就可以视为车流在双向编组站中进行的某项具体技术作业，从而将车流的技术作业过程用网络图来体现。由于车流在双向编组站内进行技术作业的过程是不断变化的，因此所建立的配流过程网络图也是动态变化的。本小节分别以各到达列车、出发列车为研究对象，那么每列车在双向编组站内进行技术作业的过程都对应着一个网络图，而在网络图中寻找增流链的过程，就是为出发列车配流的过程。

1. 配流过程网络图的构建步骤

本小节以本阶段陆续到达的解体列车、到达场内的待解列车、调车场分类线现存车以及交换场现存的交换车流作为车流来源，以本阶段的自编始发列车作为车流的最终去向，构建配流过程的网络图的步骤如图5-28所示。

步骤1：分析车流在编组站内的技术作业过程及等待过程，其中技术作业过程主要包括车列的"到解集编发"，等待过程主要考虑待解过程、待编过程和待发过程，忽略由于人为因素或其他不确定因素而导致的其他等待时间。

步骤2：选取车流技术作业及等待过程的起止点作为多品种流网络的节点。

步骤3：任选两节点，判断是否存在车流及时间接续关系。若存在，则用边将两节点相连，建立边的关联关系；若不存在，在其余未判断的节点中再选两节点进行判定。

步骤4：当对所有的节点判定完毕后，多品种流网络构建结束。

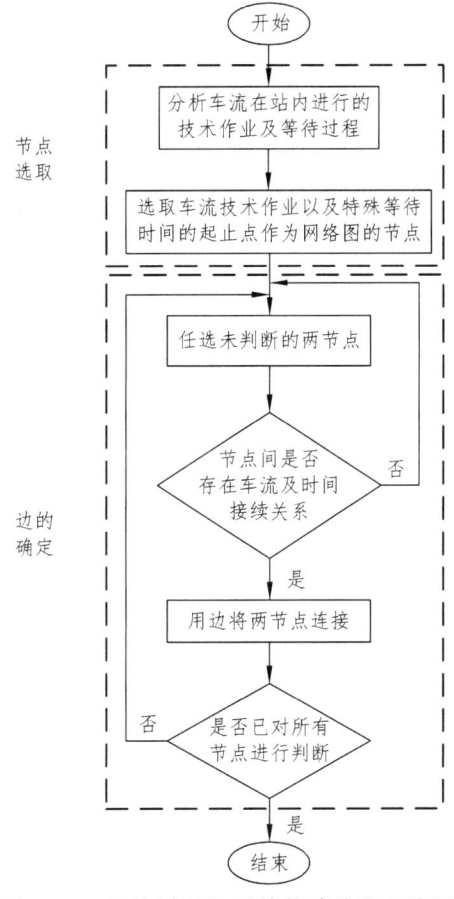

图 5-28 配流过程的网络构建流程示意图

2. 节点选取与边的确定

本小节以设有交换场的双向三级七场纵列式编组站为研究对象，构建配流过程网络图。假定两套调车系统的驼峰均采用双推单溜的作业方案，且峰尾均有两条牵出线供编组调机进行编组作业。下面以下行方向的调车系统为例，依据车流技术作业过程中涉及的各项技术作业以及特殊等待过程，设置相应的节点与边，并对每个节点和边所代表的含义进行说明。上行方向调车系统的节点与边的设置是类似的。

（1）到达场。

车流在到达场内的主要作业过程有：到达技术作业的过程，等待解体的过程，解体调机将车列送至推送线的过程。与之相对应，设置的节点和边如图 5-29 所示。

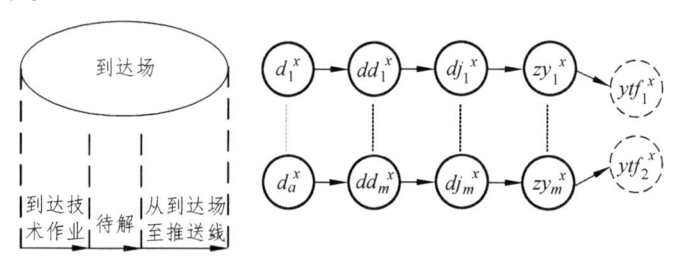

图 5-29 到达场的节点和边的设置

左侧为编组站到达场示意图，下方的箭头代表车流在到达场内进行技术作业的顺序。右侧为设置的节点和边，用圆圈代表网络节点，由于到达列车数较多因此节点数也较多，这里用省略号代替；虚线的圆圈是驼峰及其咽喉区处设置的节点，这里为了表达解体调机，将车列由到发线送至推送线的过程也相应标出。箭头代表节点间的边，它与车流的技术作业或等待过程相对应。特别的，$D^X = \{d_1^x, \cdots, d_i^x, \cdots, d_m^x\}$ 是设置的特殊节点，(d_i^x, dd_i^x) 是特殊边，后续会对其意义加以阐释。

到达场设置的网络节点的集合为 $\{D^X, DD^X, DJ^X, ZY^X\}$，设下行到达列车的数量为 a，下行到达场到发线的数量为 m，有公式（5.20）至公式（5.23）。

$$D^X = \{d_1^x, \cdots, d_i^x, \cdots, d_a^x\} \tag{5.20}$$

$$DD^X = \{dd_1^x, \cdots, dd_i^x, \cdots, dd_m^x\} \tag{5.21}$$

$$DJ^X = \{dj_1^x, \cdots, dj_i^x, \cdots, dj_m^x\} \tag{5.22}$$

$$ZY^X = \{zy_1^x, \cdots, zy_i^x, \cdots, zy_m^x\} \tag{5.23}$$

到达场节点间边的含义如表 5-11 所示。

表 5-11 到达场节点间的边的含义

边	含义	作业时间	说明
$(d_i^x, dd_{i'}^x)$	表示第 i 列车接入第 i' 条到发线	无	对 d_i^x 而言，$i=1,2,...,a$ 对 $dd_{i'}^x$ 而言，$i'=1,2,...,m$
(dd_i^x, dj_i^x)	列车进行到达技术作业的过程	到达技术作业的时间	两节点一一对应
(dj_i^x, zy_i^x)	列车等待解体的过程	待解时间	两节点一一对应
(zy_i^x, ytf_1^x) (zy_i^x, ytf_2^x)	解体调机将车列送至推送线的过程	解体调机将车列送至推送线的时间	根据推送线的空闲情况，选择相应的推送线

（2）驼峰及咽喉区附近。

车流在驼峰及其咽喉区附近的主要作业过程有：解体调机将车列从推送线推至驼峰信号机的过程（预推峰过程），车辆从驼峰信号机处开始推峰至溜放完毕的过程。与之相对应，本小节设置的节点和边如图 5-30 所示。

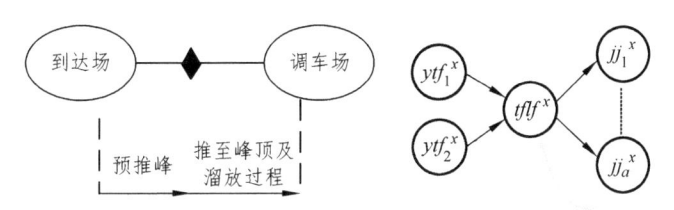

图 5-30 驼峰及咽喉区附近的节点和边的设置

浅色的边是设置的特殊边，代表着虚工序，表示溜放作业不能冲突。左侧为驼峰及咽喉区附近的示意图，下方的箭头代表车流在驼峰及咽喉区附近的技术作业过程。右侧为设置的节点和边，用圆圈代表网络节点，箭头代表节点间的边，边与车流的技术作业相对应。驼峰及其咽喉区附近设置的网络节点的集合为 $\{YTF^X, TFLF^X, JJ^X\}$，有公式（5.24）至公式（5.26）。

$$YTF^X = \{ytf_1^x, ytf_2^x\} \quad (5.24)$$

$$TFLF^X = \{tflf^x\} \quad (5.25)$$

$$JJ^X = \{jj_1^x, ..., jj_i^x, ..., jj_a^x\} \quad (5.26)$$

驼峰及其咽喉区附近节点间的边的设置及含义如表 5-12 所示。

表 5-12 驼峰及其咽喉区附近节点间的边的含义

边	含义	作业时间	说明
$(ytf_1^x, tflf^x)$ $(ytf_2^x, tflf^x)$	车列预推峰的过程	车列预推峰的时间	设有 2 条推送线，故 $YT^X = \{ytf_1^x, ytf_2^x\}$
$(tflf^x, jj_i^x)$	车辆越过驼峰信号机开始推峰溜放的过程	车辆越过驼峰信号机开始推峰溜放的时间	jj_i^x 表示该车辆来源于第 i 列到达列车
$(jj_i^x, tflf^x)$	前一车列完成溜放作业后，后一车列才能越过驼峰信号机开始推峰溜放	无	虚工序，代表溜放作业不能冲突

（3）调车场。

车流在调车场的主要作业过程有：车辆在调车场集结的过程，等待编组的过程，编组调机连挂车辆的过程，占用峰尾转场的过程。与之相对应，本小节设置的节点和边如图 5-31 所示。

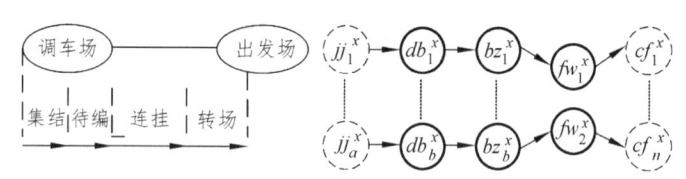

图 5-31 调车场的节点和边的设置

左侧为调车场的示意图，下方的箭头代表车流在调车场的技术作业过程与等待过程。右侧为设置的节点和边，用圆圈代表网络节点，虚线的圆圈是驼峰及其咽喉区附近设置的节点，这里为了表达车辆在调车场集结的过程，也将它标出。箭头代表节点间的边，它与车流的技术作业或等待过程相对应。

调车场所设置的网络节点的集合为 $\{DB^X, BZ^X, FW^X\}$，设下行出发列车的数量为 b，有公式（5.27）至公式（5.29）。

$$DB^X = \{db_1^x, \cdots, db_j^x, \cdots, db_b^x\} \qquad (5.27)$$

$$BZ^X = \{bz_1^x, \cdots, bz_j^x, \cdots, bz_b^x\} \qquad (5.28)$$

$$FW^X = \{fw_1^x, fw_2^x\} \qquad (5.29)$$

调车场节点间边的设置及含义如表 5-13 所示。

表 5-13　调车场节点间的边

边	含义	作业时间	说明
(jj_i^x, db_j^x)	表示来源于第 i 列到达列车的车辆，编入第 j 列出发列车	0	无
(db_i^x, bz_i^x)	车辆在调车场等待编组的过程	待编时间	两节点一一对应
(bz_i^x, fw_1^x) (bz_i^x, fw_2^x)	编组调机经由峰尾牵出线连挂车辆的过程	编组调机经由峰尾牵出线连挂车辆的时间	峰尾设有两条牵出线，故 $FW^X = \{fw_1^x, fw_2^x\}$
(fw_1^x, cf_i^x) (fw_2^x, cf_i^x)	车列占用峰尾转至出发场的过程	车列由调车场转至出发场的时间	无

（4）出发场。

车流在出发场的主要作业是出发技术作业，涉及的等待过程是待发过程。与之相对应，设置的节点和边如图 5-32 所示。

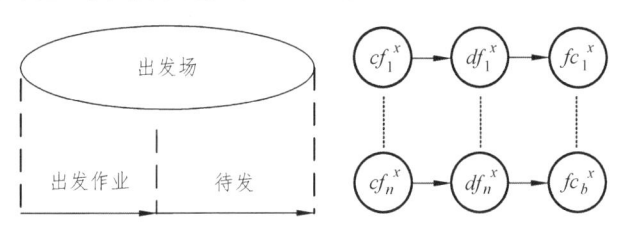

图 5-32　出发场的节点和边的设置

左侧为出发场的示意图，下方的箭头代表车流在出发场的技术作业过程与等待过程。右侧为设置的节点和边，用圆圈代表网络节点，箭头代表节点间的边，边与车流的技术作业或等待过程相对应。

出发场所设置的网络节点的集合为 $\{CF^X, DF^X, FC^X\}$，设下行发车场的到发线数量为 n，有公式（5.30）至公式（5.32）。

$$CF^X = \{cf_1^x, \cdots, cf_i^x, \cdots, cf_n^x\} \tag{5.30}$$

$$DF^X = \{df_1^x, \cdots, df_i^x, \cdots, df_n^x\} \tag{5.31}$$

$$FC^X = \{fc_1^x, \cdots, fc_i^x, \cdots, fc_b^x\} \tag{5.32}$$

出发场节点间边的设置及含义如表 5-14 所示。

表 5-14 出发场节点间的边的含义

边	含义	作业时间	说明
(cf_i^x, df_i^x)	列车进行出发技术作业的过程	出发技术作业的时间	两节点一一对应
$(df_j^x, fc_{j'}^x)$	列车完成出发作业后等待发车的过程	待发时间	代表第 j 列出发列车位于第 j' 条到发线上

（5）交换场。

折角车流在交换场的主要作业过程有：由调车场转至交换场的过程，在交换场的等待过程，以及由交换场转至另一调车系统到达场的过程。与之相对应，本小节设置的节点和边如图 5-33 所示。

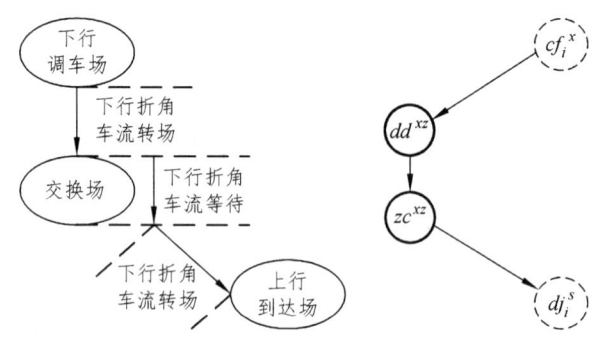

图 5-33 交换场的节点和边的设置

左侧为下行调车场、交换场以及上行到达场的示意图，图中的箭头代表车流在下行调车场、交换场以及上行到达场进行技术作业的过程。右侧为设置的节点和边，用圆圈代表网络节点，箭头代表节点间的边，边与车流的技术作业过程相对应。

交换场涉及的转运点集合为 $\{DD^{XZ}, ZC^{XZ}\}$，有公式（5.33）和公式（5.34）。

$$DD^{XZ} = \{dd^{xz}\} \tag{5.33}$$

$$ZC^{XZ} = \{zc^{xz}\} \tag{5.34}$$

交换场节点间边的设置及含义如表 5-15 所示。

表 5-15 交换场网络图的边的含义

边	含义	作业时间	说明
(cf_i^x, dd^{xz})	折角车列经由下行峰尾牵出线转至交换场的过程	折角车列由调车场转至交换场的时间	下行方向的折角车流
(dd^{xz}, zc^{xz})	折角车列在交换场等待上行解体调机的过程	折角车列在交换场的等待时间	下行方向的折角车流
(zc^{xz}, dj_i^s)	折角车列从交换场转至上行到达场的过程	折角车列从交换场转至上行到达场的时间	下行方向的折角车流

3. 双向编组站配流过程的网络图

通常，我们可以将网络图中的节点划分为源点、汇点和中间转运点。下面以下行方向的调车系统为例，结合车流的不同来源，对各个节点的类型进行具体说明，如表 5-16 所示。

表 5-16 网络图的节点类型与说明

节点	类型	说明
d_i^x	源点	网络图的源点，代表着到达列车
$dd_i^x, zy_i^x, ytf_1^x, ytf_2^x,$ $tflf^x, db_i^x, bz_i^x, fw_1^x,$ $fw_2^x, cf_i^x, df_i^x, zc^{xz}$	中间转运点	网络图的中间转运点
jj_i^x	中间转运点、源点	jj_i^x 既是本阶段到达场内的待解列车、本阶段陆续到达的列车在技术作业过程中的中间转运点，也是调车场分类线现存车在本阶段技术作业过程中的源点
dd^{xz}	中间转运点、源点	jj^{xz} 既是本阶段产生的折角车流在技术作业过程中的中间转运点，也是交换场现存的交换车流在技术作业过程中的源点
fc_i^x	汇点	网络图的汇点，代表着出发列车

设上行方向到达场的到发线数量为 p，出发场的到发线数量为 q，上行方向到达列车的数量为 c，出发列车的数量为 d，则上行方向的节点与连接弧设置同样可以得到，为了加以区分，各节点的上标用 s 来表示。最后，根据网

络图的节点和边的设置，得到双向编组站配流过程的网络示意图如图 5-34 所示。

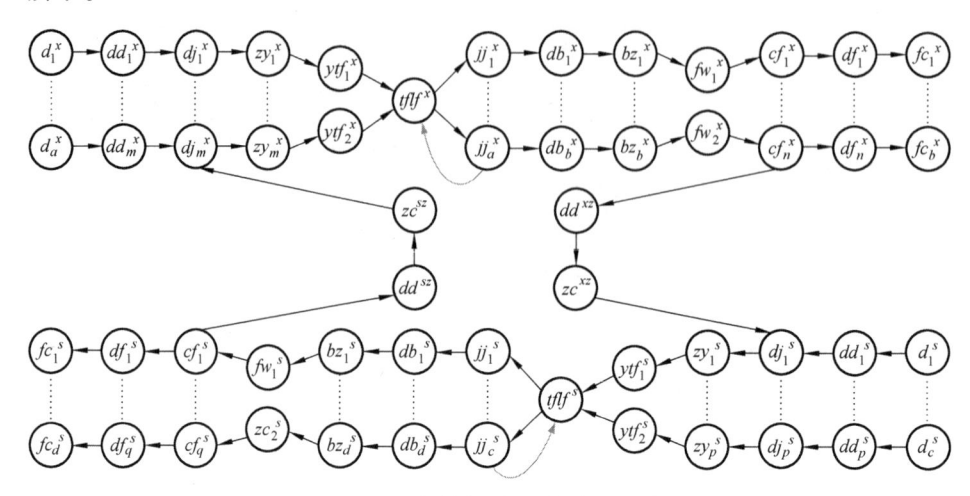

图 5-34 双向编组站配流过程网络图

通过该网络图，可以对车流在编组站内进行技术作业的走行路径进行描述，同时还可以对节点和边赋予容量、流量、运输代价等参数，进而可以从网络图的角度对双向编组站的配流问题展开研究。需要说明的是，图 5-34 的双向编组站配流过程网络图，是在已知所有基础作业时间（如预推峰时间、转场时间等）的情况下、最详尽具体的配流过程网络图，而在实际应用的计算中，可以根据已知资料对网络图进行调整。同样的，针对其他站型的编组站，也可以运用本小节的构建方法，构建出其对应的配流过程网络图。

5.3.4.3 双向编组站网络的复合参数与复合指标设置

1. 确定有向边的复合参数

在多品种流方法中，用公式 $[c_{ij}(c_{ij1},\cdots,c_{ijr},\cdots,c_{ijq}), f_{ij}(f_{ij1},\cdots,f_{ijr},\cdots,f_{ijq}), w_{ij}]$ 来表示容量有差异、运送代价无差异的多品种流网络的有向边复合参数。下面对有向边复合参数的理论意义和本小节中所代表的实际含义进行说明，如表 5-17 所示。

由于双向编组站配流问题所涉及的车流技术作业过程、等待过程及其限制因素较为复杂，单用这样的有向边复合参数是无法完全体现的，因此需要结合车流的具体技术作业过程，对复合参数进行改造。下面对配流过程多品种流网络的有向边复合参数的设置进行分析：

表 5-17　有向边复合参数的含义

参数	理论意义	具体含义
q	多品种流的种类	出发列车所包含的车流去向的种类
c_{ij}	边的总容量	两节点间所能通过的最大车流量
c_{ijr}	第 r 品种流的容量	两节点间所能通过的第 r 品种的最大车流量
f_{ij}	边的流量	两节点间实际通过的车流量
f_{ijr}	第 r 品种流的流量	两节点间实际通过的第 r 品种的车流量
w_{ij}	运送费用	有向边所对应的技术作业或等待过程所花费的时间

（1）股道的最大容车数。

在配流过程多品种流网络中，凡是涉及占用到发线的边，在计算有向边复合参数的容量时，均需考虑到发线的最大容车数。

（2）车流去向限制的表达。

根据列车编组计划，出发列车所能包含的车流去向是有一定限制的，本小节用复合参数中的容量 c_{ij} 来体现车流去向的限制。为了简化有向边复合参数，做如下规定：当所有 $c_{ijr} = c_{ij}$ 即分品种容量没有特殊限制时，直接用 c_{ij} 来表达容量；当某条边只能通过 A 去向的车流时，用 $c_{ij}(A)$ 来表示容量。例如，某条边只能通过 1、3 两个去向的车流，且分品种容量没有特殊限制，那么该条边的容量表示为 $c_{ij}(1,3)$。

（3）不同有向边的复合参数表达。

由于车列只有在解体成为车辆之后，才可能成为出发列车的车流来源。因此，在车列解体之前和编组完成之后都不会对车流进行调整，故可以将其视为一个整体，用 $[c_{ij}, f_{ij}, w_{ij}]$ 来表示有向边的复合参数。代表溜放过程的有向边 ($tflf^x, jj_i^x$)，它包含了解体后车辆的不同车流去向，因此其复合参数表达为 $[c_{ij}, f_{ij}(f_{ijr}), w_{ij}]$。代表集结过程的有向边 ($jj_i^x, db_i^x$)，它除了包含车辆的车流去向外，还需考虑出发列车的车流组号限制，因此其复合参数表达为 $[c_{ij}(r), f_{ij}(f_{ijr}), w_{ij}]$。

2. 设置节点的复合指标

下面对配流过程多品种流网络中节点的复合指标设置进行分析：

（1）源点到节点 v_j 的最短路 $l(v_j)$。

在多品种流方法中，用 $l(v_j)$ 代表从前一顶点 v_i 到后一顶点 v_j，运送代价最低的最短路长度，体现在配流过程多品种流网络中即为作业时间最短的时间长度。由于编组站的配流过程不仅有空间上的作业关系，还存在着时间上的前后关系，因此在不同的时刻点，各节点所连接的最短路也有所不同。在 $l(v_j)$ 中添加上下标，以区分上下行方向和不同的到达、出发列车。

以下行方向为例，在解体作业之前，用上标表示该节点来源的到达列车的节点编号 a，即 $l_x^a(v_j)$；在解体完成之后，用下标表示该节点最终编成的出发列车的节点编号 b，即 $l_b^x(v_j)$。特别的，对折角车列而言，在其转场至对向系统进行解体作业前，同样需要明确其来源于本系统的哪列到达列车，因此其复合指标用 $l_{xz}^a(v_j)$ 来表达。

（2）增流链的最大可能调整量 λ_b^a。

编组站的最终配流方案，出发列车包含哪些车流，都是经过增流链的多次调整得到的。本小节用 λ_b^{xa} 表示节点 jj_a^x 到节点 db_b^x 的最大可能调整量，用 λ_b^{xar} 表示节点 jj_a^x 到节点 db_b^x 的 r 去向车流的最大可能调整量。其中，上标 a 代表该条增流链来源的到达列车的节点编号，下标 b 代表该条增流链去向的出发列车的节点编号。由于车流只有以车辆的形式存在时，才能成为出发列车的车流来源，因此在车列解体之前，其调整量为到达列车的编成辆数 λ^a；在编成车列之后，其调整量为出发列车的编成辆数 λ_b，有公式（5.35）。

$$\begin{cases} \lambda^a = \sum_b \lambda_b^a \\ \lambda_b = \sum_a \lambda_b^a \\ \lambda_b^a = \sum_r \lambda_b^{ar} \end{cases} \quad (5.35)$$

特别的，对于交换车列，也将其看作是一列出发列车进行编组，编组完成后转至对向系统，再将其看作一列到达解体列车进行有关技术作业。

（3）车列占用到发线的时间限制。

车流在编组站内进行技术作业的过程中，涉及到发线占用时间的问题，即需要考虑不同车列占用同一条到发线的时间是否冲突。因此对节点 d_i^x 新增

参数 (α_j^i, β_j^i)，用 α_j^i 代表 d_i^x 开始占用到达场到发线 j 的时刻，β_j^i 代表 d_i^x 结束占用到达场到发线 j 的时间；同理，对节点 fc_i^x 也新增参数 (α_i^j, β_i^j)，用 α_i^j 代表 fc_i^x 开始占用出发场到发线 j 的时间，β_i^j 代表 fc_i^x 结束占用出发场到发线 j 的时间，从而可以在配流过程网络图中体现列车占用到达场与出发场到发线的时间区间。

基于以上分析，以下行方向为例，配流过程网络图的节点复合指标的设置如表 5-18 所示。

表 5-18 节点的复合指标设置

节点	节点的复合指标
$v_j \in \{D^X\}$	$[l_x^a(v_j), v_i, \lambda^a](\alpha_m^a, \beta_m^a)$
$v_j \in \{DD^X, DJ^X, ZY^X, YTF^X, TFLF^X\}$	$[l_x^a(v_j), v_i, \lambda^a]$
$v_j \in \{JJ^X\}$	$[l_x^a(v_j), v_i, \lambda^a(\lambda^{ar})]$
$v_j \in \{DB^X\}$	$[l_b^x(v_j), v_i, \lambda_b(\lambda_b^{ar})]$
$v_j \in \{BZ^X, FW^X, CF^X, DF^X\}$	$[l_b^x(v_j), v_i, \lambda_b]$
$v_j \in \{FC^X\}$	$[l_b^x(v_j), v_i, \lambda_b](\alpha_b^n, \beta_b^n)$
$v_j \in \{DD^{XZ}, ZC^{XZ}\}$	$[l_{xz}^a(v_j), v_i, \lambda^a]$

5.4 基于多品种流网络的唐包线装车量分配

按照唐包线车站基本布局及其与线路衔接关系，构造唐包线运输多品种流网络。基于装车站到卸车站之间车流不可拆分的特点，将一对装车站与卸车站之间的煤炭车流归为一类流品种，利用构建的多品种流网络研究唐包线装车区煤炭装车量分配问题。考虑线路和车站现有能力，构建装车区装车量分配模型，设计改进多品种网络最大流算法对模型进行求解。最后结合唐包线煤炭运输实际数据对模型及算法进行验证，将结果与原始数据进行对比，表明该模型能解决唐包线煤炭运输"增量"问题，且具有较好的适应性。

唐包线由原唐张线、张集线、集包线的呼包段构成，西起内蒙古包头东站，终到曹妃甸港，主要运输从内蒙古地区到曹妃甸港下水的煤炭，是我国西煤东运的重要通道之一。除唐包线装车站装出的煤炭车流外，还有来自包西线、新上线、呼鄂线、包兰线等线路上的货物流也会占用唐包线的运输能力。唐包线主体运输网络结构如图 5-35 所示。

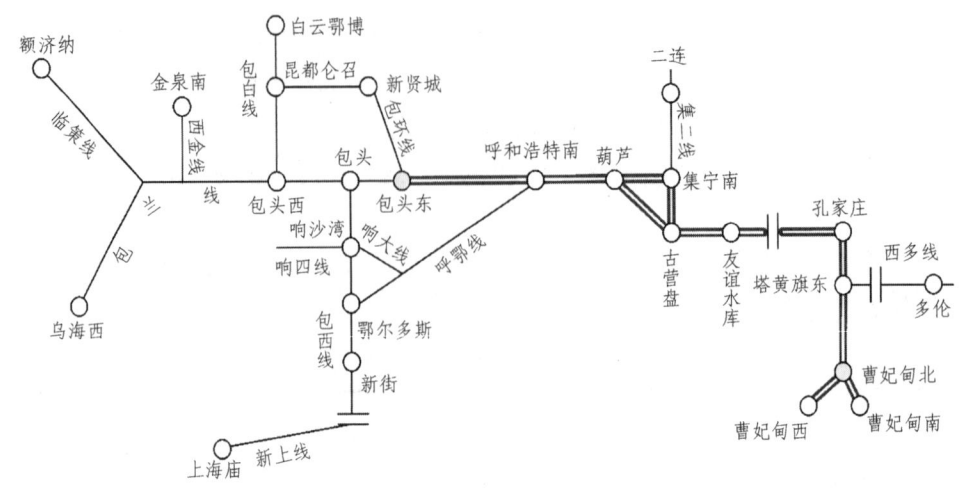

图 5-35 唐包线主体运输网络结构

唐包线作为一条以煤运为主的重载货运专线,对我国北方地区的能源运输有重要意义。唐包线货运增量问题是当前研究重点,有的文献分析了制约唐包线货运增量的因素,针对线路能力薄弱环节和限制条件,从设施改造、现场作业优化等方面提出对策,达到货运增量目标;有的文献以车站最大能力和区间图定列数作为参考因子,分析唐包线瓶颈区段制约因素,提出通过车站和通道改造扩容消除瓶颈制约,释放唐包线能力,实现货运增量;有的文献针对唐包线站场布局缺陷、设备运用限制等,提出优化运输组织以挖掘运输潜力,实现唐包线货运提质增效。唐包线已有研究大多从理论上提出设备设施改造、优化调整运输组织等方面解决货运增量问题,但未从组织运输角度给出具体方法。我们借鉴相关研究成果,基于唐包线现有设备能力,对运输占比最大的煤炭进行装车量分配,改善"有货无能力,有能力无货"情形,实现唐包线煤炭运输增量。

5.4.1 唐包线煤炭运输的多品种流网络构建

5.4.1.1 唐包线煤炭运输网络功能区划分

唐包线煤炭装车站主要集中在西部的呼、包、鄂地区,卸车站主要集中在曹妃甸港片区,运输格局呈现"西煤东运"特征。将唐包线运输网络扩展并按照主体功能划分为装车区、运输区以及卸车区,如图 5-36 所示。其中,装车区指唐包线煤源范围内的装车站主要分布区域;运输区指唐包线运输主干线,即友谊水库至曹妃甸北线路;卸车区指唐包线煤炭运输目的地。

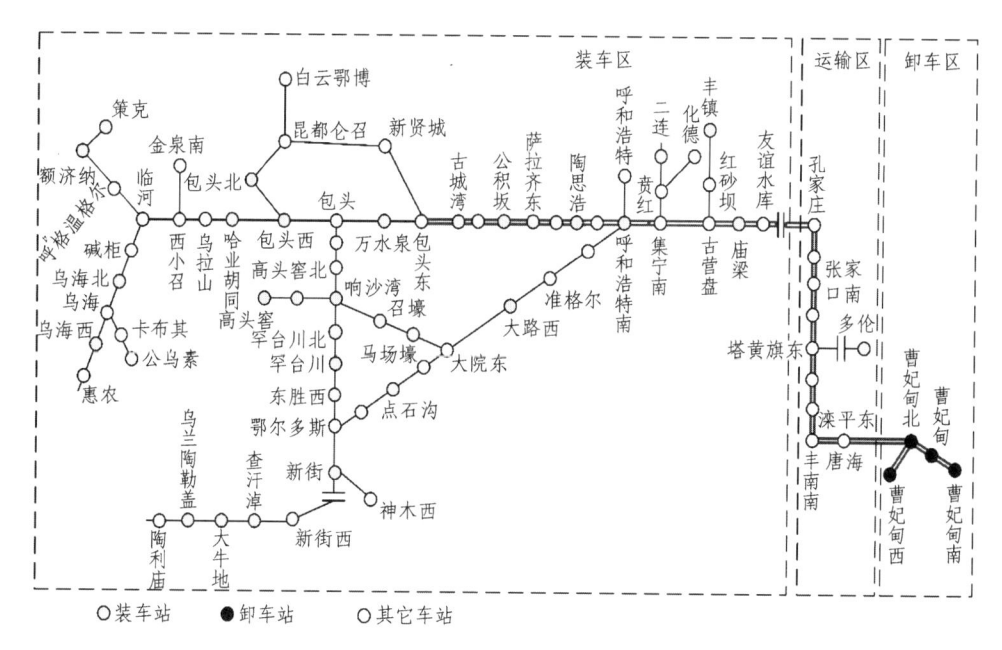

图 5-36 唐包线煤炭运输网络功能分区

5.4.1.2 唐包线煤炭运输的多品种流特性

唐包线煤炭运输网络具有以下多品种流网络特性：

（1）车流从一个装车站出发，直至到达卸车站的整个运输过程中都遵循车流不拆分原则，据此将一对装车站与卸车站之间的车流，归纳为多品种流网络中一类流品种，车流的流动使唐包线运输网络形成了多品种流网络。

（2）唐包线煤炭运输过程中，其始发车站、中间车站以及终点车站，均看作多品种流网络中的节点。

（3）唐包线运输网络区间，可用多品种流网络的连接弧表示。

在多品种流网络理论研究成果基础上，并借鉴多品种网络流理论在铁路运输领域的应用，构建唐包线多品种流网络，以此解决唐包线煤炭装车量分配问题。

5.4.1.3 唐包线煤炭运输的多品种流网络构建

基于以上分析并结合图 5-36，选取相应的车站作为节点，区间线路作为边，构建唐包线多品种流网络 $G=(X,Y,B,E)$，构造规则如下：

设定 x_i 为装车区第 i 个装车站，形成装车站点集 $X=\{x_1,\cdots,x_i,\cdots,x_n\}$；$y_j$ 为卸车区第 j 个卸车站，形成卸车站点集 $Y=\{y_1,\cdots,y_j,\cdots,y_m\}$；$b_i$ 为中间站 i，形

167

成中间站点集 $B=\{b_1,\cdots,b_i,\cdots,b_t\}$；$e_s$ 为网络的边，形成区间边集 $E=\{e_1,\cdots,e_s\}$。

5.4.1.4 唐包线煤炭运输多品种流网络参数设置

1. 边的参数

由于只研究流量的增量问题，不考虑运输费用等其他因素，因此构建多品种流网络边的参数只涉及容量和流量。边 (v_i,v_j) 的参数形式为 $\left(c_{v_iv_j},\dfrac{f_{x_iy_j}}{f_{v_iv_j}}\right)$，$c_{v_iv_j}$ 表示边的容量，代表区间通过能力；$f_{v_iv_j}$ 表示边的总流量，代表区间上煤炭运输总量；$f_{x_iy_j}$ 表示装车站 x_i 与卸车站 y_j 之间的流量，代表两个车站之间的煤炭运输量。当边 (v_i,v_j) 成为装车站 x_i 与卸车站 y_j 之间走行径路上的边时，设 $c_{x_iy_j}$ 为装车站 x_i 与卸车站 y_j 形成的链上最小权边容量，即表示这两个车站之间车流径路的运输能力，则有 $\min(c_{v_iv_j})=c_{x_iy_j}$、$\sum f_{x_iy_j}=f_{v_iv_j}$。

2. 装车站及卸车站节点参数

基于装车站及卸车站有其接发能力限制，需要对多品种流网络中对应节点设置参数。针对装车站点集 X 中节点，设参数形式为 $\left(\dfrac{Q_{x_iy_1},\cdots,Q_{x_iy_j}\cdots Q_{x_iy_m}}{A_{x_i}}\right)$，其中 A_{x_i} 表示装车站 x_i 的装车能力，$Q_{x_iy_j}$ 表示装车站 x_i 可以运往卸车站 y_j 的最多煤炭数量。

针对卸车站点集 Y 中节点，设参数形式为 (w_{y_j})，w_j 表示卸车站 y_j 的最大煤炭需求量。另外需要说明的是，针对中间站点集 B 中节点的车站通过能力参数，将其纳入线路区间的运输能力。

基于多品种流网络的构建规则和参数设定，针对唐包线煤炭运输形成的多品种流网络示意简图如图 5-37 所示。

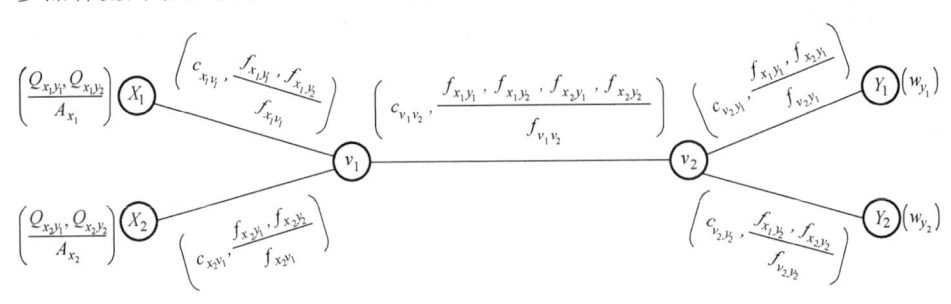

图 5-37 唐包线煤炭运输的多品种流网络示意简图

5.4.2 基于多品种流网络的唐包线煤炭装车量分配方法

根据装车站装车能力、线路运输能力以及卸车站常态下的煤炭需求量，有必要为各个装车站分配尽可能合理的装车量，以便提升唐包线整体路网的煤炭运输量。

5.4.2.1 唐包线煤炭最大装车总量

对唐包线装车站的煤炭装车量进行分配，需要确定装车区可以装出的最大煤炭数量，其首先取决于线路运输能力以及卸车区需求量，即装车区最大煤炭装车总量要在运输区的区间通过能力、中间站的车通过能力限制下，尽可能满足卸车区的需求。设唐包线装车区的煤炭最大装车总量为 R，则有公式（5.36）。

$$R = \min\left\{\sum_{j=1}^{m} w_j, F'\right\} \qquad (5.36)$$

其中，w_j 为卸车区第 j 个卸车站的煤炭需求量，F' 为运输区运输能力。为了推算 F'，需要结合唐包线实际运输情况，计算其区间运输能力。设定区间运输能力采用区间在一段时间内能输送的最多货物吨数来表示，考虑到唐包线存在不同牵引质量列车混跑情况以及煤炭运输季节性特征，在借鉴已有研究成果的基础上，构建公式（5.37）计算区间运输能力 F，单位为万 t：

$$F = \frac{T \times N \times f \times \gamma}{10^4} \left(B_{5000} \times Q_{5000} + B_{10000} \times Q_{10000} \times \varepsilon_{万t}\right) \times \delta \qquad (5.37)$$

式中　T——单位时间，一般取年、季度或月；

　　　N——图定货物列车通过数；

　　　f——货物列车使用系数定为：单线 0.85，双线 0.9；

　　　γ——货物列车载重系数定为 0.781；

　　　B_{5000}、B_{10000}——分别表示牵引质量为 5 000 t 和 10 000 t 列车的开行比例；

　　　Q_{5000}、Q_{10000}——分别表示货物列车牵引质量为 5 000 t 和 10 000 t；

　　　$\varepsilon_{万t}$——万吨列车扣除系数，根据各铁路设计院及实际运营经验，取 1.5；

　　　δ——运输能力折减参数，考虑线路货物运输比例和煤炭运输的季节性特征，旺季取 0.748，淡季取 0.68。

5.4.2.2 唐包线煤炭装车量分配模型及求解算法

基于确定的唐包线装车区最大装车总量，可以对装车区每个装车站进行煤炭装车量分配。

1. 装车区装车量分配模型

理论上的多品种流网络最大流一般是指由多个出发点经过不同的路径到达多个目的点，使得流量最大。在唐包线实际煤炭运输过程中，有时会因为设备条件或能力限制等情况，对装车站和卸车站之间的运输路径进行一定范围内调整，但常态下运输路径基本固定，而且发出的车流不进行改编作业。由此不能采用传统理论上寻找增流链方法实现网络最大流，需要在多品种流网络最大流模型基础上做如下改进：

（1）车流从装车站流出后，在网络中不会出现分流，即沿着固定线路从装车区流出，最后流向卸车站。

（2）从装车站至卸车站整个运输过程中，列车运输形态在中间站不发生改变，所以将车站通过能力纳入线路运输能力一同考虑。

基于以上分析并借鉴多品种网络流方法，构建唐包线煤炭运输装车区装车量分配模型如公式（5.38）所示。

$$\max Z = \sum_{i=1}^{n}\sum_{j=1}^{m} f_{x_i y_j}$$

$$\text{s.t} \begin{cases} 0 \leq f_{x_i y_j} \leq C_{x_i y_j} \\ \sum_{j=1}^{m} f_{v_i v_j} - \sum_{j=1}^{m} f_{v_j v_i} = \begin{cases} f_o, v_i \in X \\ 0 \quad \text{（流量守恒约束）} \\ -f_o, v_i \in Y \end{cases} \\ \sum_{i=1}^{n}\sum_{j=1}^{m} f_{x_i y_j} \leq R \quad \text{（最大装车总量约束）} \\ \sum_{j=1}^{m} f_{x_i y_j} \leq A_{x_i} \quad \text{（装车站}x_i\text{装车能力约束）} \\ f_{x_i y_j} \leq Q_{x_i y_j} \quad \text{（装车站}x_i\text{可以运往卸车站}y_j\text{的最多煤炭数量约束）} \\ \sum_{i=1}^{n} f_{x_i y_j} \leq w_{y_j} \quad \text{（卸车站}y_j\text{需求量约束）} \end{cases} \quad (5.38)$$

其中，f_o 为当前网络中的实际流量。

2. 求解算法

针对模型公式（5.38）的求解，要在传统算法基础上进行改动，求解步骤如下：

Step1：给定网络 G 一个初始流 $f_o=0$。

Step2：给初始流赋值。网络图中的运输路径中，因为除了发车的装车站和卸车站以外，其余车站都视作中间站，会使得流量在网络中流动时，有的点可能出现流量不守恒假象。这种情况导致不能使用传统标号法找增流链方式寻找最大流，只能通过线路赋值方法使得整个网络流量达到最大。

初始流赋值的原则如下：为保证运量，对历史装车量很大且稳定的车站优先安排装车，同时保证需求量大的卸车站能够接收煤炭数量足够多。另外也要考虑符合现实作业的实际运输情况。

根据以上赋值原则，具体的步骤如下：

（1）根据装车站和卸车站之间煤炭运输兑现率 P、运输天数、运输吨数等稳定程度，为各站点对设定从高到低的运输优先级，优先级高的线路优先赋值。优先度 μ 计算如公式（5.39）所示。

$$\mu = \left(\frac{t_\text{实}}{t_\text{申}} + \frac{m_\text{实}}{m_\text{申}} + \frac{t_\text{实}}{t} + \frac{m_\text{实}}{m} \right) \times 25\% \tag{5.39}$$

式中，$t_\text{实}$ 为单位时间内装车站和卸车站之间实际运输煤炭的天数；$t_\text{申}$ 为单位时间内装车站和卸车站之间申请运输煤炭的天数；$m_\text{实}$ 为单位时间内装车站和卸车站之间实际运输煤炭的车数；$m_\text{申}$ 为单位时间内装车站和卸车站之间申请运输煤炭的车数。

（2）找出优先级最高的站点对，然后按照公式（5.40）对其赋值，其中 P 为各装车站历史装车率。

$$f_{x_i y_j} = \min\{A_{x_i}, Q_{x_i y_j}, c_{x_i y_j}, R\} \times P \tag{5.40}$$

（3）再对次优先级的站点对赋值。判断该站点对与已被赋值的站点对在装车区范围内是否有重合路径。

若不存在重合路径，则有公式（5.41）：

$$f_{x_i y_j} = \min\{A_{x_i}, Q_{x_i y_j}, c_{x_i y_j}, R - \sum f_{x_i y_j}\} \times P \tag{5.41}$$

若存在重合路径，转到第（4）步。

（4）判断站点对中装车站是否已有发货。

已有发货，则有公式（5.42）：

$$f_{x_i y_j} = \min\{A_{x_i} - A_o, Q_{x_i y_j}, c_{x_i y_j} - A_o, S, R - \sum f_{x_i y_j}\} \times P \quad (5.42)$$

其中，A_o 表示装车站 x_i 当前已经装运的煤炭吨数。

没有发货，则有公式（5.43）：

$$f_{x_i y_j} = \min\{A_{x_i}, Q_{x_i y_j}, c_{x_i y_j}, S, R - \sum f_{x_i y_j}\} \times P \quad (5.43)$$

其中，S 为重合路径剩余的运输能力。

（5）重复以上步骤，直至找不出可赋值的站点对。若此时流出装车区的流量还未达到最大装车总量，返回步骤（2）重新开始赋值，直至流量最大。

5.4.2.3 唐包线煤炭装车量分配

利用唐包线现场实际数据，对构建的煤炭装车量分配模型进行推算，并同时验证是否能够实现唐包线煤炭运输增量。

1. 数据处理

根据唐包线 2022 年第 4 季度煤炭运输数据，整理的装车站装车能力及装车站与卸车站之间可供运输煤炭数量如表 5-19 所示。

表 5-19 装车站装车能力及装车站与卸车站之间可供运输煤炭数量（单位：万 t）

网络图节点	装车站	卸车站	装车站装车能力	可供运输的煤炭
X_1	策克	曹妃甸	1.87	20.48
X_2	额济纳	曹妃甸	0.258	1.29
X_3	哈业胡同	曹妃甸	0.294	0.294
X_4	包头西	曹妃甸	13.19	1.22
		曹妃甸南		0.474
X_5	响沙湾	曹妃甸西	62.8	112.24
X_6	高头窑北	曹妃甸西	91.46	37.8
X_7	高头窑	曹妃甸西	37.75	2.52
X_8	乌海西	曹妃甸	3.52	1.91
X_9	罕台川北	曹妃甸	306.33	10.25
		曹妃甸西		647.64
X_{10}	罕台川	曹妃甸西	169.87	139.23

续表

网络图节点	装车站	卸车站	装车站装车能力	可供运输的煤炭
X_{11}	东胜西	曹妃甸南	62.31	2.25
		曹妃甸西		25.25
X_{12}	新街	曹妃甸	351.42	3.94
		曹妃甸西		353.35
X_{13}	新街西	曹妃甸	108.23	76.44
X_{14}	查汗淖	曹妃甸	33.85	4.24
		曹妃甸南		31.92
X_{15}	大牛地	曹妃甸西	374.14	481.32
X_{16}	乌兰陶勒盖	曹妃甸	28.53	2.54
		曹妃甸西		3.36
X_{17}	召壕	曹妃甸	97.44	15.35
		曹妃甸西		89.88
X_{18}	马场壕	曹妃甸	71.93	31.74
		曹妃甸西		259.56
X_{19}	点石沟	曹妃甸	124.39	8.75
		曹妃甸西		456.77
X_{20}	万水泉	曹妃甸西	363.77	426.93
X_{21}	公积坂	曹妃甸	49.75	146.54
		曹妃甸西		288.24
X_{22}	萨拉齐东	曹妃甸	79.23	34.83
		曹妃甸西		84.08
X_{23}	陶思浩	曹妃甸	110.69	35.09
		曹妃甸西		163.8
X_{24}	呼和浩特南	曹妃甸	628.2	14.7
		曹妃甸西		1 475.85
X_{25}	大路西	曹妃甸	25.90	30.49
		曹妃甸西		143.64
X_{26}	二连	曹妃甸	6.01	12.65

续表

网络图节点	装车站	卸车站	装车站装车能力	可供运输的煤炭
X_{27}	丰镇	曹妃甸	35.31	70.31
X_{28}	庙梁	曹妃甸	93.45	0.64
		曹妃甸南		3.92
		曹妃甸西		106.49

通过查阅列车运行图中给定各条线路的图定货物列车对数，利用公式（5.37）计算出各条线路的煤炭运输能力如表5-20所示。

表5-20 线路煤炭运输能力表

线路	线路类型	图定货物列车对数/对	煤炭运输能力/（万t）
策克—哈业胡同	单线	12	337
哈业胡同—包头西	双线	58	1 724
乌海西—哈业胡同	双线	45	1 337
包头西—呼和浩特南	双线	81	2 407
鄂尔多斯—包头	双线	51	1 516
高头窑—响沙湾	单线	18	505
新街—鄂尔多斯	双线	44	1 307
大牛地—新街	单线	18	505
乌兰陶勒盖—大牛地	单线	10	281
鄂尔多斯—呼和浩特南	双线	25	743
呼和浩特南—古营盘	双线	109	3 239
古营盘—友谊水库	双线	92	2 734

可知2022年第4季度曹妃甸西、曹妃甸南、曹妃甸3个卸车站的煤炭实际需求量分别为5 406.32万t、6.64万t、471.02万t，共计5 883.98万t。

基于既有数据以及表5-20分析可知，将通过友谊水库分界口的最大煤炭吨数2 734万t作为唐包线运输区煤炭运输能力。

基于卸车区总的需求量以及运输区的运输能力，可以通过公式（5.36）推算出2022年第4季度唐包线装车区的最大装车总量应为2 734万t。

2. 装车量分配

结合以上数据以及构建的唐包线多品种流网络，按照求解算法对模型求解，可以得出每个装车站的煤炭装车量分配。实际装车量、分配装车量及对比如表 5-21 所示，另外通过图 5-38、图 5-39 将其相应结果进行图示。

表 5-21 实际装车量、分配装车量及对比（单位：万 t）

网络图节点	装车站	卸车站	实际装车量	分配装车量	变化量
X_1	策克	曹妃甸	0.98	0.36	−0.62
X_2	额济纳	曹妃甸	0	0.258	0.258
X_3	哈业胡同	曹妃甸	0.29	0.294	0.004
X_4	包头西	曹妃甸	1.21	1.22	0.01
		曹妃甸南	0.47	0.474	0.004
X_5	响沙湾	曹妃甸西	53.65	48.542	−5.108
X_6	高头窑北	曹妃甸西	29.35	37.34	7.99
X_7	高头窑	曹妃甸西	0.84	2.43	1.59
X_8	乌海西	曹妃甸	0.33	0.81	0.48
X_9	罕台川北	曹妃甸	0	8.89	8.89
		曹妃甸西	281.20	278.059	−3.141
X_{10}	罕台川	曹妃甸西	94.04	138.588	44.548
X_{11}	东胜西	曹妃甸南	0.71	2.05	1.34
		曹妃甸西	16.75	22.95	6.2
X_{12}	新街	曹妃甸	1.82	3.64	1.82
		曹妃甸西	206.69	315.411	108.721
X_{13}	新街西	曹妃甸西	52.73	75.832	23.102
X_{14}	查汗淖	曹妃甸	0.88	3.13	2.25
		曹妃甸西	7.54	23.24	15.7
X_{15}	大牛地	曹妃甸西	330.07	372.3	42.23
X_{16}	乌兰陶勒盖	曹妃甸	0	0.57	0.57
		曹妃甸西	1.66	0.76	−0.9
X_{17}	召壕	曹妃甸	0.30	11.69	11.39
		曹妃甸西	33.55	67.74	34.19
X_{18}	马场壕	曹妃甸	2.72	45.92	43.2
		曹妃甸西	59.42	20.729	−38.691

续表

网络图节点	装车站	卸车站	实际装车量	分配装车量	变化量
X_{19}	点石沟	曹妃甸	0	4.935	4.935
		曹妃甸西	99.51	58.57	−40.94
X_{20}	万水泉	曹妃甸西	130.62	199.66	69.04
X_{21}	公积坂	曹妃甸	5.63	13.99	8.36
		曹妃甸西	33.41	17.58	−15.83
X_{22}	萨拉齐东	曹妃甸	3.46	22.63	19.17
		曹妃甸西	32.57	48.32	15.75
X_{23}	陶思浩	曹妃甸	3.72	24.82	21.1
		曹妃甸西	81.26	84.03	2.77
X_{24}	呼和浩特南	曹妃甸	2.78	10.51	7.73
		曹妃甸西	624.77	616.978	−7.792
X_{25}	大路西	曹妃甸	4.97	13.89	8.92
		曹妃甸西	20.93	9.45	−11.48
X_{26}	二连	曹妃甸	6.01	5.73	−0.28
X_{27}	丰镇	曹妃甸	35.31	31.15	−4.16
X_{28}	庙梁	曹妃甸	0	0.59	0.59
		曹妃甸南	0.95	3.65	2.7
		曹妃甸西	51.78	84.16	32.38

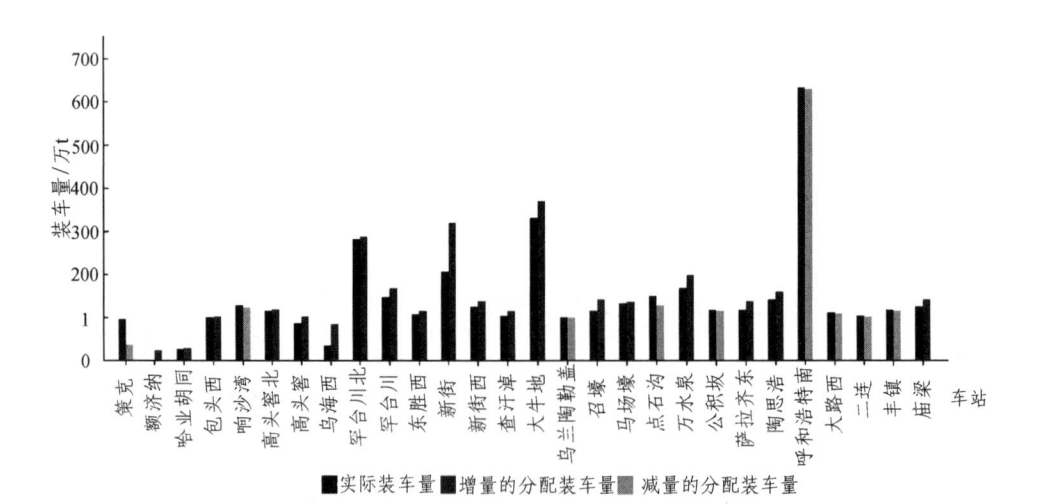

图 5-38 实际装车量及分配装车量

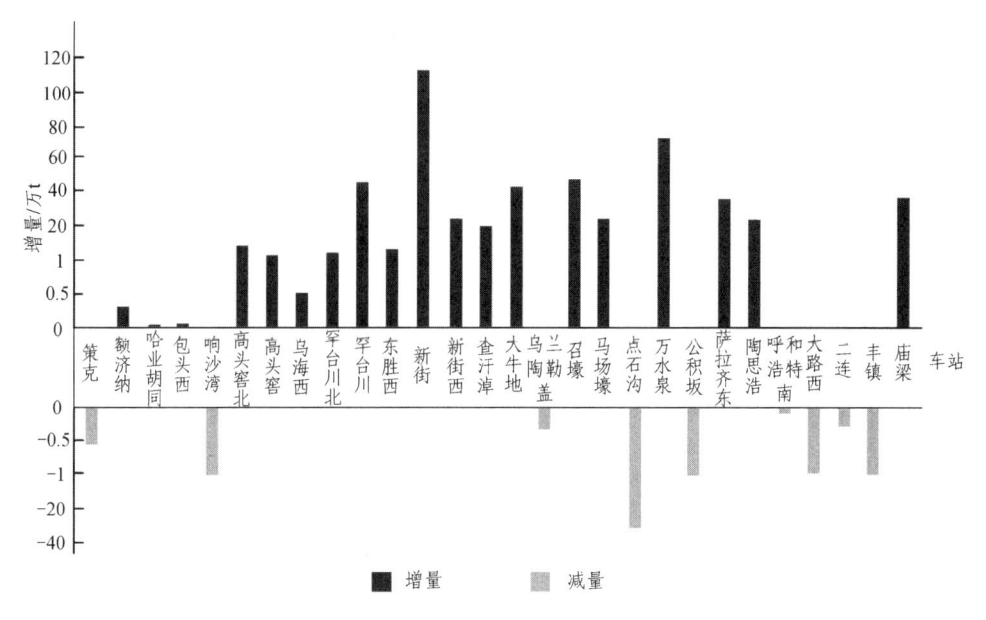

图 5-39 装车站煤炭分配量的增减

通过计算结果分析可以得出：

（1）唐包线在 2022 年第 4 季度的实际煤炭运输量为 2 320.824 万 t，在同等设备能力条件下，利用构建的模型可使运输量达到 2 742.73 万 t，运输增量为 421.906 万 t，实现了唐包线货运增量。

（2）在实际运输中，有部分车站如额济纳、东胜西、罕台川北等存在"有货无能力"的情形，也有呼和浩特南、新街、大牛地等车站装车量较大，致使能力趋于饱和。利用模型可以使这两种情况达到适当平衡，释放紧张线路的能力，合理分配运量。

5.4.2.4 结 论

针对唐包线货运增量问题，引入多品种流网络方法，构建唐包线装车区煤炭装车量分配模型。该模型基于实际作业中煤炭车流运输路径基本固定且车流不可拆分，将一对装车站与卸车站之间车流划分为同类品种进行研究，最后利用多品种流网络的最大流模型求解。案例结果表明，模型给出的装车站煤炭装车量分配方案，能够在现有设备条件不变的前提下，达到煤炭运输增量，为唐包线实现货运增量提供支撑。

尽管构建的模型被证明是有效的，但如果再将每一对装卸车站看作一个非独立的系统，引入整个路网的协同运输，则煤炭运输效率仍有提升空间。另外，如果再将影响煤炭运输的其他因素如运输费用、设备故障等也纳入构建的模型中，将会进一步准确地优化货物运输的分配量。

5.5 基于多品种网络流理论的不同情景下铁路货运专线路网车流分配

为应对铁路货运需求动态变化且阶段性集中所导致的货运专线及沿线车站"有货无能力、有能力无货"问题，基于多品种网络流理论，提出不同需求情景下的铁路货运专线路网车流分配及径路优化问题。从不同阶段铁路车流组织工作侧重不同的角度出发，划分单个运量变化周期内的 3 个离散需求情景，并引入需求情景系数表征不同情景下的车流组织特点。同时利用多品种网络流理论，将不同发到站车流视为多个品种的网络流，继而构建不同需求情景下铁路货运专线路网的多品种车流分配及路径优化模型。最后以唐包线为例，使用 Python 调用 Gurobi，采用单日煤炭运输数据对模型进行验证。结果表明模型能较为均衡地将车流分配到铁路线上并在一定程度上释放了能力紧张线路的运能；可以辅助运营决策，为唐包线提升运输增量提供理论参考。

铁路网车流分配及径路优化是铁路车流组织工作的重点，直接关系到整个铁路网的运输效率。针对因车流分配不均而导致的铁路网运输效率不高、点线能力利用不均、货运增量受限等问题，国内外专家学者相继开展研究，形成了丰硕的研究成果。车流分配问题本质上是要对车流的走行径路进行优化。径路优化问题最初是由传统邮路问题演化而来的，随着研究不断深入，逐步又产生了旅行商问题、车流径路规划问题、多商品流问题等分配理论和优化方法。传统的车流分配模型主要是点-弧模型和弧-路模型。然而点-弧模型因其决策变量特性只适用于小规模路网，无法有效用于复杂路网；弧-路模型又过于依赖可行径路备选集，无法保证求解结果优越性；同时还忽略线路区段、车站能力限制，难以兼顾路网协调性。两者均存在一定局限性。

已有研究成果如下：

（1）构建改进的点-弧模型，通过引入车流改编站点备选集，以此降低求解规模。针对点-弧模型求解结果无法直接显示车流径路的缺陷，引入 0-1 决策变量，使车流满足车流不拆散原则的同时，令优化结果能直接体现车流径路。

（2）结合车流径路呈现"树状结构"的特点，不仅定义了非负实数型决策变量表示相同发站到站的同一支车流分配在每个弧段上的车流量，而且还引入 0-1 变量辅助车流径路选择；进而构建铁路网车流分配与树状径路综合问题的混合整数规划模型，改进了弧-路模型忽略弧段容量限制的缺陷。

（3）在弧-路模型基础上，引入大数据分析技术，先进行数据处理使其结果能同时考虑路网中点线属性，而后将其结果引入弧-路模型，进而弥补模型的缺陷。

（4）借鉴网络流优化理论，将多商品网络流模型应用于车流分配及径路优化问题。

（5）在进行车流分配及径路优化时，将路网点线协调纳入优化范畴，使得优化结果更符合实际运输。

然而上述文献研究对象主要针对普通货运列车，较少有研究会针对货运专线铁路运输特点进行分析；且多数研究只针对单个运输情景进行，并未纵观整个运量变化周期。故为保障区域物资运输畅通，充分发挥铁路运输设备潜力，提升货运专线路网运输效率，从整个货运量变化周期角度出发，将货运专线路网车流分配及径路优化问题分解为 3 部分：

（1）用需求情景分析来描述单个货运量变化周期内车流特点及运输组织工作的不同侧重点。

（2）将铁路装车区车流分配问题转化为多品种流输送问题。

（3）利用路网协调系数实现货运专线路网车流输送尽可能均衡的目标。

5.5.1 铁路货运专线路网车流分配分析

5.5.1.1 车流组织需求情景分析

为了更好地描述单个货运量在变化周期内车流工作的组织特点，将铁路货运划分为经济运输、均衡运输、高效运输 3 种离散需求情景。

（1）经济运输情景：在进行车流组织工作时，主要关注货物运输成本及附加费用。其运输特点是在各条铁路线路运输成本无差异的情况下，货流、车流会向运输最短路径集中。该情景适用于货物运输淡季、车站作业能力和线路通过能力利用率较低、线路具有较大能力富余的情况。

（2）均衡运输情景：进行车流组织时既注重运输成本费用支出，又期望车流尽可能均匀地分布在货运专线路网中。其运输特点是在保证车流输送成本较小的前提下综合考虑车站与线路能力利用均衡，在一定范围内允许部分车流绕行，其余车流则通过最短径路进行输送。它适用于虽然多数车站以及线路能力利用暂未饱和但车流已明显向某条线路或某个车站集中的情况。该情景由于综合考虑了运输费用和运输效率，在一定程度上维持了运输系统的稳态、增强了抵抗干扰的能力。

（3）高效运输情景：进行车流组织时更注重铁路网车流输送效率。当货运量增长到一定程度，车流会明显集中在某些区段或某些车站，这些区段或车站很可能成为整个货运通道的运输瓶颈。因此该情景运输特点是以加快路网货物流通、提高运输效率为目标，允许车流绕行且忽略成本支出。它适用于货物运输旺季、大部分车站和线路能力接近饱和、运输增量提升空间很小的情况。

上述 3 种需求情景，可基本表征单个运量在变化周期内进行车流组织工作时的不同侧重点，是合理分配车流的基础。

5.5.1.2 货运专线多品种流网络理论模型构建

多品种流是根据实际问题需要，在对网络图中流的种类或流量构成等进行划分的基础上，进行网络应用、网络优化等工作。货运专线具有重车流方向集中、具有多个发站到站、途中一般不进行列车改编作业的运输特点，符合多品种网络流特性。

给定货运专线路网 $G = \{V, E, C, F, W, S, T, R\}$，其中车站集合为 $V = \{v_1, v_2, ..., v_n\}$，铁路线路集合为 $E = \{e_1, e_2, ..., e_m\}$。对集合 V 取两个非空子集 S 和 T，分别表示装车站集合和卸车站集合，且 $S \cap T = \varnothing$。将具有相同始发站和终到站的车流视为一个品种，则多品种车流集合为 $R = \{1, 2, ..., r, ..., q\}$，$r$ 表示 q 个品种车流中的第 r 个品种。

将集合 S 中车站 s 视为网络图源点，集合 T 中车站 t 视为网络图汇点。对线路区间 (v_i, v_j) 赋予非负整数参数 c_{ij}，f_{ij}，w_{ij} 分别表示线路区间通过能力、车流量和单位运输成本。

设车站 $v_i \notin S, T$，即 v_i 表示列车由始发站发出后途经的中间站。用 $f^+(v_i)$ 与 $f^-(v_i)$ 分别表示车站 v_i 接入的车流量总和以及发出的车流量总和；用 f_{ijr} 表示线路区间 (v_i, v_j) 上的第 r 个品种的车流量；$f^+(v_{ir})$ 与 $f^-(v_{ir})$ 则分别表示车站 v_i

接入第 r 个品种的车流量与发出第 r 个品种的车流量。据此构建以运输成本最小为目标函数，并且考虑线路区间通过能力约束、车站分品种和多品种车流流量守恒约束、线路区间总车流流量守恒约束以及路网总车流流量守恒约束的货运专线多品种流网络理论模型如公式（5.44）所示。

$$\min Z = \sum_{i,j=1}^{n} \sum_{r=1}^{q} f_{ijr} w_{ij}$$

$$\begin{cases} 0 \leq \sum_{r=1}^{q} f_{ijr} \leq c_{ij} \\ \sum_{r=1}^{q} f^{+}(v_{ir}) = \sum_{r=1}^{q} f^{-}(v_{ir}) \\ f^{+}(v_{ir}) = f^{-}(v_{ir}) \\ f_{ij} = \sum_{r=1}^{q} f_{ijr} \\ \sum_{i=1}^{n} f^{-}(s_i) = \sum_{i=1}^{n} f^{+}(t_i) \end{cases} \quad (5.44)$$

5.5.1.3 路网协调系数

为使货运专线路网能力利用更加协调均衡，进一步提升运输增量空间，需要对路网中线路区间和车站的能力利用情况进行评估。

点线能力协调衡量方法已有丰富的理论成果，目前常用的方法主要有两大类：

（1）将单个车站或单条线路能力作为研究对象，以能力利用率为指标对各自能力利用状态进行划分，从而衡量路网能力负荷是否均衡。

（2）综合考虑车站、线路以及两者之间的衔接关系，以车站作业能力与邻接线路运输能力比值或两者期望值与实际值的差值为点线能力协调系数，从而判断路网货物运输是否均衡。

结合两种方法的思路，并考虑路网和站线两个层面定义路网协调系数。

站线层面：路网运输均衡情况下，车站作业能力与线路通过能力应该负荷均衡，尽量减少空闲站线和能力紧张站线的数量，使站线能力处于较为协调的状态。据此以线路区间或车站能力利用的实际值与期望值差值的绝对值表示，其数学表达分别如公式（5.45）和公式（5.46）所示。

$$H_v = |Q_v - \alpha_v \cdot C_{v\max}| \quad (5.45)$$

$$H_e = \left| Q_e - \beta_e \cdot C_{e\max} \right| \tag{5.46}$$

式中，H_v、Q_v、$C_{v\max}$、α_v 分别表示车站的能力协调度、能力利用的实际值、能力利用最大值、期望能力利用率。H_e、Q_e、$C_{e\max}$、β_e 分别表示线路区间的能力协调度、能力利用的实际值、能力利用最大值、期望能力利用率。

路网层面：综合考虑车站、线路以及两者间的衔接关系，当路网运输处于协调状态时，车站作业能力负荷水平应与该车站邻接线路区间通过能力负荷水平基本持平。定义路网协调系数 φ 为车站能力协调度与该站邻接线路区间能力协调度差值的绝对值，如公式（5.47）所示。

$$\varphi = \left| H_{v-e} - H_v \right| \tag{5.47}$$

式中，H_{v-e} 表示与该车站邻接线路区间能力协调度。为了消除量纲和数量级对计算结果的影响，对 φ 做相关处理后，得最终的数学表达式，如公式（5.48）所示。

$$\varphi = \left\| \left| \frac{Q_{v-e}}{C_{v-e\max}} - \beta_e \right| - \left| \frac{Q_v}{C_{v\max}} - \alpha_v \right| \right\| \tag{5.48}$$

由公式（5.48）可知，路网协调系数 φ 越接近 0，该路网的协调性越好。

5.5.2 不同情景下货运专线铁路网多品种车流分配及径路优化模型

5.5.2.1 模型假设及参数变量定义

综合考虑货运专线路网车流特征并结合车流实际输送过程，做如下假设：

（1）装车站与卸车站之间开行直达列车，途经技术站不进行改编等技术作业。

（2）一定时期内货源稳定，无突发事件影响发生较大波动。

（3）车流分配只考虑重车方向。

（4）每个车站、每个线路区间期望能力利用率均保持一致，为 55%。

定义货运专线局部路网 $G = (V, E)$，车站集合为 $V = \{v_1, v_2, ..., v_n\}$，铁路线路集合为 $E = \{e_1, e_2, ..., e_m\}$；对集合 V 取两个非空子集 S 和 T，分别表示装车站集合和卸车站集合，且 $S \cap T = \varnothing$；i、j、s、t 分别为路网车站、装车站、卸车站索引。L_i 为与车站 i 邻接的铁路线路区间集合；L_j 为与车站 j 邻接的铁路线路区间集合，$L_i, L_j \in E$；$i \neq j$。多品种车流集合为 $R = \{1, 2, ..., r, ..., q\}$，$r$ 为铁路多品种车流索引。

C_i^{max} 为车站 i 的最大作业能力 $i \in V$，车；C_{ij}^{max} 为线路区间 (i,j) 的最大通过能力 $(i \neq j; i,j \in V)$，车。w_{ij} 为各线路区间单位里程运输费用，元/km·车；f_{st} 为装车站 s 到卸车站 t 的车流大小，即第 r 种车流，车。l_{ij} 为区间 (i,j) 线路里程，km；α_i、β_{ij} 均取 55%。

定义 0-1 决策变量 x_{ij}^{st}，表示货流 f_{st} 是否经过线路区间 (i,j)，是取 1，否则取 0。

5.5.2.2 模型构建

1. 不同情景下目标函数构建

根据运量变化在不同阶段下车流组织工作有所不同，可将不同需求情景下目标函数抽象为运输成本函数与运输效率函数的不同组合。

（1）运输成本函数。

运输成本函数如公式（5.49）所示。

$$\min Z_1 = \sum_{r \in R} \sum_{(i,j) \in E} x_{ij}^{st} \times f_{st} \times l_{ij} \times w_{ij} \tag{5.49}$$

（2）运输效率函数。

用路网协调系数描述铁路网运输效率，路网协调系数越小，运输效率越高。运输效率函数如公式（5.50）所示。

$$\min Z_2 = \sum_{(i,j) \in E} \left[\left| \frac{\sum_{r \in R} x_{ij}^{st} \times f_{st}}{C_{ij}^{max}} - \beta_{ij} \right| - \left| \frac{\sum_{j \in V} \sum_{r \in R} x_{ij}^{st} \times f_{st}}{C_i^{max}} - \alpha_i \right| \right] \tag{5.50}$$

（3）总目标函数。

引入需求情景系数 γ 调节运输组织决策时运输成本与运输效率所占比重，构建公式（5.51）。

$$\gamma = \begin{cases} 0 & 0 < Q \leq Q_1 \\ 0.7 & Q_1 < Q \leq Q_2 \\ 1 & Q_2 < Q \leq Q_{max} \end{cases} \tag{5.51}$$

式中，Q 表示实际需要输送的车流总量；Q_1 为划分经济运输情景和均衡运输情景所依据的标准车流量；Q_2 为划分均衡运输情景和高效运输情景所依据的标准车流量；Q_{max} 为路网可输送的最大车流量。其具体取值需根据实际路网运输能力与车流大小进行标定。需求情景与划分标准车流量关系如图 5-40 所示。

|经济运输 $\gamma=0$|均衡运输 $\gamma=0.7$|高效运输 $\gamma=1$|

实际输送车流量 Q（车）

图 5-40 需求情景与划分标准车流量关系

总目标函数表达式如公式（5.52）所示：

$$\min Z = (1-\gamma)Z_1 + \gamma Z_2 \tag{5.52}$$

2. 约束条件

（1）车站最大作业能力约束。

由于站场布局及车站硬件设备限制，以及每个车站的装卸能力或通过能力有限，分配到每个车站的作业任务不能超过该站最大作业能力。由此形成的车站最大作业能力约束如公式（5.53）所示。

$$0 \leqslant \sum_{j \in V} \sum_{r \in R} x_{ij}^{st} \cdot f_{st} \leqslant C_i^{\max} \quad \forall (i,j) \in E \tag{5.53}$$

（2）线路区间最大通过能力约束。

受两端车站能力、天窗布设及铁路行车采用的区间闭塞方式等诸多因素影响，线路区间通过能力有限，因此车流在线路区段上运行时，应该不超过线路区间最大通过能力。由此形成的线路区间最大通过能力约束如公式（5.54）所示。

$$0 \leqslant \sum_{r \in R} x_{ij}^{st} \cdot f_{st} \leqslant C_{ij}^{\max} \quad \forall (i,j) \in E \tag{5.54}$$

（3）同一品种车流不可拆分原则。

同一品种车流不可拆分是在车流输送过程中，将同一品种车流视为一个不可拆分的整体，运输途中不再进行列车技术作业并且在路网中只能选择一条径路进行运输。由此形成的同一品种车流不可拆分原则如公式（5.55）和公式（5.56）所示。

$$\sum_{i \in L_i} x_{ij}^{st} \cdot f_{st} = f_{st} \quad \forall i,j \in V \text{ 且 } i \neq j \tag{5.55}$$

$$\sum_{j \in L_j} x_{ij}^{st} \cdot f_{st} = f_{st} \quad \forall i,j \in V \text{ 且 } i \neq j \tag{5.56}$$

（4）中间站多品种车流流量守恒约束。

要求多品种车流途经中间站时流量守恒，即由中间站接入车流总和等于中间站发出车流总和。由此形成中间站多品种车流流量守恒约束如公式（5.57）所示。

$$\sum_{j \in V}\sum_{r \in R} x_{ij}^{st} \cdot f_{st} = \sum_{j \in V}\sum_{r \in R} x_{ji}^{st} \cdot f_{st} \quad \forall (i,j) \in E \text{ 且 } i \neq j \tag{5.57}$$

（5）车流径路辅助约束。

某一品种车流可经由本区间进行输送的前提条件是，上一个邻接区间有该品种车流经过且车流径路唯一。由此形成的车流径路辅助约束如公式（5.58）所示。

$$x_{ij}^{st} \geqslant x_{ji}^{st} \quad \forall i,j \in V \text{ 且 } i \neq j \tag{5.58}$$

（6）决策变量逻辑约束。

构建的决策变量逻辑约束如公式（5.59）所示。

$$x_{ij}^{st} \in \{0,1\} \tag{5.59}$$

3．目标函数处理

（1）线性化处理。

由于公式（5.50）中含有绝对值是非线性表达式，模型求解困难，因此首先要去掉表达式中的绝对值，将目标函数 Z_2 线性化。关于带有绝对值的非线性表达式线性化处理，很多学者对此进行过尝试，如可以采用增加差值边界、分段函数和正负补差等方法去除绝对值。本节选择正负补差方法进行去绝对值处理。对于 $\forall h_i \in R$，a_i、b_i 需要满足公式（5.60）的条件。

$$h_i = a_i - b_i, \quad |h_i| = a_i + b_i \tag{5.60}$$

其中，取 $a_i = \dfrac{h_i + |h_i|}{2}$，$b_i = \dfrac{|h_i| - h_i}{2}$。

借鉴上述定理，引入连续型辅助决策变量 δ_{ij}^+、δ_{ij}^-、a_{ij}^+、a_{ij}^-、b_i^+、b_i^-，分别表示能力协调度和虚拟能力利用率，其具体含义如下：

a_{ij}^+ 表示线路区间 (i,j) 实际通过能力利用率比期望能力利用率高的部分，当 $\dfrac{\sum\limits_{r \in R} x_{ij}^{st} \times f_{st}}{C_{ij}^{\max}} - \beta_{ij} > 0$ 时，$a_{ij}^+ = \dfrac{\sum\limits_{r \in R} x_{ij}^{st} \times f_{st}}{C_{ij}^{\max}} - \beta_{ij}$；$a_{ij}^-$ 表示线路区间 (i,j) 实际通过

能力利用率比期望能力利用率低的部分，当 $\dfrac{\sum\limits_{r\in R} x_{ij}^{st}\times f_{st}}{C_{ij}^{\max}} - \beta_{ij} < 0$ 时，

$a_{ij}^{-} = \beta_{ij} - \dfrac{\sum\limits_{r\in R} x_{ij}^{st}\times f_{st}}{C_{ij}^{\max}}$。且对于 $\forall i,j \in V$，a_{ij}^{+}，$a_{ij}^{-} > 0$。

同理，b_i^{+} 表示车站 i 实际作业能力利用率比期望能力利用率高的部分，b_i^{-} 表示车站 i 实际作业能力利用率比期望能力利用率低的部分。当 $\dfrac{\sum\limits_{j\in V}\sum\limits_{r\in R} x_{ij}^{st}\times f_{st}}{C_i^{\max}} - \alpha_i > 0$ 时，$b_i^{+} = \dfrac{\sum\limits_{j\in V}\sum\limits_{r\in R} x_{ij}^{st}\times f_{st}}{C_i^{\max}} - \alpha_i$；当 $\dfrac{\sum\limits_{j\in V}\sum\limits_{r\in R} x_{ij}^{st}\times f_{st}}{C_i^{\max}} - \alpha_i < 0$ 时，

$b_i^{-} = \alpha_i - \dfrac{\sum\limits_{j\in V}\sum\limits_{r\in R} x_{ij}^{st}\times f_{st}}{C_i^{\max}}$。对于 $\forall i \in V$，b_i^{+}，$b_i^{-} > 0$。据此目标函数 Z_2 可进一步转换为公式（5.61）。

$$\min Z_2 = \sum_{i,j=1}^{n}\left|(a_{ij}^{+}+a_{ij}^{-})-(b_i^{+}+b_i^{-})\right| \tag{5.61}$$

相应的，δ_{ij}^{+} 表示线路区间 (i,j) 的能力协调度比车站 i 的能力协调度高的部分，δ_{ij}^{-} 表示线路区间 (i,j) 的能力协调度比车站 i 的能力协调度低的部分。当 $(a_{ij}^{+}+a_{ij}^{-})-(b_i^{+}+b_i^{-}) > 0$ 时，$\delta_{ij}^{+} = (a_{ij}^{+}+a_{ij}^{-})-(b_i^{+}+b_i^{-})$；当 $(a_{ij}^{+}+a_{ij}^{-})-(b_i^{+}+b_i^{-}) < 0$ 时，$\delta_{ij}^{-} = (b_i^{+}+b_i^{-})-(a_{ij}^{+}+a_{ij}^{-})$。对于 $\forall i,j \in V$，δ_{ij}^{+}，$\delta_{ij}^{-} > 0$。最终将目标函数 Z_2 转化为公式（5.62）。

$$\min Z_2 = \sum_{i,j\in V}(\delta_{ij}^{+}+\delta_{ij}^{-}) \tag{5.62}$$

与之对应的约束条件方程为公式（5.63）、公式（5.64）、公式（5.65）。

$$a_{ij}^{-} - a_{ij}^{+} + \dfrac{\sum\limits_{r\in R} x_{ij}^{st}\times f_{st}}{C_{ij}^{\max}} = \beta_{ij} \quad \forall i,j \in V \tag{5.63}$$

$$b_i^{-} - b_i^{+} + \dfrac{\sum\limits_{j\in V}\sum\limits_{r\in R} x_{ij}^{st}\times f_{st}}{C_i^{\max}} = \alpha_i \quad \forall i,j \in V \tag{5.64}$$

$$\delta_{ij}^{-} - \delta_{ij}^{+} + (a_{ij}^{+}+a_{ij}^{-}) = (b_i^{+}+b_i^{-}) \quad \forall i,j \in V \tag{5.65}$$

（2）统一量纲。

通过需求情景系数 γ 可以将多目标函数转化为单目标函数，但由于表示运输成本的目标函数 Z_1 以及表示路网协调系数的目标函数 Z_2 两者量纲不同，需要引入协调度惩罚费用系数 P_{ij}，对偏离路网协调度的差值进行惩罚，将目标函数 Z_2 转化为与费用相关的函数，实现 Z_1 和 Z_2 量纲统一。最终不同需求情景下货运专线路网多品种车流分配及路径优化模型的目标函数如公式（5.66）所示。

$$\min Z = (1-\gamma) \cdot \sum_{r \in R} \sum_{(i,j) \in E} x_{ij}^{st} \times f_{st} \times l_{ij} \times w_{ij} + \gamma \cdot \sum_{i,j \in V} (\delta_{ij}^+ + \delta_{ij}^-) \times P_{ij} \quad (5.66)$$

5.5.3 唐包线路网车流分配及径路优化

针对唐包线路网车流，选择既注重运输成本费用支出，又期望车流尽可能均匀地分布在货运专线路网中的均衡运输需求情景。

5.5.3.1 参数确定

基于唐包线局部货运专线路网，以 2022 年 12 月 28 日的单日煤炭运输数据为例，对模型与方法进行验证。简化后的唐包线局部货运专线路网结构示意图如图 5-41 所示，其中共有 23 个车站和 26 个弧段。

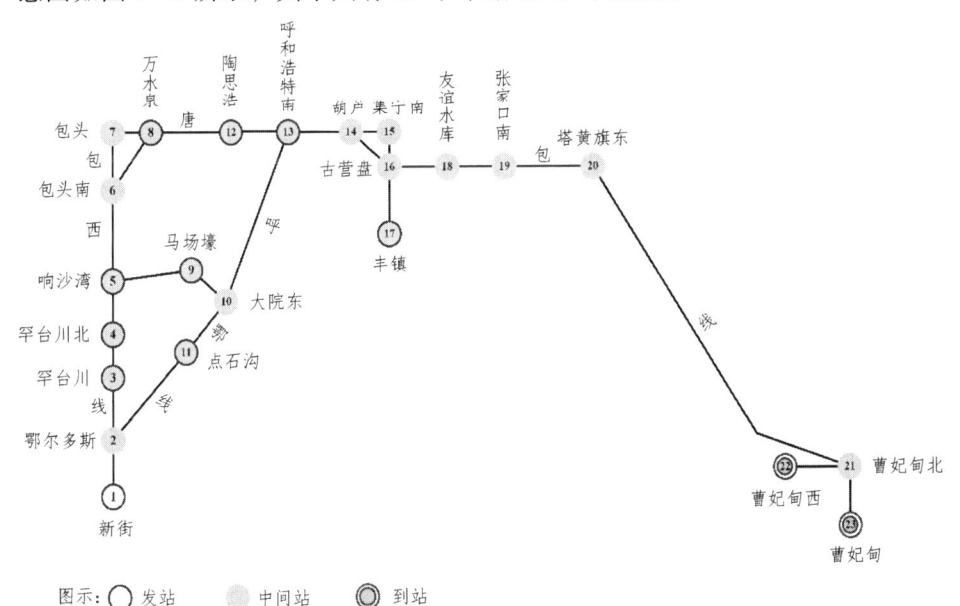

图 5-41 唐包线局部货运专线路网结构示意图

路网相关属性参数即每个线路区间里程与最大通过能力如表 5-22 所示。

表 5-22 线路区间里程与最大通过能力

弧段编号	起讫点	线路里程/km	最大通过能力/车
1	1—2	32.28	400
2	2—3	39.45	400
3	2—11	64.00	400
4	3—4	10.90	600
5	4—5	20.79	1 500
6	11—10	53.60	800
7	9—10	43.30	500
8	5—9	58.00	500
9	5—6	50.45	1 600
10	6—7	9.18	800
11	6—8	13.58	1 200
12	7—8	8.66	800
13	8—12	88.45	1 500
14	10—13	101.50	1 000
15	12—13	58.42	2 500
16	13—14	169.63	3 200
17	14—15	8.01	2 000
18	15—16	6.30	2 000
19	14—16	13.15	1 800
20	17—16	75.99	500
21	16—18	91.71	3 200
22	18—19	79.85	3 200

续表

弧段编号	起讫点	线路里程/km	最大通过能力/车
23	19—20	175.90	3 200
24	20—21	255.77	3 200
25	21—22	18.03	3 200
26	21—23	9.73	500

各品种车流信息如表 5-23 所示。

表 5-23 各品种车流信息

品种编号	发站	到站	运输量/车
1	1	22	312
2	3	22	105
3	4	22	732
4	5	22	105
5	8	22	108
6	9	22	105
7	11	22	105
8	12	22	210
9	13	22	1047
10	17	23	99

5.5.3.2 求解结果

使用 3.10.2 版本 Python 调用 Gurobi 优化求解器，基于上述数据对提出的均衡运输情景下货运专线路网多品种车流分配模型进行求解，得到优化前后的车流径路优化结果对比如表 5-24 所示。

表 5-24　优化前后各品种车流径路结果对比

货流品种	车流径路	
	优化前	优化后
1-22	1>2>3>4>5>6>7>8>12>13>14>15>16>18>19>20>21>22	1>2>11>10>13>14>16>18>19>20>21>22
3-22	3>4>5>6>7>8>12>13>14>15>16>18>19>20>21>22	3>4>5>9>10>13>14>16>18>19>20>21>22
4-22	4>5>6>8>12>13>14>15>16>18>19>20>21>22	4>5>6>8>12>13>14>16>18>19>20>21>22
5-22	5>6>7>8>12>13>14>15>16>18>19>20>21>22	5>9>10>13>14>16>18>19>20>21>22
8-22	8>12>13>14>15>16>18>19>20>21>22	8>12>13>14>15>16>18>19>20>21>22
9-22	9>5>6>7>8>12>13>14>15>16>18>19>20>21>22	9>10>13>14>16>18>19>20>21>22
11-22	11>10>13>14>15>16>18>19>20>21>22	11>10>13>14>16>18>19>20>21>22
12-22	12>13>14>15>16>18>19>20>21>22	12>13>14>15>16>18>19>20>21>22
13-22	13>14>16>18>19>20>21>22	13>14>15>16>18>19>20>21>22
17-23	17>16>18>19>20>21>23	17>16>18>19>20>21>23

优化前后各弧段和车站的能力利用情况对比如表 5-25 所示。

表 5-25　各弧段和车站优化前后能力利用率对比

弧段	能力利用率		车站	能力利用率	
	优化前	优化后		优化前	优化后
1—2	78.00%	78.00%	1	80.00%	80.00%
2—3	78.00%	0.00%	2	80.00%	80.00%
2—11	0.00%	78.00%	3	83.40%	21.00%
3—4	69.50%	17.50%	4	95.75%	69.75%
4—5	76.60%	55.80%	5	90.60%	62.80%
11—10	84.94%	45.75%	6	75.50%	40.67%
9—10	21.00%	42.00%	7	34.83%	0.00%
5—9	78.00%	0.00%	8	58.68%	33.60%
5—6	61.00%	61.00%	9	5.83%	17.50%

续表

弧段	能力利用率 优化前	能力利用率 优化后	车站	能力利用率 优化前	能力利用率 优化后
6—7	78.00%	0.00%	10	5.25%	36.60%
6—8	97.80%	56.00%	11	13.13%	52.13%
7—8	0.00%	63.00%	12	93.17%	58.33%
8—12	10.50%	73.20%	13	88.41%	88.41%
10—13	13.13%	52.13%	14	88.41%	88.41%
12—13	67.08%	42.00%	15	89.10%	68.25%
13—14	88.41%	88.41%	16	91.50%	91.50%
14—15	89.10%	68.25%	17	19.80%	19.80%
15—16	58.17%	81.33%	18	91.50%	91.50%
14—16	89.10%	68.25%	19	91.50%	91.50%
17—16	91.50%	91.50%	20	91.50%	91.50%
16—18	19.80%	19.80%	21	91.50%	91.50%
18—19	91.50%	91.50%	22	88.41%	88.41%
19—20	91.50%	91.50%	23	19.80%	19.80%
20—21	91.50%	91.50%	—	—	—
21—22	91.50%	91.50%	—	—	—
21—23	19.80%	19.80%	—	—	—

根据表 5-24 和表 5-25 进行分析可知：

（1）从车流径路来看，优化前唐包线上的车流由包西线集中输送，呼鄂线仅输送点石沟至曹妃甸西的车流。优化后车流较为均匀地分布在包西、呼鄂线上，其中万水泉—曹妃甸西、陶思浩—曹妃甸西、丰镇—曹妃甸 3 支车流的运行径路保持不变。新街—曹妃甸西、罕台川—曹妃甸西、响沙湾—曹妃甸西、马场壕—曹妃甸西 4 支车流的运行径路发生了改变，经由呼鄂线输送至唐包线，释放了包西线运能。罕台川北—曹妃甸西、点石沟—曹妃甸西、呼和浩特南—曹妃甸西 3 支车流的运行径路仅在唐包线张集段部分发生改变。

（2）从运输总里程来看，优化前各品种车流运输总里程为 9 580.42 km，优化后总里程为 9 393.79 km，缩短了 186.63 km。

（3）从路网协调性来看，优化前相关车站与线路的能力利用率分布较为离散，并且车站与车站、线路与线路以及车站与线路之间的差值较大，此时该路网协调系数为 0.417。优化后车站、线路利用较为均衡，路网协调系数为 0.340，较优化前下降 0.07，总体上路网优化后变得更为协调。

5.5.3.3 结 论

针对铁路货运专线 "有能力无货""有货无能力"的现象，从路网均衡运输角度出发，利用多品种流网络理论，构建不同需求情景下货运专线路网车流分配及径路优化模型，以车流总运输成本最小和路网运输均衡为目标，并以唐包线为案例对单日车流重新进行了分配并优化了车流运行径路。

结果表明，模型可改善车站和线路区段的能力利用情况，使大部分站线能力利用率向 55%~70%区间靠拢，实现局部路网基本协调。同时在一定程度上释放了包西线的运输能力，为下一步提升货运增量提供了一定能力空间。此外，决策者可基于实际情况自行调整需求情景系数，以制定具有针对性的决策。

未来的研究可以进一步扩大路网规模，并选取更长的车流输送周期，如月度、季度的货运专线路网的均衡运输车流分配及径路优化问题。同时也可以将大小车列组合问题纳入车流分配及径路优化范畴，并根据实际运输情况选择更加合适的组合站，高效、快捷地完成货物运输任务。

参考文献

[1] 路平. 浅谈铁路货物运输的方式[J]. 石家庄铁路职业技术学院学报, 2009, 8（02）: 85-88.

[2] 周震宇, 陶瑾. 铁路货物运输的现状与发展分析[J]. 上海铁道科技, 2017（02）: 127-129.

[3] 梁东. 中国路网铁路分类、分级研究[D]. 成都: 西南交通大学, 2010.

[4] 许晓龙. 大秦线重载列车制动能力研究[D]. 北京: 中国铁道科学研究院, 2023.

[5] 王斌. 保煤运: 大秦重载铁路建设（1985—1998）[J]. 科技导报, 2021, 39（19）: 92-97.

[6] 畅永嘉. 浅谈现阶段铁路货运物流亟待突破的瓶颈性因素[J]. 中小企业管理与科技（中旬刊）, 2016（01）: 137-138.

[7] 熊建华. 浅析浩吉铁路开通对水路煤炭运输的影响[J]. 内蒙古煤炭经济, 2019（21）: 187, 186.

[8] 董咚, 傅涛. 浩吉铁路开通对煤炭货运市场的影响分析[J]. 交通运输工程与信息学报, 2022, 20（02）: 145-149.

[9] 吴庆来, 孟魁, 李盛, 等. 浩吉铁路货运增量对策探讨[J]. 铁道货运, 2021, 39（08）: 6-11.

[10] 孙雁胜. 瓦日铁路集疏运一体化发展实践与优化研究[J]. 铁道运输与经济, 2022, 44（06）: 23-28.

[11] 黄佳, 周洋帆, 张思佳, 等. 蒙华铁路对鄂湘赣地区煤炭运输通道的影响[J]. 中国铁路, 2017,（05）: 13-17.

[12] 杜宝辰. 瓦日铁路煤炭集装箱多式联运转换节点选址研究[D]. 北京: 北京交通大学, 2021.

[13] 樊桦. 我国铁路货运需求影响因素及发展趋势[J]. 综合运输, 2018, 40（02）: 12-17+22.

[14] 蔡鹏, 苏萍. "供给侧结构性改革"背景下我国煤炭产运变化特征分析[J]. 交通与港航, 2017, 4（06）: 7-10.

[15] 谷志刚. 铁路大宗货物运输需求特征探析[J]. 铁道运输与经济, 2019, 41（S1）: 78-83.

[16] 王庆荣. 基于神经网络与 Holt-Winters 模型的铁路货运量组合预测[J]. 兰州交通大学学报, 2010, 29（04）: 122-125.

[17] Yue-Ying Qiu, Qiong Zhang, Ming Lei. Forecasting the railway freight volume in China based on combined PSO-LSTM model[C]//Journal of Physics: Conference Series: Iop Publishing, 2020: 012029.

[18] 孟建军, 陈鹏芳, 李德仓, 等. 铁路货运量预测研究综述[J]. 铁道标准设计, 2022.

[19] 刘梦婷, 喻建龙. 基于 SARIMA 模型的我国铁路货运量预测分析[J]. 贵州师范学院学报, 2015, 31（12）: 43-47.

[20] 汤银英, 李龙. 基于 Holt-Winters 模型的铁路月度货运量预测研究[J]. 2017, 15（02）: 1-5, 13.

[21] 张岍. 铁路货运量预测及影响因素研究[D]. 北京: 北京交通大学, 2016.

[22] 张仙, 戴家佳, 余奇迪. 基于 SARIMA-PSO-ELM 组合模型的我国铁路货运量预测[J]. 数理统计与管理, 2022, 41（03）: 394-401.

[23] Fangcan Zhao, Baotian Dong, Yuanyun Sun, et al. Analysis and Forecast of Railway Freight Volume based on Prophet-Deep AR Model[J]. Tehnički Vjesnik, 2023, 30(4): 1126-1134.

[24] Sean J Taylor, Benjamin Letham. Forecasting at scale[J]. The American Statistician, 2018, 72(1): 37-45.

[25] Naveen Kumar Chikkakrishna, Chitirala Hardik, Kancherla Deepika, et al. Short-term traffic prediction using sarima and FbPROPHET[C]//2019 Ieee 16th India Council International Conference (indicon): Ieee, 2019: 1-4.

[26] Ashutosh Kumar Dubey, Abhishek Kumar, Vicente García-Díaz, et al. Study and analysis of SARIMA and LSTM in forecasting time series data[J]. Sustainable Energy Technologies and Assessments, 2021, 47: 101474.

[27] 吴万勤, 钱红. 昆明市月降水量的预测分析研究——基于 SARIMA 模型和 Holt-Winters 相加模型[J]. 云南民族大学学报（自然科学版）, 2021, 30（04）: 365-370.

[28] Shuojiang Xu, Hing Kai Chan, Tiantian Zhang. Forecasting the demand of the aviation industry using hybrid time series SARIMA-SVR approach[J].

Transportation Research Part E: Logistics and Transportation Review, 2019, 122: 169-180.

[29] 李丰. 关于铁路货物运输组织优化的探讨[J]. 铁道货运，2022，40（09）：18-22.

[30] 李阳，张长梅，吴志宏，等. 优化铁路货物运输组织模式思考[J]. 中国物流与采购，2020，（17）：43.

[31] 刘恒斌，何宇浩，王文浩，等. 唐包线瓶颈区段能力分析及优化途径研究[J]. 铁道货运，2021.

[32] 高克锋. 唐包线运输组织优化探讨[J]. 铁道货运，2023.

[33] 梁紫玥，俞花珍，邰国璇，等. 重载铁路始端技术站列车组合策略优化研究[J]. 铁道学报，2022，44（04）：9-18.

[34] 王典，赵军，彭其渊，等. 重载铁路装车端编组站重载列车组合优化[J]. 铁道学报，2017，39（06）：10-19.

[35] 韩雪松，赵军，彭其渊. 多组合站条件下重载运输战略装车域列流组合方案优化[J]. 铁道学报，2012，34（08）：1-6.

[36] 李伟平. 基于能力能耗协调利用的煤运通道列车组织优化[D]. 北京：北京交通大学，2020.

[37] 景云，何世伟，郝东红. 重载铁路集疏运调度系统空重车流协同优化研究[J]. 交通运输系统工程与信息，2012，12（05）：123-129.

[38] 吴嘉浦，季令. 铁路线路能力和编组站能力的协调[J]. 上海铁道学院学报，1991，012（1）：47-53.

[39] 何世伟，刘明玮，冯骁，等. 考虑路网点线能力协调的铁路车流径路优化模型[J]. 北京交通大学学报，2021，45（01）：1-7.

[40] 袁野. 技术站作业系统能力三参数区间泛灰数表示及协调优化研究[D]. 成都：西南交通大学，2019.

[41] 姚加林，赵鹏，吴仲文. 编组站系统能力协调度的计算分析[J]. 铁道科学与工程学报，2010，7（01）：74-78.

[42] 汤铃，李建平，余乐安，等. 基于距离协调度模型的系统协调发展定量评价方法[J]. 系统工程理论与实践，2010，30（04）：594-602.

[43] 韩军. 基于点线能力协调的铁路货运通道车流分配优化研究[D]. 北京：北京交通大学，2020.

[44] 马建华，田园威. 唐呼铁路通道能力实现货运增量探讨[J]. 铁道货运，

2020，38（8）：1-5，32.

[45] 刘恒斌，何宇浩，王文浩，等. 唐包线瓶颈区段能力分析及优化途径研究[J]. 铁道货运，2021，39（8）：12-17.

[46] 高克锋. 唐包线运输组织优化探讨[J]. 铁道货运，2023，41（6）：11-16.

[47] 杨振虹. 关于重载铁路不同牵引质量列车混跑时设计输送能力的计算[J]. 甘肃科技纵横，2017，46（12）：67-70.

[48] 朱子童，田长海，邓捷航，等. 双线自动闭塞区段扣除系数法计算铁路通过能力再研究[J]. 铁道运输与经济，2023，45（5）：16-21，66.

[49] 薛锋，周琳，刘泳博. 铁路网车流分配问题研究综述[J/OL].（2023-04-18）[2023-09-25]. https://kns.cnki.net/kcms/detail/51.1652.U.20230418.1512.002.html

[50] Salazar-González J, Santos-Hernández B. The split-demand one-commodity pickup-and-delivery travelling salesman problem[J]. Transportation Research Part B, 2015, 75: 58-73.

[51] Nanry W P, Barnes J W. Solving the pickup and delivery problem with time windows using reactive tabu search[J]. Transportation Research Part B, 2000, 34(2): 107-121.

[52] Archetti C, Feillet D, Gendreau M, et al. Complexity of the VRP and SDVRP[J]. Transportation Research Part C, 2011, 19(5): 741-750.

[53] Foulds, L. R. A multi-commodity flow network design problem[J]. Transportation Research Part B, 1981, 15(4): 273-283.

[54] 刘明玮. 基于车流分配的铁路路网点线能力协调优化研究[D]. 北京：北京交通大学，2021.

[55] 高明瑶,石红国. 基于改进点-弧模型的铁路网车流径路优化模型研究[J]. 铁道运输与经济，2020，42（07）：40-44.

[56] 温旭红. 铁路车流分配的树状径路优化模型及算法[J]. 铁道学报，2017，39（03）：1-6.

[57] 毕明凯. 考虑运输时间和改编费用的铁路路网车流分配优化研究[D]. 北京：北京交通大学，2019.

[58] 纪丽君，林柏梁，乔国会，等. 基于多商品流模型的铁路网车流分配和径路优化模型[J]. 中国铁道科学，2011，32（03）：107-110.

[59] 温旭红，林柏梁，王龙，等. 基于多商品网络流理论的铁路车流分配及

径路优化模型[J]. 北京交通大学学报, 2013, 37(03): 117-121.

[60] 田亚明, 林柏梁, 纪丽君. 基于多商品流和虚拟弧的铁路车流分配点-弧、弧-路模型研究[J]. 铁道学报, 2011, 33(04): 7-12.

[61] 韩军. 基于点线能力协调的铁路货运通道车流分配优化研究[D]. 北京: 北京交通大学, 2020.

[62] 寇玮华, 崔皓莹. 运费有差异的多品种流交通网络最小费用算法[J]. 同济大学学报（自然科学版）, 2014, 42(8): 1196-1202, 1210.

[63] 寇玮华, 崔皓莹. 运费无差异的多品种流交通网络最小费用算法[J]. 哈尔滨工业大学学报, 2014, 46(8): 122-128.

[64] 寇玮华, 崔皓莹. 满足交通网络流量增长态势的扩能优化研究[J]. 交通运输工程与信息学报, 2012, 10(4): 19-25.

[65] 寇玮华, 钱力, 吴文胜, 等. 基于多品种流网络的高铁枢纽站站改期间多态理论通过能力影响分析[J]. 铁道运输与经济, 2023, 45(3): 84-93.

[66] 寇玮华, 宋蔚峰, 刘俊, 等. 基于时间序列多品种网络流的高铁车站站改期间行车组织优化研究[J]. 兰州交通大学学报, 2023, 42(4): 33-42, 57.

[67] 周心怡. 基于多品种流方法的双向编组站配流问题研究[D]. 成都: 西南交通大学, 2020.

[68] 寇玮华. 交通网络应用优化理论与方法[M]. 成都: 西南交通大学出版社, 2018.

[69] 崔皓莹, 寇玮华, 丁振. 多品种流交通网络的最大流算法研究[J]. 交通运输工程与信息学报, 2014, 12(02): 77-82.

[70] 周心怡, 寇玮华. 基于多品种流网络的双向编组站配流问题[J]. 综合运输, 2019, 41(09): 97-102.

[71] 王雪. 基于多品种流方法的编组站阶段计划解编作业优化研究[D]. 成都: 西南交通大学, 2020.